KB189173

GB

한길그레이트북스

인 류 의 위 대 한 지 적 유 산

인류의 위대한 지적유산

셸링

___

인간적 자유의 본질 · 철학과 종교

___

최신한 옮김

한길사

인류의위대한지적유산

F. W. J. Schelling

———

Über das Wesen der menschlichen Freiheit
Philosophie und Religion

———

Translated by
Choi, Shin-Hann

Published by Hangilsa Publishing Co., Ltd., Seoul, Korea

1802년의 청년 셸링의 모습. 이것은 셸링, 슐라이어마허, 슐레겔, 바이트 등과 함께 초기낭만주의자 그룹에 속한 프리드리히 티크가 그린 것이다. 이 해에 셸링은 『브루노 혹은 사물의 신적 원리와 자연적 원리에 관하여』를 출판하는데, 이 책을 비판한 에셴마이어 때문에 그는 『철학과 종교』(1804)를 쓰게 되었다.

레온베르크에 있는 셸링의 생가. 이 도시에서 셸링의 아버지는 개신교회 목사로 활동했다. 레온베르크는 헤겔의 고향인 슈투트가르트와 인접해 있어 이 도시가 속해 있는 슈바벤 지방은 독일관념론의 걸출한 인물을 두 사람이나 배출한 셈이다.

튀빙겐에 인접해 있는 900년 역사의 베벤하우젠 수도원. 셸링은 이 수도원 원목을 지낸 아버지를 따라 여기서 학교를 다녔고 수도원 학생들의 도움으로 어린 나이에 라틴어와 그리스어를 습득했다. 일찍이 천재성을 발휘한 셸링은 여기서 다섯 살 위인 학생들과 함께 공부했다.

네카어 강에서 본 튀빙겐 슈티프트 전경. 슈티프트는 신학부이자 신학생을 위한 기숙사이며 지금도 부분적으로 동일한 역할을 수행하고 있다. 이곳에서는 셸링의 탁월한 친구인 헤겔과 횔덜린을 비롯하여 자연과학자 케플러와 신학자 슈트라우스 등도 공부했다.

A.W. 슐레겔(위)과 F. 슐레겔(아래). 이들 슐레겔 형제는 예나와 베를린의 초기낭만주의 운동의 주역이었다. 초기낭
만주의자들은 공통적으로 괴테와 피히테에 감명을 받았으며 새로운 시대정신을 구현하고자 했다. A.W. 슐레겔의 아내
카롤리네는 나중에 셸링과 결혼한다.

카롤리네 셸링. 카롤리네는 A. W. 슐레겔의 아내였지만 예나에서 열두 살 연하인 셸링과 사랑에 빠지고 난 뒤 남편과 이혼하고 셸링과 결혼했다. 이 때문에 셸링은 슐레겔 형제와 결별하고 급기야 예나를 떠나야 했다.

베를린대학에서 강의하는 헤겔. 헤겔은 셸링의 튀빙겐대학 동창생이자 예나에서 철학잡지를 공동으로 출간할 정도로 절친한 친구였지만 『정신현상학』 서문에서 셸링을 비판함으로써 그와 결별했다. 젊은 시절 '천재'로 불렸던 셸링은 헤겔이 자신의 사상을 도둑질했다고 말하기도 했다.

베를린대학 전경(위)과 베를린 시내(아래). 베를린 학술원 회원이었던 슐라이어마허 등이 창립한 베를린대학에서 헤겔이 활동했으며 헤겔 사후 셸링이 강의했고 이 강의를 엥겔스가 들었다. 슐라이어마허와 헤겔뿐 아니라 쇼펜하우어도 같은 시기에 여기서 강의했다.

셸링의 튀빙겐 슈티프트 친구였으며 나중에 시인이 된 프리드리히 횔덜린. 헤겔과 동년배였으며, 셸링보다 5살 위였던 횔덜린은 자신의 '통일철학' 구상으로 두 사람의 사상 형성에 많은 영향을 끼쳤다. 현재 튀빙겐에는 그를 기리는 '횔덜린 탑'이 있으며 횔덜린 학회도 있다.

스피노자의 철학체계는 셸링에게 많은 영향을 끼쳤으며 이는 『인간적 자유의 본질』에도 잘 나타나 있다. 스피노자의 철학은 셸링뿐 아니라 헤겔과 슐라이어마허에게도 강한 영향을 끼쳤으며, 특히 헤겔은 스피노자를 '근대철학의 중심점'으로 평가하기도 했다.

피히테와 더불어 초기낭만주의자들의 우상이었던 요한 볼프강 폰 괴테. 괴테는 셸링의 자연철학적 사상을 반겼으며 이러한 인연에서 셸링을 예나대학 교수로 적극 추천했다.

옮긴이 **최신한**(崔信瀚)은 계명대학교 영문과를 졸업하고 연세대학교 대학원 철학과에서 석사학위를 받았으며 독일 튀빙겐대학교에서 철학 박사학위를 받았다. 현재는 한남대학교 철학과 교수로 있으며, 국제헤겔연맹, 국제슐라이어마허학회 정회원이다.

지은 책으로는『매개적 자기의식과 직접적 자기의식. 헤겔과 슐라이어마허에서 철학과 종교의 관계』(Frankfurt/M., Peter Lang, 1991),『헤겔철학과 종교적 이념』(한들출판사, 1997),『독백의 철학에서 대화의 철학으로』(문예출판사, 2001),『슐라이어마허. 감동과 대화의 사상가』(살림출판사, 2003),『정신현상학』(살림출판사, 2007),『지평 확대의 철학』(한길사, 2009) 등이 있다. 옮긴 책으로는『자연은 말하는가』(F. 큄멜, 탑출판사, 1995),『종교론』(F.D.E. 슐라이어마허, 기독교서회, 1997),『종교철학』(G.W.F. 헤겔, 지식산업사, 1999),『해석학과 비평』(슐라이어마허, 철학과현실사, 2000),『성탄축제』(슐라이어마허, 문학사상사, 2001),『현대의 조건』(M. 프랑크, 책세상, 2002),『기독교신앙』(슐라이어마허, 한길사, 2006) 등이 있다.

셸링

인간적 자유의 본질 · 철학과 종교

최신한 옮김

한길사

인간적 자유의 본질
차례

철학과 종교
차례

인간적 자유의 본질

선악의 가능성으로서의 자유

• 셸링의 『인간적 자유의 본질』

최신한(한남대 교수 · 철학)

이 책은 셸링이 1809년에 발표한 『인간적 자유의 본질 및 그와 연관된 대상에 대한 철학적 탐구』(*Philosophische Untersuchungen über das Wesen der menschlichen Freiheit und die damit zusammenhängenden Gegenstände*)를 옮긴 것이다. 이 작품은 저자가 서문에서 밝히고 있듯이 자신의 이전 저술인 『철학과 종교』의 문제성을 재구성한 것이다. 두 작품에서 집중적으로 다루고 있는 문제성은 '의지의 자유' '선과 악' '인격성' 등의 문제이며, 이러한 탐구의 대상 때문에 저자는 이 작품의 제목을 『인간적 자유의 본질』로 붙이고 있다.

이 저술은 셸링의 다른 저술과 같이 장이나 절의 구분이 전혀 되어 있지 않으며 문단도 현대의 글쓰기 방식과는 달리 작성되어 있다. 이러한 점 때문에 독자들은 비교적 긴 호흡으로만 이 작품을 따라 읽을 수 있다. 그러나 각 부분이 다루고 있는 문제성은 아주 명쾌하게 제시되어 있기 때문에, 내용의 난삽함을 어느 정도 감수한다

면 독자들은 각 부분의 주제에 비교적 쉽게 접근할 수 있다(옮긴이
는 이 책의 각 부분을 분명하게 드러내 보이기 위해서 원문에는 표
기되지 않은 구분 표시(1, 2, 3……)를 했으며, 각 장에 소제목을
붙였다. 그리고 원문과의 대조를 쉽게 하기 위해 이 글이 수록되어
있는 전집 IV권의 쪽수를 밝혔다).

셸링 철학의 생성과 전개

프리드리히 빌헬름 요제프 셸링(Friedrich Wilhelm Joseph
Schelling)은 1775년 1월 27일 독일 남서부에 위치한 뷔르템베르크
주의 조그만 도시 레온베르크(Leonberg)에서 목회자 집안의 아들로
태어났다. 그의 아버지는 아들에게 신학공부를 시키기 위해 16세밖
에 안된 조숙한 셸링을 유서 깊은 튀빙겐(Tübingen)대학 신학부에
입학시켰다. 튀빙겐 신학부의 관례에 따라 슈티프트(Stift)에 기거하
면서 신학공부를 하게 된 셸링은 1790년 첫 학기에 독일관념론의 역
사를 빛낸 중요한 인물들과 만나게 된다.

슈티프트는 지금까지 존속하고 있는 튀빙겐대학의 신학부이자 신
학생들을 위한 기숙사로서 헤겔(Hegel)과 횔덜린(Hölderlin)은 셸링
보다 앞서 여기서 공부하고 있었다. 이들은 1795년까지 머문 셸링보
다 2년 먼저 신학졸업시험을 마치고 튀빙겐을 떠나기까지 셸링과 깊
은 관계를 맺게 된다. 당시 튀빙겐 신학부는 학문적인 영역뿐 아니
라 학생들의 생활에 이르기까지 수도원적인 엄격한 분위기가 지배적
이었으며, 이른바 보수적 정신이 모든 것을 규정하고 있었다. 이러
한 분위기는 당시 새롭게 전개되고 있던 계몽주의 정신을 차단시키

려 했으며 이로써 튀빙겐대학의 신학을 전통적인 정통신학의 테두리 안에 머물게 하려고 하였다.

그러나 이웃나라에서 막 일어난 프랑스 대혁명은 학생들로 하여금 새로운 것과 혁명적인 정신을 향하도록 자극했으며, 이러한 자극은 전통 형이상학에 반기를 든 칸트 철학의 영향을 받으면서, 그리고 인간을 죄인으로 규정하는 데서 출발하는 신학에 맞서 인간이 근본적으로 선하다는 사실을 주장한 루소를 매개로 하여, 지금까지와는 전혀 다른 새로운 정신, 즉 자유의 정신을 모색하게 했다. 프랑스 대혁명은 단순한 정치적 사건으로 그친 것이 아니라 독일 정신의 근본적인 변화를 야기시킨, 정신사적 의미를 지니는 사건이 된 것이다.

계몽주의의 이념과 프랑스 대혁명의 자유정신은 신학도들로 하여금 기독교의 전통적인 가르침과는 다른 정신세계를 탐닉하게 했다. 슈티프트의 친구들인 헤겔, 휠덜린, 셸링은 전통 신학에 더 이상의 매력을 느끼지 못했으며, 그랬기 때문에 기독교에 대한 새로운 해석에 몰두했고 심지어 기독교적인 것 자체와 점차 거리를 두게 되었다. 이들이 새롭게 추구한 것은 전혀 다른 새로운 사유의 탄생, 즉 신과 세계가 서로 대립하지 않고 타락한 세계가 신에 의해 구원되기를 더 이상 기다리지 않으며 신이 피조물과 직접적으로 하나가 된, 말하자면 결속된 전체존재를 담지할 수 있는 사유의 탄생이었다. 이들에게는 죄를 통한 분리 대신에 사랑을 통한 통일이 중요했으며 대립하는 세계 대신에 결속된 세계가 관건이었다. 따라서 이들은 이른바 사유의 동맹을 결성하고 이 동맹의 표어를 '하나님의 나라의 도래'로 정했다. 새로운 사유인 '하나님의 나라'는 더 이상 타락한 세계와 대립된 나라가 아니며 악을 행하는 존재가 피할 수 없는 속박의 나라가 아니다. 이는 자유의 나라이며 이성의 나라이고 사랑과 화해가 실현되는 통합의 나라이다.

이런 새로운 사유의 모토는 사실 횔덜린에 의해 제시되었으며, 그가 헤겔이나 셸링에게 끼친 영향은 지대하다. 이러한 횔덜린의 주장에는 그가 추구하던 이른바 '통일철학'(Vereinigungsphilosophie)의 이상이 용해되어 있다. 이들에게는 분리와 나눔과 대립보다 통일이 중요했으며, 이러한 통일을 담아내는 가운데 정통 기독교의 가르침을 극복할 수 있는 새로운 사유가 필연적이었다. 이 새로운 사유의 구체적인 모습은 세 사람에게서 서로 상이하게 전개되었지만 슈티프트에서 결성된 그 출발점은 이들을 평생토록 동반했다. 특히 헤겔과 셸링이 이러한 '청년시대의 이상'을 구현하기 위해 끊임없이 탐구의 대상으로 삼았던 것은 전일적(全一的)으로 결속된 세계 개념이었으며 이러한 사유에 깊이 영향을 끼친 것이 스피노자주의였다.

이와 같이 튀빙겐 시절에 이미 필생의 철학적 과제를 갖게 된 셸링은 시기별로 약간씩 변화된 사유를 보여주기는 하지만 그 근본골격은 거의 동일하게 유지했다. 그러나 횔덜린 및 헤겔과 공동으로 추구하던 새로운 세계상(世界像)은 처음부터 셸링적인 방식으로 등장하지 않았다. 셸링은 자신의 독자적인 목소리를 낼 때까지 또 다른 매개를 거치게 되는데 이는 피히테(Fichte)의 영향 아래 있던 시기이다.

독일관념론의 역사에서 보통 '자연철학' 내지 '객관적 관념론'으로 규정되는 셸링 철학은 처음부터 마련된 것이라기보다 그가 피히테적인 사유로부터 영향을 받고 또 이를 극복하는 과정에서 생긴 것이다. 그러므로 셸링 철학의 제1시기인 1794년에서 1801년은 피히테주의자의 면모가 드러난 시기로 간주된다. 『철학 일반의 가능한 형식에 관하여』(1794)와 『철학의 원리로서의 자아에 관하여, 혹은 인간적 지식에 용해되어 있는 무제약자에 관하여』(1795)는 이 시기에 씌어진 것으로서 이 무렵 튀빙겐을 방문한 피히테의 자아의 철학으로부터 많은 영향을 받은 것이다.

피히테의 자아의 철학은 요컨대 모든 자유에는 자아의 근원적 활동성이 근간을 이루고 있다는 자유의 철학이다. 자유는 단순히 정치적 자유만을 의미하는 것이 아니라 자아의 근원적인 활동성을 의미한다. 지배자로부터의 자유만이 중요한 것이 아니라, 그보다 더 근본적으로, 인간과 관계 맺고 있는 모든 이론적, 실천적 대상으로부터의 자유가 더욱 중요한 것이다. 인간이 이러한 대상으로부터 규정되는 것이 아니라, 자아의 활동성이 이러한 대상을 자유롭게 규정한다.

1795년 가을 튀빙겐 신학부를 졸업한 셸링은 1796년부터 1798까지 라이프치히에서 가정교사 노릇을 한다. 한때 신학을 공부했던 그는 여기서 자연과학 탐구에 몰두하면서 독자적인 철학을 구축하게 되는데, 이것은 『자연철학 이념』(1797)을 통해 처음으로 구체화되었다. 셸링은 피히테 철학이 거부했던 자연을 철학의 중심주제로 삼으면서 독자적인 철학을 정립한 것이다. 그에 의하면 자연은 인간에게 소원한 존재 내지 인간과 대립하는 존재가 아니라 인간과 깊은 관계를 맺고 있는 존재여야 한다. 자연은 단순히 질료적 자연이 아니라 정신에 의해 각인된 자연이며, 자아 역시 질료적 자연 가운데 각인하는 형식이다. 정신은 인간의 주관적 정신으로 그치는 것이 아니라 모든 실재 가운데서 지배하는 '객관정신'인 것이다.

셸링이 자연철학에 관한 초기 구상에서부터 염두에 둔 것은 실재적인 것과 관념적인 것의 종합이다. 더 구체적으로 표현하자면 모든 실재 가운데는 이미 관념적인 것이 들어 있다는 것이다. 인간의 정신이 그 내면으로부터 무엇인가를 형성하는 조직적인 속성을 가지고 있다면 이러한 속성은 인간뿐만 아니라 전체 자연 속에도 있다는 것이다. 인간 가운데 깃들여 있는 형성을 향한 노력은 외적인 자연에도 예외없이 존재하는 일반적인 경향이며, 이것이 바로 자연이 갖는 보편적 정신이다. 이 정신은 자연 가운데 충동으로 나타나서 모든 질료적 자연을 조직화하려고 하며 이러한 과정 가운데서 끊임없이 합목적성의 이상을 추구한다. 자연이 담지하고 있는 이러한 충동은 저급한 자연존재에서 보여질 뿐 아니라 고급한 정신적 존재에서도 어김없이 드러나는데, 셸링은 이것을 자연의 생산력으로 부른다. 우리 바깥에 존재하는 사물은 단순히 질료적 존재로 그치는 것이 아니라 그 속에서 작용하고 있는 정신의 산물이다. 모든 존재 가운데는 이미 정신이 작용하고 있는 것이다. 이른바 객관적 관념론에는 이러한 생각이 근간을 이루고 있다.

이러한 자연철학적 기조 위에서 씌어진 『세계영혼에 관하여』(1798) 때문에 셸링은 예나(Jena)대학으로 초빙되어갔다. 예나는 당시 독일의 정신을 주도하던 도시였으며 여기에는 이미 불세출의 거장들이 활동하고 있었다. 피히테와 라인홀트(Reinhold) 같은 철학자가 활동하고 있었을 뿐 아니라 실러(Schiller)도 교수로 있었고, 괴테(Goethe)도 가끔씩 바이마르로부터 이 도시를 방문했으며, 여기서 슐레겔(Schlegel) 형제, 노발리스(Novalis), 티크(Tieck) 등으로 구성된 예나의 낭만주의자 모임이 결성되기도 했다.

1801년부터 3년 동안 셸링은 헤겔과 함께 철학잡지를 공동으로 편집하기도 했다. 당시 자연과학적 문제에 골몰하던 괴테는 셸링의 『세계영혼에 관하여』를 대단히 반겼으며 이것이 계기가 되어 그는 셸링을 예나대학 교수로 적극 추천한 것이다. 예나 시절 셸링은 괴테와 지속적이고도 우호적인 관계를 유지했는데, 괴테가 만약 셸링과 이러한 관계를 유지하지 못했더라면 철학 일반과 상당한 거리를 유지했을 것이라는 평가도 있다. 낭만주의자와의 관계는 셸링이 A.W. 슐레겔의 아내 카롤리네(Caroline)와 사랑에 빠짐으로써 깨지고 말았다(낭만주의가 천재로 꼽는 카롤리네는 1803년 남편과 이혼하고 셸링과 결혼했으며, 그후 이들은 결혼으로 인한 주변의 상황 변화 때문에 예나를 떠나 뷔르츠부르크(Würzburg)로 옮기게 된다. 예나를 떠나기로 한 이들의 결정은 결국 괴테와의 관계 단절로 이어졌고 1807년 이후에는 헤겔과 서먹서먹한 사이로 연결되면서 그의 학문적 인생에 좋지 않은 결과를 가져왔다).

피히테가 1799년 무신론 논쟁에 휘말리면서 예나를 떠난 후 셸링은 이 대학의 중심점이 되며 1800년에는 전 독일 철학계를 대표하는 철학자로 평가된다. 이때 나온 책이 『자연철학 체계 기획 I』(1799)과 저 유명한 『선험적 관념론의 체계』(1800)이다. 여기서 셸링은 그때가지의 생각을 체계적으로 정리했으며, 이러한 체계는 지속적으로 그의 철학을 규정하게 된다. 이 책에 나타나 있는 셸링 철학의 핵심은 '자연과 정신의 종합'이다. 여기서 피히테의 주관적 관념론은 더 이상 받아들여지지 않게 되며 그 자리를 객관적 관념론이 대신한다. 피히테가 주장하는 것과 달리 자아는 결코 모든 것이 될 수 없으며 우선권을 가질 수도 없다. 자아가 비아를 정립하는 것이 아니라 오히려 비아가 자아의 전제이다. 인간이 자연을 정립하는 것이 아니라 정신으로 충만하게 채워져 있는 자연으로부터 인간이 나온다.

『선험적 관념론의 체계』는 1801년에 나온『나의 철학체계 서술』과 더불어 셸링의 독자적인 체계로 정립되며, 여기서 마련된 객관적 관념론을 통해 셸링은 피히테와 완전히 결별하게 된다. 1806년까지 지속된 이러한 체계는 철학사에 '동일성철학'(Identitätsphilosophie)이라는 이름으로 기록되어 있으며, 이러한 철학을 대변한 셸링은 그의 생애의 최고점을 누린다. 그러나 이러한 그의 전성기는 결코 오래 지속되지 않았다.

일찍이 튀빙겐 시절에 가졌던 전체존재의 전일적 결속은 이제 이 동일성철학을 통해 그 첫번째 결실을 얻은 것으로 보인다. 동일성철학은 자연과 정신의 결속을 하나의 거대한 과정을 통해 설명한다. 즉 모든 존재는 단순한 자연적 존재자로부터 정신을 향해 나아가는 일련의 단계와 과정으로 이루어져 있다. 다시 말해서 저급한 존재자인 비유기적인 질료로부터 식물과 동물의 세계를 거쳐 주관적 정신의 소유자인 인간의 세계로 나아가는 과정인 것이다. 인간에게서는 정신이 자립적인 본질을 지니기는 하지만, 이 주관적 정신도 미몽의 단계로부터 모든 것을 각성하는 계몽의 단계로 발전한다. 이것은 곧 인간의 역사이다. 다시 말해서 인간의 역사는 정신의 발전사이다. 이와 같이 전체존재는 하나의 역동적인 과정 속에 있다. 이 과정은 역동적인 범신론의 의미에서 전체-정신의 도정으로 파악된다. 즉 모든 단계와 모든 형태 가운데서 자기 자신에 도달하는 절대정신의 도정으로 파악되는 것이다. 이러한 도정은 나중에 헤겔에 의해 그 완성이 시도되는 것이기도 하지만, 이의 성공 여부에 대해서는 아직도 끊임없이 논의가 이어지고 있다.

그러나 셸링은 절대정신의 철학으로 나아가지 않고 자연철학과 정신철학의 균형 가운데 머문다. 절대자는 곧바로 절대정신과 동일시될 수 없다는 생각이, 헤겔과 다른 셸링적 사유의 특징이다. 이러한 생각에는 셸링은 물론 헤겔도 근대철학의 중심점으로 받아들이는 스피노자의 사유가 많은 영향을 끼쳤다. 독일관념론 철학자들에게 매력적으로 받아들여졌던 스피노자 사유의 핵심은 요컨대 모든 존재의 결속에 있으며, 이러한 결속은 절대자로부터 획득된다. 모든 사물의 근원근거인 신적 존재는 정신이나 자연으로 대변되는 일면적인 존재가 아니라 자연과 정신의 통일체이다. 자연과 정신은 신적 존재 가운데서 통일되어 있으며, 세계의 모든 존재자들은 신적 존재와 동일한 구조를 가지고 있는 것이다.

셸링이 절대자의 문제를 포기할 수 없었던 것은 자연철학과 정신철학의 균형을 위해 중요한 것이었지만, 이러한 생각은 스피노자의 사유에 기인한다. 실재적 존재와 관념적 존재는 그 자체로 독자성을 주장할 수 없으며, 이 둘은 똑같이 신적인 존재 가운데 근거지어져 있다. 우리는 절대자를 단순히 정신으로, 혹은 자연으로 규정할 수 없는 것이다. 여기에 셸링이 생각한 균형이 존재한다. 자연과 정신, 혹은 정신과 자연은 절대자 가운데서 근거지어져야 하는 것이다.

실재적 존재와 관념적 존재는 세계의 존재 가운데 있을 수 있지만 그보다 먼저 모든 존재의 품이라 할 수 있는 절대자 가운데 있어야 한다. 그러므로 신은 전통철학에서 일방적으로 주장된 바와 같이 정신만이 아니라 자연이기도 하다. 신은 관념적인 능력만을 지니는 존재가 아니라 실재적인 능력을 담지하고 있는 존재이다. 신은 실재적-관념적 존재인 것이다. 그러나 신은 이 두 존재 내지 이 두 힘을 절대적 무차별(absolute Indifferenz)로 담지하고 있다. 스스로 절대적 무차별인 신은 이 두 가지 근본 힘을 자기 안에서 아직 실행되지 않은 힘으로 포함하고 있다. 이 힘들은 자연의 영역으로 나아갈 수도 있고 정신의 영역으로 진행할 수도 있지만, 신 안에서는 이 둘 가운데 어떠한 우위나 불균형이 존재하지 않는다.

이와 같이 신은 실재적-관념적 존재이다. 세계는 이러한 신으로부터 전개되어 나온 존재, 즉 신의 계시이다. 그러므로 세계 존재 안에서도 실재적 존재나 관념적 존재는 독자적일 수 없으며 이 둘은 늘 함께 존재한다. 모든 존재자들도 신과 같이 실재적-관념적 존재이다. 이렇게 볼 때 자연은 정신에 의해 채워진 존재이다. 정신 또한 오로지 순수한 정신으로 존재하지 않는다. 이것은 인간이 비록 정신적 존재라 하더라도 육체를 벗어날 수 없는 존재라는 사실에서 잘 드러난다. 모든 존재는 절대자의 거울, 즉 절대적으로 실재적이며 관념적인 존재의 거울이다. 그렇기 때문에 모든 존재 자체는 실재적인 동시에 관념적이며, 그 가운데 육체적인 힘과 정신적인 힘이 상호침투되어 있다.

바로 이러한 이유로 모든 존재자들은 서로 이질적이거나 소원하지 않다. 이들은 서로 분리되어 있는 것이 아니라 결속되어 있다. 모든 존재의 결속은 그것이 동일한 본질을 가지고 있다는 사실에서 분명하게 드러난다. 요컨대 실재-관념론의 체계는 모든 존재의 질적 동일성의 체계인 것이다. 질적 동일성이 있다 하더라도 양적 차이는 언제든지 있을 수 있고 실제로 있다. 모든 사물의 상이성은 질적 차

이에서 오는 것이 아니라 양적 차이에서 온다. 질적 동일성을 담지
하는 존재자들 가운데서도 어떤 존재자는 실재적인 것을 더 많이 분
유(分有)하고 어떤 존재자는 관념적인 것을 더 많이 분유할 수 있
다. 예컨대 비유기적 존재자에게는 실재적인 것이 더 많이 들어 있
고 인간에게는 관념적인 것이 더 많이 들어 있다. 결국 절대자는 절
대적 무차별인 반면 세계 내 존재자들은 질적 동일성 가운데 존재하
는 양적 차이성이다.

범신론 비판과 실재 – 관념론

1809년에 출간된 『인간적 자유의 본질』은 튀빙겐 시절 이래 기독
교로부터 상대적으로 멀어졌던 셸링의 사유가 기독교적으로 전환한
것을 입증해줄 수 있는 유일한 작품이다. 그의 대부분의 저작들이
그러한 것처럼 이 저작도 그와 입장을 달리하는 다른 철학자들과의
철저한 논쟁으로부터 생겨난 것이다. 앞서 언급한 바 있지만, 셸링
철학의 최초 체계에 해당하는 『선험적 관념론의 체계』나 『나의 철학
체계 서술』과 달리 『인간적 자유의 본질』은 체계적으로 완결되지 않
은 미완의 작품이다.

셸링이 이 작품을 통해 보여주려고 한 문제들은 여러 가지가 있지
만, 그 중에서도 가장 으뜸가는 것은 자신에게 쏟아진 범신론의 혐
의를 이 책을 계기로 벗어보려고 하는 것이다. 인간 자유의 문제나
악의 가능성에 대한 논의는 범신론의 테두리 가운데서는 이루어질
수 없으며 이러한 문제를 다루지 못하는 철학은 어떤 의미에서 비도
덕적인 철학으로 불릴 수도 있기 때문이다. 셸링 자신이 범신론에

대해 많은 관심을 기울이고 이 문제를 다양한 방식으로 해석한 것은 사실이지만 그의 철학이 곧 범신론으로 동일시될 수는 없다. 그는 인간의 자유 및 자유와 연관된 신과 인간의 관계 문제를 규명해냄으로써 범신론에 대한 혐의를 벗어날 수 있다고 생각한다.

셸링은 그의 철학이 신과 세계를 동일시한 범신론적인 것이라는 비난에 대해, 그의 철학은 세계가 신으로부터 전개되어나온 일련의 과정을 설명한 것이라고 맞선다. 그에 의하면, 세계는 무로부터 창조된 것이 아니라 신으로부터 전개되어나온 존재이다. 여기서 세계는 다름 아니라 이미 신 안에 내포되어 있던 것이 독자적인 존재로 자유롭게 형성된 것을 의미한다. 따라서 세계의 존재는 근본적으로 독자적인 자유의 존재이다. 세계의 존재는 그 자체가 자유롭게 세워진 것이다. 따라서 인간의 자유도 세계의 과정과 무관한 특별한 것일 수 없다. 인간이 자기 자신의 독자적인 자유로부터 행위한다는 것은 인간에게만 고유한 것이 아니라 모든 존재의 자유를 지시하는 하나의 표시이다. 『인간적 자유의 본질』에서는 신의 자유, 자연의 자유, 인간의 자유가 하나의 맥락에서 서술되고 규정된다.

셸링은 진정한 자유론의 서술을 위해 무엇보다 먼저 종래의 잘못된 철학 개념을 교정하려고 한다. 특히 자연의 생동적 근거를 옹호하는 자연철학의 관점에서 이것에 대립했던 추상적 관념론과 독단론을 공박한다. 전통철학의 오류에 대한 중요한 지적은 자유의 개념과 체계 일반의 모순을 향한다. 모든 존재의 통일성과 전체성을 요구하는 철학은 자유의 부정으로 귀결되는 것이 아니라 그 자체가 자유의 철학일 수 있다는 것이 셸링의 관점이며, 이로부터 자유의 개념과 세계 전체와의 연관이 추적된다. 세계 전체의 연관을 보여주는 체계가 범신론이라는 사실은 당시의 철학에서 일반적으로 받아들여지고 있었다면, 셸링은 이를 전혀 새로운 의미로 해석하고 이로부터 자유의 철학을 도출해낸다.

'사물의 신내재론'으로 규정되기도 하는 범신론은 그것이 모든 존재들의 절대적, 필연적 연관을 보여주기 때문에 자유와 모순되는 것이 아니라 오히려 이러한 절대적 연관 가운데서 자유론으로 드러날 수 있다는 것이다. 세계의 절대적 신의존성(神依存性)을 주장하는 범신론의 일반적 주장에서는 자유가 소멸되는 반면, '신-안의-존재'로 설명되는 유한자에게서는 자유가 구해질 수 있다.

신은 인간에게 자유를 허용하기 위해 자신의 전능을 억제한 것이 아니다. 우리는 인간의 자유와 연관된 세계의 우연성을, 신이 자신의 전능을 억제한 사실과 결부시킬 수 없다. 오히려 신은 세계와 필연적으로 관계맺고 있기 때문에 이러한 신 가운데 존재하는 인간에게 자유의 능력이 있는 것이다. 신과 세계존재의 절대적 연관성, 신과 인간의 통일성은 자유와 모순되는 것이 아니다. 자유는 오히려 신과 인간 및 세계존재의 연관성과 통일성 가운데서만 설명될 수 있다. 이러한 생각은 전체존재의 결속을 실재론적으로만 설명하는 철학체계에 관념론적 사유를 덧붙인 것이며, 이러한 작업은 실재-관념론(Real-Idealismus)을 구성하려는 이 책의 전체 기획과 맞물려 있다.

셸링은 진정한 자유론을 정립하기 위해 스피노자의 체계를 면밀히 검토하며 이 체계가 갖는 결핍을 관념론을 통해 보충한다. 전통철학에 대한 셸링의 교정작업은 구체적으로 동일률에 대한 이해의 차이에 무게가 실려 있다. 신과 인간의 절대적 결속에서 자유가 소멸된다는 것은 범신론의 주장이라기보다 결정론의 주장이다. 결정론으로 해석되는 범신론의 가장 큰 오류는, 신과 인간의 동일성 가운데서 자유가 소멸되는 것으로 생각하는 것이다. 이러한 오류는 결국 동일성과 단일성의 혼동에서 유래하며, 생성의 관점과 존재의 관점을 구별하지 못하는 데서 나온다. 예컨대 신과의 동일성을 지닌 유한자는 생성의 관점에서는 의존적이지만 존재의 관점에서는 자립적이다. 생성의 관점만을 고찰하고 존재의 관점을 고찰하지 않는 것은 철학체계의 일면성을 보여줄 따름이다. 신은 자기 자신을 그와 동일한 존재, 그리고 자기 자신으로부터 자유롭게 행위할 수 있는 존재 가운데 계시할 수 있다. 신 안에 존재하기 때문에 자유가 없는 것이 아니라, 오히려 신 안에 있다는 이유로 자유로운 것이다. 신의존적인 존재와 신과 통합되어 있는 존재에게 자유가 결핍되어 있다는 주장은 추상적인 개념체계에서 가능하며 더욱이 기계론적 체계에서 가능한 것이다.

셸링은 여기서 당시 정신세계의 주류를 이루고 있던 기계론적 사고방식을 비판하며 유기적 사고방식을 받아들인다. 셸링에 의해 비판되는 스피노자의 체계는 다름 아니라 '기계론적 물리학'으로서의 범신론이다. 이런 맥락에서 스피노자의 체계는, 사물의 신내재론을 주장하기 때문에 잘못된 것이 아니라 전체존재의 결속을 추상적 개념으로 설명하기 때문에 잘못된 것이다. 자유가 설명될 수 있기 위해서는 추상적 개념이 생동적 개념으로 변화되어야 하며 일면적—실재론적 체계가 실재—관념론으로 탈바꿈하여야 한다. 스피노자의 일면적—실재론적 체계는 관념론의 원리에 의해 정신화되어야 한다.

그러나 관념론만으로도 진정한 자유론을 형성할 수 없다. 관념론이 독단론적 체계를 극복할 수 있는 대안이 됨에도 불구하고 관념론만으로는 또 다른 문제가 야기되기 때문이다. 셸링이 비판하는 관념론은 그 자신이 초기 철학에서 적극적으로 수용한 바 있는 피히테의 주관적 관념론이다. 자아의 활동성이 중요하며 이로부터 자유가 설명될 수 있지만, 오로지 자아성만이 모든 것이 아니라 오히려 모든 것이 자아성이라는 사실이 받아들여져야 한다. 자아의 활동성이 자유의 근간이라는 주관적 관념론의 관점은 일반적, 형식적 자유의 개념을 부여해줄 뿐이다.

자유는 형식적 지평을 넘어서서 실재의 지평으로 확대되어야 하며 자아의 테두리를 벗어나 전 우주로 확장되어야 한다. 자아의 자유는 자연의 자유로까지 확장되어야 하는 것이다. 관념론은 진정한 체계를 위해 실재론을 근간으로 가져야 하며 자연을 그 생동적 근거로 삼아야 한다. 관념론은 생동적인 실재론을 통해 보충되지 않으면 독단론보다 더 추상적인 체계가 되고 만다. '관념론은 철학의 영혼이며 실재론은 그 몸이다.' 셸링이 의도하는 진정한 체계는 다시금 실재–관념론이다. 자유를 정초하는 본래적인 이성체계는 관념론과 실재론의 종합에서 비로소 형성될 수 있다.

악의 근거와 인간적 자유

자유에 대한 셸링의 탐구는 자유 자체에 대한 탐구라기보다 자유가 어떻게 악으로 귀결될 수 있는가 하는 문제에 대한 탐구이다. 특히 기독교적인 표상을 따라서 세계를 신에 의해 창조된 세계로 간주할 때 이 문제는 더욱더 자극적인 물음이 될 수 있다. (선한) 신에 의해 창조된 세계 속에서 악이 도대체 어떻게 가능하다는 것인가? 이것은 단순히 악에 대해 묻는 것이 아니라 신으로부터 창조된 세계에서 악이 어떻게 가능한지를 묻는 것이다. 이러한 물음은 모든 형태의 존재를 유일한 존재로부터 도출하려는 일신론적 사유 내지 기독교적 사유에 해당한다.

　그러나 이러한 기독교적 사유는 다음과 같은 고통스러운 물음으로부터 자유롭지 않다. 세계 가운데 있는 모든 것은 이원적으로 존재하는 것으로 보이며 그 가운데서도 대표적으로 선과 악이 존재한다면 이것은 모든 존재의 근원인 일자존재, 즉 신과 어떠한 관계를 맺는가? 더 나아가 하나의 신, 하나의 존재가 있으며 그로부터 모든 존재가 유래한다면, 그리고 이 하나의 존재가 마땅히 선한 존재여야 한다면, 악은 도대체 어떻게 가능할 수 있는가?

　악에 대한 논의의 역사를 살펴보면, 유일신적 사유를 대변하는 유태교는 악의 문제를 아예 중요하지 않은 것으로 간주했으며, 비유일신적 사유에서는 선과 악이 이원론적으로 받아들여졌다. 신들은 한편으로 선을 의욕하지만 다른 한편으로 악이나 악마에 의해 충족된다는 것이다. 일신론적 사유의 전통에서는 특히 플라톤과 신플라톤학파 가운데서 이 문제가 집중적으로 다루어졌으며 그 중에서도 플로티노스의 사유가 기독교적인 사유를 대변하게 된다. 그에 의하면 악은 진정한 존재가 아니다. 존재는 그것이 존재하는 한 선이다. 그러나 악이 존재한다면 이것은 선의 결핍이며 타락이다. 신에게는 악이 없는 반면 인간이나 세계에 악이 있는 것은, 인간이나 세계가 신으로부터 나온 동시에 무로부터 창조되었기 때문이다. 악의 가능성과 타락의 가능성은 존재의 결핍으로 인한 것이라는 말이다. 그러므로 악은 강한 것보다는 약한 것과 연관이 있으며 확실한 존재보다는 불확실한 무와 연관되어 있다. 이것은 피조물의 불완전성을 악으로 간주하는 '악의 형이상학'이 대변하는 것이다.

이에 반해 셸링은 악이 자연 내지 신 실존의 근거로부터 유래하는 것으로 파악한다. 악은 신플라톤주의 이래 일반적으로 받아들여진 바와 같이 존재의 결핍이나 결여에 기인하는 것이 아니라, 최초의 근거인 자연, 즉 긍정적 존재로부터 유래한다. 셸링은 '악과 자연의 관계'를 설명하기 위해 자기만의 독자적인 자연철학을 제시하며, 여기서 자유론의 체계적 가능성이 모색된다. 자유론에 나타나 있는 셸링 자연철학의 특징은 '실존하는 한에서의 존재'와 '실존의 근거인 한에서의 존재'를 구별하는 데 있다. 실존(Existenz)과 근거(Grund)가 구별된다는 것이다. 이것은 한편으로 스피노자의 체계와 셸링의 체계를 구별하는 준거가 되며, 다른 한편으로 자연철학 일반이 신과 자연을 혼동한다는 비난으로부터 자연철학을 옹호하는 기준이 되기도 한다. 범신론이나 유출설을 따를 경우 인간존재와 세계존재는 근원존재인 신으로부터 나오며, 유한적 세계 속에 있는 악은 필연적으로 신으로부터 도출되어야 한다. 그러나 신을 악한 존재로 규정할 수 없는 한 기존의 설명체계는 한계에 부딪친다. 신의 실존과 신 실존의 근거를 구별하는 셸링의 사유는 바로 여기서 악의 문제를 설명할 수 있는 중요한 이론으로 부각된다.

셸링은 신 실존의 근거를 자연으로 간주한다. 자연이 신 실존의 근거라 해서 자연이 신보다 근원적인 존재인 것은 아니다. 신이 실존하지 않는다면 근거가 근거로 작용할 수 있는 존재가 없으므로 자연 역시 존재할 수 없기 때문이다. 자연의 산출과정은 힘의 분리과정이다. 여러 가지 힘들이 분리되는 가운데 생겨나는 존재자들은 두 가지 원리를 담지하고 있다. 존재자의 창조과정은 시원적인 어둠이 빛으로 드러남으로써 이루어진다. 어둠은 아직 아무것도 규정되지 않은 근거의 모습이라면 빛은 존재자가 구체적인 존재자로 규정된 모습이다. 어둠은 그 속에 있는 존재자들이 서로 구별되지 않는 혼동의 상태라면 빛은 존재자들을 고유하게 규정하는 질서의 상태이다. 그러므로 자연의 존재자들에게는 어둠의 원리와 빛의 원리가 공존한다.

　이러한 힘의 분리과정을 통해 산출된 존재는 이 이후 두 가지의 가능성에 직면한다. 하나는 힘의 분리 이후에도 어둠에 남아 있는 것이며 다른 하나는 빛과 통합되는 것이다. 빛과 통합되는 개별적 존재자는 신적인 오성의 질서 가운데 머무르는 존재인 반면, 어둠에 남아 있는 존재자는 신적인 질서로 나아가지 않고 자기만의 개별성으로 남아 있는 존재이다. 신적인 오성의 질서 가운데 편입되고 이 질서의 도구로 존재하느냐, 아니면 빛으로부터 분리되어 자기만의 이기적인 영역에 남아 있느냐 하는 것이 관건이다. 이기적인 욕구에 휩싸여 있으면서 보편적인 질서에 대해 맹목적인 의지는 자연스럽게 악으로 연결된다. 신의 의지는 모든 것을 보편화하고 모든 것을 빛과 통일시키는 의지인 반면 근거의지 내지 자연의 의지는 모든 것을 특수화하는 개별화의 의지이다. 악은 자연의 근거의지로부터 비롯되는 것이다. 자연 가운데서 작용하는 근거의 최고 힘이 곧 악이다. 그러므로 "악의 근거는 최초 근거의 근원의지 속에 있다." 악이 존재의 결핍이나 부정적 존재에서 유래하지 않고 긍정적 존재로부터 나온다는 주장은 여기서 다시 한 번 확인된다.

악은 피조물의 이기적 의지로부터, 혹은 보편적 의지에 대한 몰식적인 의지로부터 비롯된다. 악이 비록 긍정적 존재로부터 나온다 하더라도 그 실제적 가능성은 인간에게 주어져 있는, 빛의 원리와 어둠의 원리의 분리가능성으로부터 나온다. 두 원리의 분리가능성이 곧 악의 가능성이다. 선이 이 두 원리의 통일에서 나올 수 있다면, 악은 그 분리에서 나올 수 있는 것이다. 이러한 분리는 원칙적으로 모든 피조물에게 열려 있지만 실제로는 인간에게서 처음으로 나타난다. 이런 맥락에서 셸링은 바아더(Fr. Baader)의 한탄을 의미있는 것으로 받아들인다. 인간의 타락이 차라리 동물화에 이르기까지 진행되는 것은 바람직할지 모르지만 실제로 인간은 동물보다 못하거나 그 위에 존재한다. 악은 인간에게서 비로소 가능한 것이다. 악한 인간은 신과 분리된 특수하고 이기적인 존재이다. 이러한 인간은 스스로를 피조물로부터 초피조물로 고양시키려 할 뿐 아니라 자신이 보편의지의 도구에 불과한 존재임을 부정하고 심지어 보편의지의 자유까지 누리려 한다.

악이 실제로 인간을 통해 야기되기는 하지만 악의 근원이 인간인 것은 아니다. 어둠으로부터 빛으로 드러날 수 있는 질료가 존재하지 않는다면 인간의 이기적 의지도 활동할 수 없기 때문이다. 반복된 설명이지만 악의 원인자는 자연이며 어둠의 원리 자체이다. 이 원리는 자연 존재의 현상과정에서 근거의 자극을 통해 깨우쳐진 악의 정신이며 빛으로부터 분리된 정신이다. 악은 결국 근원근거의 이기적이고 독자적인 활동력이며 피조물 가운데 작용하는 힘의 무질서이다. 흥미로운 것은 이러한 근거의 활동이 인간의 이기적 욕구와 자연스럽게 결합한다는 사실이다.

위의 논의를 종합해볼 때, 악은 인간에게서 이러한 원리의 분리가 생겨나고 보편적 질서의 파괴가 일어나는 데서 발생한다. 이에 반해 선은 이러한 분리가 신적인 원리로 회복되고 신적인 질서를 획득하는 데서 생겨난다. 인간의 의지가 보편의지와 통일되어 있는 한 그가 관계하는 생동적인 힘들은 신적인 척도와 균형 가운데 존재한다. 존재자에게 내재하는 원리들의 통일과 분리, 원리들의 질서와 왜곡이 선악의 갈림길이며, 이러한 길의 안내자는 바로 인간이다. 인간은 이 두 원리의 통일과 분리를 자유롭게 선택한다. 인간의 행위는 자유로운 행위일 뿐이며 외적으로 강제된 행위가 아니다. 자유로운 인간의 자유로운 결단에 의해 이루어지는 행위는 바로 인간 자신에 의해 선악으로 귀결되는 것이다. 선악의 가능성은 전적으로 인간의 의지로부터 비롯되며, 이러한 선악의 능력으로서의 의지는 셸링이 자유론에서 파악하고 있는 인간만의 고유한 능력이다.

악과 연관된 셸링의 생각에는 시종일관 통합의 사유가 주도적인 역할을 감당한다. 인간의 행위가 앞서 언급한 두 원리와 통합되어 있다면 그것은 선으로 귀결되는 반면, 인간의 행위가 원리와 분리되면서 스스로 근거가 되려고 하면 그것은 악으로 귀결된다. 인간의 자기성이 빛의 원리와 하나가 되고 신적인 힘과 결속되어 있으면 그의 활동은 선으로 나타나는 반면, 자기성이 신의 자리를 대신하려고 하면 그의 활동은 악한 행위가 되는 것이다. 죄와 잘못은 근거로부터 나온 인간이 스스로 근거가 되려고 하고 주변적인 존재가 스스로 중심으로 군림하려고 하는 데서 시작된다.

개별적인 존재자의 근거와의 결속 여부가 선과 악을 결정하는 준거가 된다. "악이 두 원리의 분리에 있다면, 선은 오로지 두 원리의 완전한 일치에서만 존재할 수 있다." 그러나 이러한 일치와 결속은 우연적이거나 자의적인 것이 아니다. 이것은 무제약적인 것이며 필연적인 것이다. 그러므로 선악의 능력인 자유는 아무것을 아무렇게나 결정할 수 있는 무차별적인 자의의 능력이 아니라 신성한 필연성과 결속되어 있는 능력이다. 인간의 자유를 신적인 결속 가운데서 이해하는 셸링의 관점은 자유와 필연을 동일시하는 데서 보다 분명하게 드러난다. 셸링은 이러한 동일성을 종교성과 양심성으로 규정하기도 한다. 여기서 강조되는 것은 자의적 선택이 아니라 결단이며 외적 조건에 따라 가변적인 임의성이 아니라 내적 필연성이다.

이런 맥락에서 셸링적 자유의 형식적 본질은 자유와 필연성의 연관에서 찾아진다. 더 정확하게 말하자면, 자유와 필연성은 하나의 본질 가운데 얽혀 있는 것이다. 자유로운 행위는 자의적 행위와 구별되어야 한다. 진정한 자유의 행위는 필연성을 담지하고 있는 지성적 본질로부터 유래해야 한다. 우연적으로 이루어지는 행위나 경험적 필연성으로부터 나오는 행위는 자유로운 행위가 아니다. 자유로운 행위는 행위 주체의 고유한 내적 본성으로부터 나오는 행위이며 자기만의 고유한 본질이 갖는 법칙에 따르는 행위이다. 자기만의 고유한 행위는 인간의 내적 본질로부터 나오며 내적 필연성으로부터 나온다. 자유는 고차적인 내적 필연성이다.

셸링의 자유론은 무차별적인 자의의 체계가 아니며 결정론도 아니다. 인간은 물론 근원적인 창조에서는 비결정적이지만, 그는 스스로 자신의 필연적인 지성적 본질로부터 결정하고 결단할 수 있다. 자유의 행위는 그것이 시간 속의 다른 것에 의해 이루어지는 것이 아니기 때문에 그 자체로 초시간적이며 영원한 것이다. 이런 의미에서 그만의 고유한 행위로 규정되는 인간의 본질은 곧 근원의욕이며 근거의욕이다. 셸링의 자유론은 인간이 창조의 시원에서 이미 자유롭게 행위했다는 의미에서 예정설로 규정될 수도 있다. 그러나 이것은 신의 의지가 인간의 행위를 선규정했다는 예정설과는 구별되어야 한다. 인간의 행위와 그 자유는 행위 이외에 그 무엇인가 전제된 것으로부터 유래하는 것이 아니라 그 자체로 시원적 행위이며 시원적 자유이다.

인격성과 사랑의 체계

존재의 근원적 결속과 자유로운 결속을 강조하는 셸링의 사유는 변증법적이다. 결속이 기하학적인 법칙으로만 이루어져 있다면 그 속에는 자유가 있을 수 없다. 근원적 결속이 자유로 연결될 수 있기 위해서는 그 자체가 생동적이어야 한다. 셸링은 이러한 생동성을 인격성으로 표현한다. 그가 정의하는 인격성은 자립적 존재와 그로부터 독립해 있는 토대의 결합이다. 신은 자신의 관념적 원리와 그로부터 독립해 있는 근거(자연)와의 결합이며, 이것은 신과 자연의 결속으로 드러난다. 순수관념론의 신과 순수실재론의 신은 바로 이러한 의미에서 비인격적이다. 그러므로 현실에 나타나 있는 악의 근원이 신이라는 주장은 인격성으로 규정되는 이러한 결속에 의해 반박된다. 신으로부터 파생된 현실 속에 악이 존재한다는 사실로부터 곧바로 신이 악한 존재라는 결론이 나올 수 없다. 왜냐하면 악은 악한 신으로부터 나온 것이 아니라 인격적이며 생동적인 결속을 파기한 인간으로부터 나오기 때문이다. 신에게는 선과 악이 동일한 것으로,

그리고 무차별적으로 주어져 있다. 악은 신 가운데 있는 근원적 결속이 파기되고 선악의 동일성이 비동일성으로 형성됨으로써 비로소 발생한다.

우리는 여기서 인간의 이기적 의지와 신의 자유의지를 혼동해서는 안된다. 악을 행하는 이기적 의지가 신의 자유의지로부터 나온다고 설명하는 것은 잘못이다. 신이 인간에게 아예 자유의지를 부여하지 않았다면 악이 발생하지 않는 것은 물론이고 선도 생기지 않을 것이기 때문이다. 그리고 선의 실현을 위해서는 악이 매개되어야 한다. 신의 자기계시 행위는 필연적으로 악을 동반한다. 신은 단순한 존재가 아니라 생명이기 때문에 피조물의 생성과 함께 등장하는 악에 복종하는 것이다. 신의 자기계시 행위에는 늘 상대적인 대립물이 따라야 하며 이러한 대립물 없이는 계시행위 자체가 불가능하다.

신이 자신의 사랑을 표현할 수 있는 대립물, 즉 유한적 존재가 존재하지 않는다면, 신의 사랑 자체가 존재할 수 없거나 존재하지 말아야 한다. 이런 맥락에서 절대 긍정적 존재는 시간적 존재에게 희생당할 수밖에 없다. 결국 악이 존재하지 않아야 한다면 신 자신도 존재하지 말아야 한다. 창조는 자연의 근거와 더불어 이루어지므로 이 근거는 곧 악의 시원이다. 중요한 것은 현실 가운데 악이 실재하며 그 근원이 신이 아닌가 하는 혐의가 아니라, 신의 창조행위 가운데 용해되어 있는 신적인 인격성과 생동성을 현실과 현실 속의 인간이 여전히 담지하고 있는가 하는 물음이다. 이러한 인격성과 생동적 결속은 곧 사랑이다.

자유론에 나타나 있는 셸링의 사랑의 개념은 철학 일반의 개념과 밀접하게 연관되어 있다. 사랑은 모든 존재의 유기적 결속 및 생명과 관계하며 인격성과 연관되어 있다. 사랑은 각각의 존재를 타자존재와 결합하는 힘으로서 그 자체가 관계 가운데 있다. 모든 존재자 너머에 있으면서 이들과 근본적으로 구별되는 절대적 힘이 사랑이 아니라, 아무런 관계 없이 독자적으로 존립할 수 있는 존재자들을 결합하고 통일시키는 힘이 사랑이다. 대립과 관계하지 않는 통일이 불가능한 것처럼 사랑은 분리되고 대립된 존재자들을 하나로 결속할 뿐 아니라 근원을 망각한 존재자들을 근원존재와 결속시킨다.

셸링은 자유론을 전개하면서 근거와 실존의 구별을 강조했지만, 사랑에서는 이러한 구별이 더 이상 구별이 아니라 절대적 무차별로 받아들여진다. 무차별은 대립이 소멸된 자리를 지칭하는 동시에 모든 대립의 근원을 지시한다. 이것은 대립과 통일의 근원이 무차별이라는 주장인 동시에, 대립에 맞서 있는 또 다른 대립이 무차별이라는 비판에 대한 반비판이기도 하다. 셸링이 사랑이나 무차별의 개념을 통해 의도하는 것은 무엇보다도 자신의 인격성 개념을 드러내 보이려는 것이다. 존재자들의 근원적 결속과 생동성이 이들에 대한 추상적 개념보다 더 중요하다는 것이다. 무차별이 절대자를 설명하는 유일한 개념이 아니라 절대자의 인격적 활동성이 진정한 절대자 개념인 것이다. 철학의 이름은 결속하는 정신인 사랑으로부터 얻어지는 것이 마땅하다. 전통적으로 지혜에 대한 사랑으로 규정되어온 철학은 이제 셸링에게서, 모든 존재의 원형이며 모든 분리의 무차별인 시원적 지혜를 목표로 하는 인격적 사랑의 활동을 지칭한다.

인간적 자유의 본질 및 그와 연관된 대상에 대한 철학적 탐구

셸링의 '자유론'은 『F. W. J. 셸링의 철학저술. 1권』이라는 이름으로 1809년 란츠후트에서 처음 출간되었다. 이 책은 셸링의 초기 저술인 『철학의 원리로서의 자아에 관하여』를 싣고 있으며 새 논문으로는 유일하게 '자유론'을 싣고 있다. 셸링은 전체 책을 위한 서문을 썼으며 이 서문 말미에 자유론에 대해 다음과 같이 언급하고 있다.

이 책의 다섯번째 논문인 인간적 자유의 본질 및 그와 연관된 대상에 333 대한 철학적 탐구는 새로 씌어진 것이며 여기에 처음으로 발표된다.

저자가 이 논문에 덧붙일 말은 거의 없다.

정신적 자연(본성)에는 이성과 사고와 인식이 헤아려지기 때문에 이러한 측면으로부터는 당연히 자연과 정신의 대립이 먼저 고찰된다. 인간 이성에 대한 확고한 신념, 모든 사고 및 인식의 완전한 주관성에 대한 확신, 그리고 자연의 전적인 몰이성성과 몰사유성에 대한 신념은, 칸트를 통해 재차 일깨워진 역동적 존재가 다시금 고차적인 기계적 존재로 이행하고 이것이 정신과 동일한 것으로 인식되지 못함으로써, 이 시대를 지배하고 있는 기계론적 표상방식과 더불어 우리가 수행하는 이러한 고찰의 과정을 충분히 정당화해주고 있다. 자연과 정신의 대립은 뿌리째 뽑혀버렸으며, 보다 정확한 통찰

---

* 본문 여백에 표기된 숫자는 독일어 원문의 쪽수를 지시함.

의 확립은 이제 개선된 인식의 일반적인 진보에 조용히 내맡겨질 수 있게 되었다.

지금은 필연과 자유의 대립이라는 고차적 대립 내지 본래적 대립이 등장하는 시대이며 이로써 철학의 내밀한 중심점이 비로소 그 고찰에 이르게 된다.

저자는 외적인 정황으로 인해 그 지속적인 작업이 단절된, (사변적 물리학을 위한 잡지에 실린) 체계에 대한 최초의 일반적인 서술 334 이후에 자연철학적 탐구에만 제한되어왔기 때문에, 그리고 서술의 잘못 때문에 불명료하게 남아 있는 저술인 『철학과 종교』에서 시도된 출발 이후에, 이 논문은 저자가 관념적 부분의 철학 개념을 완전한 규정성을 통해 제시한 최초의 것이기 때문에, 저 최초의 서술 (『철학과 종교』)이 중요성을 지녀야 한다면, 저자는 대상의 속성상 체계 전체에 대해 모든 부분적인 서술보다도 더 심원한 설명을 포함하고 있어야 하는 이 논문을, 무엇보다 먼저 『철학과 종교』와 동등한 자리에 놓아야 한다.

저자는 이 논문에서 다루어지는 의지의 자유, 선과 악, 인격성 등과 같은 중심문제에 대해 지금까지 (유일하게 『철학과 종교』를 제외하고는) 어느 곳에서도 설명하지 않았지만, 그럼에도 이러한 사실은 이 중심문제에 대한 특정한 견해, 심지어—전혀 주목받지 못한 것으로 보이는—『철학과 종교』에서 개진된 내용에 전혀 어울리지 않는 견해를 독자적인 생각에 따라 첨가하는 것을 방해하지 않는다. 또한 이른바 주제넘은 추종자들은 아마도 저자의 원칙에 따라서, 그들이 다른 문제에 대해 했던 것같이 이 문제에 대해서도 전도(顚倒)된 내용을 많이 제시할 수 있다.

　진정한 의미의 추종자는 오로지 완결되고 결정된 체계만을 가질 수 있어야 하는 것으로 보인다. 저자는 지금까지 이와 같은 것을 전혀 세우지 못했으며 다만 그 개별적 측면만을 (그것도 가끔 논쟁적인 관계와 같은 개별적인 관계에서) 제시했을 따름이다. 그러므로 저자의 저술들을 전체의 단편으로 설명하고 그 연관을 통찰하는 설명의 능력, 즉 주제넘은 추종자들에게서 가끔씩 발견되는 것보다 더 섬세한 설명의 능력이 요구되며 반대자들에게서 보여지는 것보다 더 선한 의지가 요구되는 것이다.

　저자의 체계에 대한 유일한 학문적 서술은 완성되지 않았기 때문에 그것은 그 본래적 경향에 따라 어느 누구에 의해서도 이해되지 않았으며 알려진 바가 거의 없다. 이 단편의 출간 이후에 한편으로는 중상과 위조가, 다른 한편으로는 이에 대한 설명과 논문과 번역이 시작되었는데, 이 가운데서도 이른바 독창적 언어로 번역된 것은 최악의 종류가 되어버렸다. (왜냐하면 이때에는 전혀 근거없는 시적 335 도취가 사람들의 머리를 지배했기 때문이다.)

　이제 다시금 보다 건전한 시대가 도래하려고 하는 것 같다. 신의와 성실과 진지함이 새로이 추구되는 것이다. 사람들은 새로운 철학의 진술들을 마치 프랑스 연극의 주인공이 하는 것처럼 자랑하거나 이것을 가지고 줄타기 광대가 거동하는 것같이 행동하는 이들의 공허함을, 일반적으로 바로 이 새로운 철학의 모습이라고 인식하기 시작한다. 이와 동시에 새로이 포착된 것을 손풍금에 맞춰 노래하는 것처럼 온 시장에 내놓고 말하는 사람들은 결국 더 이상 어떤 청중도 얻지 못할 정도로 전반적인 혐오를 야기시키게 된다. 특히 잘 알려진 저자의 몇 가지 담화방식을 모아놓은 무분별한 서사시에 대해 악의가 없는 비평가가 아무것도 말하지 않는다면 이러한 서사시는 저자의 원칙에 따라 씌어진 것이 될 것이다. 비평가들은 저자가 원칙적이려고 한 것과, 어떤 의미에서는 많은 사람들이 실제로 이와 같이 한 것을 오히려 독창적인 것으로 평가한다.

그러므로 이 논문은 한편으로는 많은 선입견을, 다른 한편으로는 쓸모없고 천박한 수많은 요설들을 논파하는 데 소용될 것이다.

끝으로 우리는 이러한 측면에서 저자를 공개적으로나 암묵적으로 공격했던 사람들이 그들의 생각을 여기에서 전개되는 것과 같이 솔직하게 서술할 수 있기를 희망한다. 대상에 대한 완전한 섭렵이 그것에 대한 자유롭고 정교한 도야를 가능하게 한다면, 논쟁이 보여주는 인위적인 나선조(螺線條)는 철학의 형식일 수 없다. 우리는 공동적인 노력의 정신이 점점 더 확고해지고 가끔 독일인을 지배하는 종파정신이 인식과 관점의 획득을 방해하지 않기를 더욱 희망한다. 이러한 인식과 관점의 완전한 형성은 예로부터 독일인들을 규정해왔으며 그것이 지금보다 더 가까이 다가와 있던 때는 아마도 결코 존재하지 않았던 것 같다.

1809년 3월 31일, 뮌헨에서

F.W.J. 셸링

1 체계와 자유

인간적 자유의 본질에 대한 철학적 탐구는, 한편으로 자유의 사실 내지 자유의 감정이 모든 사람에게 각인되어 있으며 이를 말로 표현하기 위해서 일반적인 순수성과 감각의 깊이 이상의 것이 요구되지 않는 피상적인 단계에 놓여 있는 것이 결코 아니기 때문에 자유의 올바른 개념에 관계할 수 있으며, 다른 한편으로 이 개념과 학문적 세계관 전체와의 연관을 다룰 수 있다. 어떠한 개념도 개별적으로 규정될 수 없으며 이 개념이 전체와 맺는 연관을 입증하는 것이 개념에게 최종적인 학문적 완성을 부여한다면, 또한 이러한 사실이 특히 자유의 개념에 해당할 수밖에 없으며 더 나아가 자유의 개념이 전반적으로 실재성을 소유한다면, 그리고 그것이 단순히 종속개념이나 병렬개념이 아니라 체계의 지배적인 중심점 가운데 하나여야 한다면, 위에서 말한 탐구의 두 측면은 모든 것이 전반적으로 그러한 것처럼 여기서 하나로 합쳐진다.

옛것이기는 하지만 결코 사라지지 않은 말에 따르자면 자유의 개념은 체계 일반과 결코 양립할 수 없으며, 통일성과 전체성을 요구하는 모든 철학은 자유의 부정으로 귀결되어야 한다. 이러한 일반적인 확신 방식에 대해서는 간단하게 논쟁할 수 없다. 왜냐하면 이러한 확신을 갖는 사람은 어떠한 제약적 표상이 체계라는 말과 결합되어왔는지를 잘 알고 있기 때문이며, 심지어 이러한 주장이 아주 참된 것만이 아니라 아주 일반적인 것을 말하고 있기 때문이다.

337 자유의 개념이 체계 일반의 개념과 체계 자체의 개념에 모순된다는 견해가 참되고 일반적이라면, 개인의 자유는 (세계 전체가 실재론적으로 생각되든지, 아니면 관념론적으로 생각되든지 간에) 어떤 방식으로든지 세계 전체와 연관되어 있기 때문에, 체계는 그 어떤 것이라도 최소한 신적 오성 가운데 존재해야 하며 자유는 이러한 신적 오성과 병존한다는 사실은 특별하게 된다. 이러한 체계는 결코 인간의 오성적 통찰에 이를 수 없다는 것이 일반적으로 주장되지만, 이러한 주장은, 자유가 이해됨과 동시에 진술의 진위가 가려질 수 있기 때문에 다시금 아무것도 주장하지 않는다는 사실을 의미한다. 중요한 것은 인간 일반이 인식에 이르게 되는 원리를 규정하는 일이다. 이러한 인식을 상정하는 데에는 섹스투스가 엠페도클레스에 관해 언급하는 다음의 내용이 적용될 수 있을 것이다. 문법가와 무지한 사람은, 자유가 호언장담이나 다른 사람에 대한 멸시로부터 생겨나는 것이라고 생각할 수 있으며 아주 미미한 철학적 훈련을 받는데 그친 사람에게는 자유가 이질적일 수밖에 없는 속성이라고 표상할 수 있다.

그러나 물리적 이론으로부터 출발하여, 동일자는 동일자로부터 인식된다는 것이 아주 오래된 학설이라는 사실을 아는 사람은 철학자야말로 이러한 (신적인) 인식을 주장한다는 사실을 이해하게 된다.

(이러한 학설은 추정하건대 피타고라스로부터 유래하며 플라톤에게
서 발견되는 것 같지만 이보다 훨씬 앞서 엠페도클레스에 의해 주장
된다.) 왜냐하면 철학자는 오로지 오성을 순수하고도 명료하게 악의
로 취하여 자기 밖에 있는 신을 자기 속에 있는 신을 매개로 하여
파악하기 때문이다.[1]

학문을 증오하는 사람에게는, 학문 중에서 일반 기하학과 같이 전
적으로 추상적이고 비생동적인 인식에 대한 이해란 기껏해야 인습적
인 것에 지나지 않는다. 결정적인 것은 체계를 근원존재의 의지나
오성 가운데서도 부정하는 것이며, 존재하는 것은 오로지 각각의 의
지가 그 자체로 중심점을 형성하게 되는 개별의지이며 피히테식으로
표현해서 모든 자아가 절대적 실체라는 사실을 언명하는 것이다. 그
러나 통일성을 지향하는 이성은 자유와 인격성을 근간으로 하는 감
정과 같이 장시간 이어지는 대명(大命)에 의해서 거부되고 결국은
영락하게 된다. 따라서 피히테의 학설은 아주 궁한 형태이기는 하지 338
만 도덕적 세계질서라는 형태로 통일성을 인정하지 않을 수 없었으
며, 이로써 이 학설은 곧 모순과 부적합성으로 떨어지고 만 것이다.

그러므로 앞의 주장에 대해 단순히 역사적 관점으로부터, 말하자
면 종래의 체계들로부터 유도될 수 있었던 바와 마찬가지로,——(우
리는 이성과 인식 자체의 본질로부터 창출된 근거를 그 어디에서도
발견하지 못했다.)——자유의 개념과 세계관 전체와의 연관은 늘 필
연적 과제의 대상이 되며 이러한 과제를 해결하지 않고는 자유의 개
념 자체가 유동적일 뿐 아니라 철학이 그 자체로 아무런 가치를 지

---

1) *Sextus Empiricus*. adv. Grammaticos L. I. c. 13, p.283. ed. Fabric.

니지 못하게 될 것으로 보인다. 이런 엄청난 과제는 가장 저급한 존재에 대한 인식으로부터 가장 높은 존재에 대한 인식으로 나아가려는 모든 노력의 무의식적이고도 비가시적인 충동이기 때문이다. 필연과 자유의 모순 없이는 철학뿐 아니라 모든 정신의 고차적 의욕이 죽음으로 전략하고 만다. 이 정신은 앞서 언급한 학문들에게 고유한 것이기는 하지만 이들 학문에 적용되지는 않았다. 그러나 이성을 거부함으로써 이성과 더 이상 관계하지 않는 것은 (이성에 대한—옮긴이) 승리라기보다는 그로부터의 도피에 가까운 것으로 보인다. 또한 다른 사람은 승리의 요인이 한 측면이나 다른 측면에 있지 않는데도 자신을 이성과 필연의 팔에 내맡기기 위해, 앞서 이성을 거부하는 데서 보여지는 바와 똑같은 자격으로 자유로부터 등을 돌릴 수 있다.

이러한 견해는 다음의 명제 가운데 보다 규정적으로 표현된 바 있다. '이성의 유일한 가능 체계는 범신론이지만 범신론은 불가피하게 숙명론이다.' [2] 전체의 견해를 한꺼번에 표시해줄 수 있는 이러한 일반적인 이름을 훌륭하게 생각해내는 일에 대해서는 이론의 여지가 있을 수 없다. 우리가 하나의 체계에다 붙일 수 있는 적절한 이름을 발견했더라면 나머지 체계는 그 자체로 생겨나며, 이로써 우리는 우리만의 독자적인 것을 보다 정확하게 추구하기 위해 쏟아붓는 수고로부터 자유롭게 된다. 이런 일반적인 이름이 주어진다면 무지한 사

339 람이라 할지라도 그는 이 이름의 도움으로 지금 막 생각한 내용에

---

2) 이와 같은 주장은 잘 알려진 것이다. 프리드리히 슐레겔의 저서 『인도인의 언어와 지혜에 관하여』, 141쪽에 나오는 '범신론은 순수이성의 체계'라는 말이 다른 의미를 가질 수 있다는 논의는 미결의 문제로 남겨두기로 한다.

대해서까지 최종적으로 판단할 수 있다. 그럼에도 이와 같은 특별한 주장에서 중요한 것은 개념을 보다 상세하게 규정하는 일이다. 왜냐하면 범신론이 사물의 신내재론으로 특징지어질 경우, 모든 이성적 관점은 어떤 의미에서 이 이론으로 수렴되어야 한다는 사실이 부정될 수 없기 때문이다. 그러나 여기서 (범신론과 이성적 관점의—옮긴이) 의미는 서로 구별된다.

숙명론적인 의미가 범신론과 결합될 수 있다는 사실은 부정될 수 없다. 그러나 숙명론적 의미가 본질적으로 범신론과 결합된다는 것은, 수많은 이론들이 생동적인 자유의 감정을 통해 이성적 관점으로 추동되었다는 사실을 통해 밝혀진다. 대부분의 사람들은 그들이 만약 솔직할 경우 인정해야 하는 사실이 있다. 이들의 표상이 보여주는 성질과도 같이 개인의 자유란 대부분의 경우 예컨대 전능과 같은 최고존재의 모든 속성과는 모순되는 것처럼 보인다는 것이 그것이다. 자유를 통해 주장되는 바는, 원칙적으로 무제약적인 힘이 위에서 말한 개념을 따라서는 도대체 생각될 수 없는 신적인 힘의 외부에 있거나 이 힘과 병행해 있다는 것이다. 창궁의 태양이 모든 별빛을 소멸시키는 것이나 그 이상의 경우에서와 같이, 혹은 그 이상으로 무한한 힘은 모든 유한한 힘을 소진시킨다. 일자존재 가운데 있는 절대적 인과성은 모든 존재에게 무제약적인 수동성만을 남긴다. 바로 여기에 모든 세계존재의 신의존성이 부가되며, 이러한 의존의 지속 자체가 늘 새로운 창조에 지나지 않는다는 사실이 첨가된다. 유한적 존재는 이와 같은 늘 새로운 창조 속에서 무규정적인 일반자로서가 아니라 다름 아닌 바로 이러한 사유와 노력과 행위와 더불어 산출된다.

신은 인간이 행위할 수 있도록 하기 위해 자신의 전능을 억제한다
거나 자유를 허용한다는 말은 아무것도 설명하지 않는다. 만약 신이
그 능력을 한 순간이라도 거두어버린다면 인간은 존재하기를 중단할
수밖에 없을 것이다. 이러한 논증에 맞서는 다른 길이 있는가? 다시
말해서 자유는 전능에 대해 대립적으로 생각될 수 없으므로 인간을
그의 자유와 함께 신적인 본질 자체를 향해 구출하려고 하고, 인간
은 신 바깥에 존재하지 않고 신 안에 있으며 그의 행위 자체는 신의
생명에 속한다고 말하는 방도 이상의 다른 탈출구가 존재하는가? 바
로 이러한 점으로부터 모든 시대의 신비가들과 종교적 심정들은 인
340 간과 신의 통일성에 대한 믿음에 도달했으며, 이 믿음은 이성과 사
변보다는 내적인 감정에 상응하는 것으로 보였다. 성서도 우리가
신 안에 살며 신 안에 존재한다는 믿음의 확증과 담보를 자유의 의
식 가운데서 발견한 것이다. 수많은 사람들이 인간의 자유를 구하
기 위해 주장했던 학설이 어떻게 해서 자유와의 논쟁을 피할 수 없
는가?

범신론에 대한 또 다른 설명, 즉 사람들이 일반적으로 생각하듯이
이에 대한 보다 정확한 설명은, 범신론이 신과 사물의 완전한 일치
및 창조자와 피조물의 혼합에 있다는 것이다. 그러나 바로 이러한
일치와 혼합으로부터 받아들이기 어려운 강한 주장들이 도출된다.
이러한 학설을 고전적인 것으로 받아들이는 스피노자에게서 발견되
는 것 이상으로, 사물과 신을 전면적으로 구별하는 것은 거의 생각
될 수 없다. 신은 내적인 존재이며 오로지 자기 자신으로부터 파악
되는 존재이다. 그러나 유한자는 필연적으로 타자 속에 있는 존재이
며 오로지 타자로부터만 파악될 수 있다. 이러한 구별에 따를 때 너

무나도 분명한 사실은, 피상적으로 고찰된 양태론에서 보여질 수 있는 바와 같이 사물이 단순히 단계적으로나 그 제약을 통해서 신과 다른 것이 아니라 전적으로(toto genere) 다르다는 것이다. 이 말은 이밖에도 신에 대한 사물의 관계를 나타낼 수 있다. 즉 사물은 오로지 타자(신) 가운데 존재할 수 있고 타자 이후에 존재할 수 있게 됨으로써, 그리고 사물의 개념은 신의 개념 없이는 전혀 존재할 수 없는 파생 개념이라는 사실을 통해서, 사물은 신으로부터 절대적으로 분리된다는 것이다. 왜냐하면 신은 이와 반대로 오로지 독자적, 근원적 존재이고 그 자체를 긍정하는 존재인 반면 다른 모든 존재는 기껏해야 결과가 근거에 관계할 수 있는 정도에 불과한, (다른 존재에 의해—옮긴이) 긍정되는 존재에 지나지 않기 때문이다.

예컨대 영원성과 같은 사물의 다른 성질들은 오로지 이러한 전제 하에서만 통용된다. 신은 그 본성상 영원하다. 그러나 사물은 오로지 신과 함께 존재하며 신의 현존의 결과로, 다시 말해서 파생적인 방식으로 존재한다. 이러한 구별 때문에 모든 개별 사물들은 일반적인 주장과는 달리 신을 형성할 수 없는 것이다. 어떤 종류의 요약을 거치더라도 본성상 파생된 존재는 본성상 근원존재로 이행할 수 없으며 더욱이 파생된 존재는 주변을 형성하는 개별적인 점들로서 이 점들을 한데 모은다고 해서 주변 자체를 형성할 수 없기 때문이다. 341 전체로서의 주변은 그 자체의 개념을 따를 때 주변을 구성하는 개별 점들에 필연적으로 선행하기 때문이다.

더욱더 무의미한 것은, 스피노자가 주장하는 바 심지어 개별 사물이 신과 같아야 한다는 추론이다. 왜냐하면 모든 사물은 곧 변양된 신이라는 강한 표현이 그에게서 보여진다 하더라도, 개념의 요소들은 총괄적 개념이 개념 자체를 다시금 훼손할 정도로 서로 모순되기 때문이다. 변양된 신, 곧 파생된 신은 본래적이고 뛰어난 의미의 신은 아니다. 사물은 (그것이 변양된 신이라는—옮긴이) 이런 유일한 첨가를 통해서 다시금 사물 자체의 자리를 차지하지만 이를 통해서 사물은 신으로부터 영원히 분리된다.

다른 체계들을 풍부하게 경험한 바 있는 잘못된 해석의 원인은 동일률에 대한 오해에 있거나 판단의 계사가 갖는 의미에 대한 오해에 있다. 앞서 받아들여진 설명에 따라 주어와 술어의 동일성을 진술하는 어떠한 가능적 명제에서도, 단일성 내지 주어와 술어의 무매개적 관계가 진술되지 않는다는 사실이 어린이에게 납득될 수 있다 하더라도, —예컨대 이 물체는 푸르다라는 명제는 이 물체가 그 안에 놓여 있는 존재나 그것을 통해 이 물체가 물체인 바로 그 존재를 통해서, 그리고 바로 그 존재 안에서 물체라는 의미를 갖는 것이 아니라 이 물체라는 존재는 이와 같은 방식으로 고찰되지 않았음에도 역시 푸르다라는 의미를 갖는 것이기 때문에—계사의 본질에 대한 전적인 무지를 보여주는 이러한 전제는 우리 시대에서 동일률을 고차적으로 적용하는 문제와 연관해서 지속적으로 형성되어왔다.

예컨대 '완전자는 불완전자이다'라는 명제가 설정될 수 있을 것이다. 그렇다면 이 명제의 의미는 불완전자가 불완전하다는 사실을 통해서가 아니라 불완전자가 그 속에 포함되어 있는 완전자를 통해서, 그리고 이러한 사실 가운데서 그것이 불완전하다는 것이다. 그러나 우리 시대에는 이것이 다음의 의미를 갖는다. 완전자와 불완전자는 같으며, 모든 존재는 동일하다. 최악과 최선은 같으며 바보스러움과 지혜로움은 동일하다. 다르게 표현하자면 선이 곧 악이라는 것이다.

이 말이 의도하는 바는 다음과 같다. 악은 스스로 존재할 수 있는 힘을 갖지 않는다. 악 속에 있는 것은 (그 자체로 고찰할 경우) 곧 선이다. 그러므로 이 말은 다음과 같이 해석된다. 정의와 불의, 덕과 악덕 간의 영원한 구별은 부정되며, 이 둘은 논리적으로 동일자이다.

혹은 다른 어법으로 필연적 존재와 자유로운 존재가 하나라고 설 342 명된다면, ——이 말의 의미는 도덕적 세계의 본질이 또한 자연의 본질이라는 것이다——이것은 다음과 같이 이해된다. 자유로운 존재는 다른 존재들과 같이 기계장치나 기계론에 속하는 자연력과 스프링일 것이다. 이와 동일한 것이 영혼과 육체가 하나라는 명제에서 생겨난다. 이 명제는, 영혼이 질료적이며 공기와 에테르와 신경액 및 이와 같은 것이라고 해석된다. 왜냐하면 이와 정반대의 명제, 즉 육체가 영혼이라든가, 앞의 명제에서처럼 필연적인 존재로 보이는 것 자체가 곧 자유로운 존재라는 명제는 비록 그것이 똑같이 명제로부터 받아들여진 것이라 하더라도 신중하게 무시되기 때문이다.

이와 같은 오해에 대해서는——그것이 의도적인 것이 아닌 한에서 그리스 철학이 그 첫발걸음에서부터 뛰어넘어선 바 있는 일정한 등급의 변증법적 미성숙을 전제하기는 하지만——기초적인 논리학 공부를 권하는 것이 시급한 의무가 된다. 고대의 심원한 논리학은 주어와 술어를 선행자와 후속자(antecedens et consequens)로 구별했으며 이것을 통해 동일률이 갖는 실재적 의미를 표현했다. 동어반복적 명제 가운데는 그것이 전혀 무의미한 것이 아닌 한 이러한 관계가 존재한다. '물체는 물체이다'라고 말하는 사람은 이 명제의 주어 가운데 술어와는 다른 그 어떤 것이 들어 있다는 사실을 확신한다. 주

어 가운데는 통일성이 들어 있으며 술어 가운데는 물체라는 개념 가
운데 포함되어 있는 개별적인 속성들이 들어 있고 더 나아가 이러한
속성들은, 결과와 관계하는 원인과 같이 주어와 관계한다는 것이다.
이것은 또한 고대의 다른 설명이 보여주는 의미인데, 이 설명에 따
르자면 주어와 술어는 내포와 외연(implicitum et explicitum)으로
서 서로 대립되어온 것이다.[3]

---

3) 전 철학을 논리학을 통해 변형하려고 한 라인홀트 역시 그가 늘 따르고 있
   다고 생각했던 라이프니츠가 *Wissowatius*(Opp. T. I ed. Dutens, 11쪽)
   를 구상할 때 계사의 의미에 대해 이미 말한 것을 알지 못하는 것으로 보이
   기도 하지만, 그는 동일성(Identität)과 단일성(Einerleiheit)을 혼동하는 이
   러한 오류 가운데서 늘 지쳐버리고 만다. 우리 앞에 놓여 있는 문건에는 그
   로부터 유래하는 구절이 들어 있다. "플라톤과 라이프니츠의 요구에 의하
   면 철학의 과제란 유한자를 무한자에게 종속시키는 것을 지적하는 것이고,
   크세노파네스, 브루노, 스피노자, 셸링의 요구를 따르자면 유한자와 무한
   자의 무조건적인 통일성을 지적하는 것이다." 여기서 통일성은 대립에 의
   거한 동등성(Gleichheit)을 지칭하는 것이 분명하다면, 나는 라인홀트가 적
   어도 대립과 동등성이라는 이 두 가지에 관한 한 잘못 생각하고 있다는 것
   을 확인하고자 한다. 유한자를 무한자에게 종속시키는 예리한 표현은 스피
   노자 이외의 그 어디에서 발견될 수 있는가? 생명을 지닌 존재는 우리 이후
   에 살게 될 생명체가 우리에 대해 행하게 될 바를 우리가 예기하는 바와 같
   이, 현재 더 이상 존재하지 않는 존재에 대한 비방을 다시금 받아들일 수밖
   에 없다. 나는 다만 스피노자에 대해 언급할 따름이다. 그리고 체계에 대해
   근본적으로 알지 못하면서도 이를 명백하게 주장하는 이러한 처리방식이
   어떻게 이름붙여질 수 있는지, 그리고 체계에다 이런저런 수식어를 갖다붙
   이는 일이 사소한 일이라면 우리는 무엇을 올바른 것으로 생각할 수 있는
   지에 대해 의문을 갖는다. 상식적이고 도덕적인 사회에서는 이러한 일이 몰
   양심적인 것이라고 불릴 것이다.
   　이 문건의 다른 구절을 따르자면 최근의 철학뿐 아니라 고대 철학의 근본
   오류는 통일성(동일성)과 연관(결합)의 무구별(혼동)에 있으며 다양성과 구

위의 주장을 변호하는 사람들은 오로지 이같이 말할 것이다. 범신 343
론은 신이 모든 존재라는 사실(이것은 신의 속성에 대한 일반적인
표상을 따를 경우 피할 수 없다)을 말하는 것이 아니라, 사물은 아
무것도 아니며 이 체계는 모든 개성을 지양한다는 사실에 대해 말한
다. 이런 새로운 규정은 앞의 규정과 모순관계에 있는 것으로 보인
다. 사물이 아무것도 아니라면 신이 사물과 혼합되는 것은 어떻게
가능한가라는 물음이 생겨나기 때문이다. 그렇다면 도대체 존재하는 344
것은 순수하고 흐리지 않은 신성(神性)일 뿐이다.

만약 신 바깥에 (단순히 외부라는 의미에서뿐 아니라 신 바깥이라
는 의미에서) 아무것도 존재하지 않는다면 신은 단순한 말에 의거하

───────────────

별의 무구별에 있다. 라인홀트가 그의 반대자에게 가지고 들어온 오류를
그 스스로 바로 이 반대자에게서 발견하고 있다는 사실은 최초의 예증이
아니다. 이것은 다른 사람에게 필요한 정신의 약(Medicina mentis)을 자기
자신을 위해 사용하는 방식과 같은 것으로 보인다. 이것은, 사람들이 다른
사람들로 하여금 복용하게 했던 약물을 통해 스스로 자극적인 상상력으로
부터 회복하게 되는 경우를 경험하려고 하는 것과 같다. 이런 사람은 그가
통일성(Einheit)이라고 명명하는 것과 단일성을 혼동하는 오류를 범할 뿐
아니라, 고대 철학 및 새로운 철학과 연관해서 볼 때 라인홀트보다 더 규정
적으로 오류를 범하기 때문이다. 라인홀트는 신 안에서 파악되는 사물을,
스피노자에게서는 신과 사물이 동일한 존재로 주장된다고 해석하며 (실체나
본질을 따를 때 나타나는) 비상이성(Nichtverschiedenheit)을 (형식이나
논리적 개념에 따를 때의) 무구별(Nichtunterschied)로 간주한다. 스피노
자가 라인홀트에 의해 해석된 것처럼 이해되어야 한다면, 사물과 사물의
개념이 하나라는 잘 알려진 명제는, 우리가 예컨대 적을 군대 대신에 군대
의 개념을 통해 물리칠 수 있다는 것 등으로 이해되어야 할 것이며, 그 결
과 진지하고 사려깊은 사람은 바로 자기 자신이 너무나도 선한 사람이라는
것을 확신하게 되는 결과에 이를 것이다.

는 방식 이외의 어떤 방식으로 전체존재일 수 있으며, 그 결과 전 개념이 해소되며 무로 사라지는 것처럼 보이지는 않는가? 여기서 당연히 생겨나는 물음은, 이교의 역사에서 영광스럽게 받아들여질 수 있었던 이러한 일반적인 이름을 일깨움으로써 정신의 산출을 위해 많은 것이 얻어질 수 있는가 하는 것이다. 정신의 산출에서는 섬세한 자연현상에서처럼 조용한 규정이 본질적인 변화를 야기시키며 조야한 사용이 빛을 발한다. 여기서, 이제 막 언급한 이 규정이 심지어 스피노자에게까지 적용될 수 있는지에 대해 의심이 생겨날 수 있다. 만약 스피노자가 실체 바깥에 그가 사물로 설명하고 있는 실체의 단순한 속성 이상의 그 어떤 것도 인정하지 않는다면, 이 개념은 그 어떤 본질적인 것이나 긍정적인 것도 표현하지 않는 순수한 부정적 개념이기 때문이다. 스피노자는 무엇보다 먼저 신에 대한 사물의 관계를 규정하는 데 기여했을 뿐 사물이 그 자체로 고찰될 수 있는 가능성에 대해서는 다루지 않았다. 그러나 이러한 규정의 결핍으로부터 사물은 그 어떤 긍정적인 것도 (비록 파생적인 것으로라도) 포함하고 있지 않다는 사실이 추론될 수는 없다.

스피노자의 강한 표현은 다음과 같다. 그 양상이나 결과로 고찰해볼 때 유일한 존재는 실체 자체이다. 우리가 이 무한한 실체=A를 그로부터 귀결되는 존재 안에서 고찰된 실체=A/a로 정립한다면, A/a 안에 들어있는 긍정적 존재는 물론 A이지만 이러한 이유로 A/a =A가 도출되지는 않는다. 다시 말해서 그로부터 귀결되는 존재 가운데서 고찰된 무한한 실체는 그 자체로 고찰된 무한한 실체와 하나라는(einerlei) 사실이 도출되지는 않는 것이다. 다르게 표현한다면, A/a는 (비록 A의 결과라 하더라도) 독자적인 특수한 실체가 아니라는 사실이 도출되지는 않는다. 스피노자에게는 물론 이러한 사실이 나타나 있지 않다. 여기서는 무엇보다 먼저 범신론 일반이 문제되고 있다.

그 다음으로는 이러한 견해가 스피노자주의 자체와 양립할 수 있는가 하는 물음이 생긴다. 사람들은 이것을 어렵게나마 주장하게 될 것이다. 왜냐하면 위에서 말한 A/a에 해당하는 라이프니츠의 모나드는 스피노자주의에 대립하는 결정적 방법이 아니라는 사실이 받아들 345 여졌기 때문이다. 인간 영혼의 본질은, (일시적인 것이 아니라) 영원한 것으로 설명되는 신의 생동적 개념이라는 주장에서 보여지는 바와 같은 수많은 스피노자의 주장은 이런 종류의 보충설명이 없이 의문에 휩싸여 있다. 그러므로 실체가 그것의 또 다른 결과인 A/b, A/c……가운데서 오로지 잠정적으로 존재한다 하더라도 이 실체는 앞서 언급한 결과인 인간 영혼=a 가운데서 영원히 존재할 것이며, 따라서 실체는 A/a로서 A인 실체 자체와는 영원히, 그리고 불변적으로 구별될 것이다.

더 나아가 사람들이 개체성의 부정이 아니라 자유의 부정을 범신론이 갖는 본래적 특성으로 설명하려고 한다면, 본질적으로 범신론과는 구별되는 수많은 체계들이 모두 이러한 개념으로 떨어지게 될 것이다. 자유의 본래적 개념은 관념론이 이를 발견할 때까지 라이프니츠의 체계나 스피노자의 체계와 같은 최근의 모든 체계에 결핍되어 있기 때문이다. 우리 가운데 많은 사람들이 단순히 생각했을 뿐만 아니라 그것에 대한 너무나도 생동적인 감정을 자랑해온 바 있는 자유는——이러한 자랑에 의거하자면 자유는 단순히 감각적인 것과 욕구 위에 군림하는 지성적 원리 속에 있는 것인데——필요에 의해서가 아니라 너무나도 경박하게, 그리고 심지어 규정적으로 스피노자로부터 도출될 수 있었다. 그러므로 자유를 거부하거나 주장하는 것은 일반적으로 범신론(즉 사물의 신내재론)을 받아들이거나 받아들이지 않는 것과는 전혀 다른 것으로부터 유래하는 것으로 보인다. 신과 대립해서는 그 자체가 유지될 수 없는 자유가 여기 이 동일성 가운데서 멸절되는 것처럼 보인다면 이러한 가상은 동일률에 대한 불완전하고 공허한 표상의 결과에 지나지 않기 때문이다.

단일성의 영역을 배회할 뿐 전진적이지 않기 때문에 그 자체가 몰지각적이며 비생동적인 통일성은 이 동일성의 원리에 의해 표현되는 통일성이 아니다. 이 법칙(동일률)이 갖는 통일성은 직접적으로 창 346 조적인 통일성이다. 우리는 이미 술어에 대한 주어의 관계에서 결과에 대한 원인의 관계를 지적한 바 있다. 따라서 근거율은 동일률과 마찬가지로 근원적인 법칙이다. 그러므로 영원한 존재는 직접적으로 존재하며, 그것이 내적으로 존재하는 것과 같이 또한 근거임에 틀림없다. 그 자체의 본질을 통해 근거인 존재는 바로 이러한 이유로 의존적 존재이며, 내재의 관점을 따른다면 그 자체의 존재 가운데서 파악된 존재이기도 하다.

그러나 의존성이 자립성을 지양하거나 심지어 자유를 지양하는 것은 아니다. 의존성은 본질을 규정하지 않는다. 그것은, 늘 존재할 수 있는 의존적 존재가 그것이 의존하고 있는 존재의 결과로만 존재할 수 있다는 사실을 말할 뿐이다. 의존성은 그 존재가 이러이러한 존재이고 이러이러한 존재는 아니라고 말하지는 않는다. 모든 유기적 개체는 오로지 다른 존재를 통해 생성된 존재이며, 이런 한에서 생성의 관점에서는 의존적이지만 존재의 관점에서는 결코 의존적이지 않다. 라이프니츠는 다음과 같이 말한다. 신이 동시에 산출된 존재라거나 이와 반대로 인간의 아들이 인간이라는 말이 모순이 아니라는 것은 불합리하지 않다. 이와 반대로 만약 의존적 존재나 도출된 존재가 자립적이지 않다면 이러한 사실은 모순적인 것이 될 것이다. 이것은 의존적 존재 없는 의존성일 것이며 도출된 존재 없는 결과(Consequentia absque Consequente)일 것이다. 이로써 어떠한 실제적인 결과도 없을 것이다. 말하자면 전 개념이 그 자체로 지양되고 말 것이다.

이와 동일한 것은 타자 가운데서 파악되는 존재(Begriffensein in einem andern)에도 해당한다. 눈과 같은 개별적인 기관은 오로지 유기체의 전체 가운데서만 기능할 수 있다. 그럼에도 불구하고 이 기관은 독자적인 생명을 갖는다. 다시 말해서 그것은 병을 앓을 수 있다는 사실을 통해서 입증되는 일종의 자유를 소유하고 있는 것이다. 다른 존재 가운데서 파악되는 존재가 생동적이지 않다면 이러한 파악됨이란 파악된 존재가 없는 파악됨일 것이며 결국 아무것도 파악되지 않은 것일 것이다.

자립적 존재의 산출이 아닌, 즉 자립적 존재의 정립이 아닌 결과적 존재와 전적으로 모순되는 이념을 갖는 신적 존재에 대한 고찰은 아주 고차적인 관점을 드러내 보여준다. 신은 죽은 존재의 신이 아니라 생명을 지닌 존재의 신이다. 우리는 가장 완전한 존재가, 생각할 수 있는 가장 완전한 기계를 어떻게 기뻐하는지에 대해 통찰할 수 없다. 존재가 신으로부터 도출되는 방식이 생각될 수 있는 것과 같이 이 방식은 기계적인 것일 수 없다. 또한 이 방식은, 작용을 받 347 는 존재가 아무런 독자적 활동도 하지 못하는 단순한 작용이나 장치

일 수 없다. 유출된 존재를, 유출을 가능하게 한 존재와 동일한 것
으로 간주하는 유출도 독자적인 것이나 자립적인 것이 아니다. 신으
로부터 사물이 생겨나는 것은 신의 자기계시이다. 그러나 신은 자신
을 그와 동일한 존재 가운데 계시할 수 있으며 자유롭게 그 자신으
로부터 행위하는 존재 가운데 계시할 수 있다. 마치 신과 같이 존재
하는 것들의 근거로는 신 이상이 없다. 신은 말하고, 이것들은 존
재할 뿐이다. 만약 모든 세계존재들이 오로지 신적인 심정의 사유
(Gedanken des göttlichen Gemütes)라면 이들은 바로 이러한 이유
로 생동적이어야 할 것이다.

　이와 같이 사유는 영혼으로부터 산출된다. 그러나 산출된 사유는
독자적인 힘이며 인간의 영혼 가운데서 자립적으로 활동한다. 이렇
게 하는 가운데 사유는 그의 어머니를 강요할 뿐 아니라 어머니를
그에게 굴복시킬 만큼 성장한다. 세계존재의 특수화를 가능하게 하
는 원인인 신적 상상력은 그 창조물에게 오로지 관념적 현실성만을
부여하는 인간의 상상력과 다르다. 신성을 대변하는 존재들은 오로
지 자립적 존재일 수 있다. 우리가 비자립적 존재라는 사실 이상으
로 우리의 표상을 제약하는 것은 무엇인가? 신은 사물 자체를 직관
한다. 즉자적으로는 오로지 영원한 존재만이 자기 자신으로부터 기
인하는 존재이며 의지이고 자유이다. 파생적인 절대성이나 신성의
개념은 그것이 전체 철학의 중심개념일 정도로 거의 모순적인 것이
아니다. 이러한 신성은 자연에 해당한다. 신 가운데 내재하는 것과
자유는 서로 모순되지 않는다. 자유로운 존재는 그것이 자유로운 한
신 안에 존재하며 자유롭지 못한 존재는 그것이 자유롭지 못한 한
필연적으로 신 바깥에 존재한다.

깊이 통찰하는 사람에게서는 이와 같은 일반적인 연역 자체가 불충분한 것처럼, 이러한 연역으로부터는 형식적 자유에 대한 부정이 범신론과 필연적으로 결부되어 있지 않다는 사실이 밝혀진다. 우리는 스스로 스피노자주의와 대립하게 될 것이라는 사실을 기대하지 않는다. 이것은 전적으로 다음과 같은 주장, 즉 체계가 마치 어떤 사람의 머리와 접합되는 것과 같이 그 자체가 이성체계이며 특히(kat exochen) 영원히 불변하는 체계라는 주장에 속한다.

우리는 스피노자주의를 무엇으로 이해하고 있는가? 스피노자의 전 저술에 나타나 있는 이론은 무엇이며 예컨대 그의 기계론적 물리학 348 은 무엇을 말하는가? 우리는 모든 것이 이렇게 전적으로 특별하고 유일한 결과로 나타난 것을 어떠한 원칙에 따라 구별하고 분할하려고 하는가? 독일의 정신 발달사에는 늘 특별한 현상이 존재해왔으며 존재하게 된다. 어떤 시대에는 신을 사물로 혼동하고 피조물을 창조자와 뒤섞으며 모든 존재를 맹목적이고 몰사유적인 필연성에 복종시키는 체계가 이성에게 가능한 유일한 체계일 뿐 아니라 순수이성으로부터 전개된 체계라는 주장이 설정될 수 있었다!

이러한 주장을 파악하기 위해서는 이전 시대를 지배한 정신을 현재화해야 한다. 당시에는 프랑스의 무신론 가운데 불신앙의 극에 이르렀던 기계론적 사고방식이 모든 사람들의 생각을 사로잡았다. 독일에서도 관찰하고 설명하는 이와 같은 방식을 본래적이고도 유일한 철학으로 간주하기 시작했다. 그러나 독일적인 심정은 이러한 결과와 결코 화합할 수 없었기 때문에 새로운 시대의 철학적 문헌 가운데 특징적으로 나타나는 머리와 가슴의 분열이 처음으로 생겨나게 된다. 사람들은 사고방식의 근거로부터 자유롭게 되거나 보다 나은 사고방식으로 고양될 수 있지 않고는 주어진 결과를 혐오하게 된 것이다.

사람들은 이러한 결과를 언표하려고 한다. 독일의 정신은 기계론적 철학의 최고 표현을 파악할 수 있었기 때문에 바로 이러한 방식으로 다음과 같은 끔찍한 진리가 언표된다. 모든 철학, 오로지 순수하게 이성에 부합하는 모든 철학은 스피노자주의이거나 스피노자주의가 된다! 이제 모든 사람은 심연에 대해 경고를 받게 되었다. 심연이 모든 눈앞에 공포되었으며 가능하게 보이는 유일한 수단이 장악되었다. 이와 같은 대담한 말은 위기를 가져왔으며 독일인들을 해로운 철학 일반으로부터 물러나게 만들었고 이들을 마음과 내적인 감정과 신앙으로 되돌려놓았다. 요즈음에는 이와 같은 사고방식이 이미 오래 전에 지나갔으며 관념론의 고상한 빛이 우리를 비추고 있으므로 이같은 주장은 동일한 등급에서 파악되지 않을 것이며 동일한 결과를 약속하지도 않을 것이다.[4]

349   바로 여기에 스피노자주의에 대한 우리의 특정한 견해가 있는 것이다! 이 체계는 사물을 신 가운데서 파악하기 때문에 숙명론이 아

---

4) 프리드리히 슐레겔은 『하이델베르크 문학연보』(1권 6집, 139쪽)에 실은, 피히테의 최근 저술에 대한 서평에서 피히테에 대한 논쟁적인 시도를 하면서, 형식과 결과에서 전적으로 완전한 범신론 체계가 스피노자에게서 보여진다는 이유로 자신은 전적으로 스피노자를 지지한다는 숙고를 내비친다. ──위의 설명에 의하면 범신론은 순수이성의 체계이다. ──이러한 숙고는 분명한 장점을 지니지만, 피히테가 스피노자주의를 지식론을 통해 반박했다고 생각하는 점──이러한 생각은 정당하다──에 의해 특수성으로 떨어지게 된다. 관념론은 이성의 작업이 아니며, 이성체계라는 이른바 슬픈 명예는 실제로 범신론과 스피노자주의에만 남아 있는가?

니다. 우리가 이미 지적한 바와 같이 범신론은 적어도 형식적 자유를 불가능하게 하지는 않기 때문이다. 따라서 스피노자는 전혀 다른 근거에서, 그리고 숙명론과는 독립적인 근거에서 숙명론자여야 한다. 그의 체계가 갖는 잘못은 그가 사물을 신 가운데 정립했다는 사실에 있는 것이 결코 아니다. 오히려 이 체계의 잘못은 사물이 세계 존재의 추상적 개념 가운데 있다는 사실, 말하자면 이 개념에게서 마찬가지로 사물인 무한한 실체 자체 가운데 사물이 존재한다는 사실에 있다. 그러므로 자유에 반하는 스피노자의 논증은 전적으로 결정론적이지 결코 범신론적인 것이 아니다.

그는 또한 의지를 사상(事象)으로 다루며, 그 결과 의지는 모든 경우의 활동에서 다른 사상에 의해 규정되어야 하며 이 사상은 다시금 또 다른 사상에 의해 규정되는 등 사상에 의한 규정이 무한자에까지 이른다는 사실을 너무나도 자연스럽게 증명한다. 이로부터 스피노자 체계의 몰생동성, 형식의 몰심정성, 개념과 표현의 궁색함, 그리고 추상적인 고찰방식과 훌륭하게 어울리는 규정의 가차없는 신랄함이 생겨날 뿐 아니라, 너무나도 당연하게 기계론적인 자연관이 여기서 생겨나는 것이다.

혹은 사람들은, 자연에 대한 역동적인 표상을 통해서 스피노자주의의 근본관점이 본질적으로 변화되어야 한다는 사실에 대해 의심하게 되는가? 모든 사물이 신 가운데서 파악된다는 학설이 전 체계의 근거가 된다면, 이 학설은 그 자체가 이성체계의 원리로 변하기 전에 먼저 적어도 생동적으로 되어야 하며 추상을 벗어나야 한다. 유한적 존재가 신의 변형이거나 신의 결과라는 표현은 그 얼마나 일반적이며, 여기서 그 어떤 간극이 메워져야 하며 그 어떤 물음이 대답 350

되어야 하는가! 사람들은 스피노자주의를, 따뜻한 사랑의 입김을 통해 그 가운데 영혼이 깃들여야 하는 피그말리온(Pygmalion)[5]의 조상(彫像)과 같이 경직된 모습으로 고찰할 수 있을 것이다.

그러나 이러한 비교는 불완전하다. 그것은 오히려 기껏해야 가장 바깥의 윤곽으로 밑그림을 그린 작품에 비교될 수 있으며 이러한 작품에 혼이 깃들인다 하더라도 그 가운데는 여전히 결여되고 완성되지 않은 많은 특징들이 보여질 것이기 때문이다. 이것은 오히려 그 개별적-생동적 특징들이 적게 언급될수록 더욱 비밀스럽게 나타나는 신의 태곳적 형상과 비교될 수 있을 것이다. 한마디로 말하자면 이것은 일면적-실재론적 체계이다. 이러한 표현은 범신론보다 덜 저주스럽게 들리지만 그럼에도 범신론이 갖는 본래적인 모습을 더 정확하게 묘사하고 있으며, 여기서 처음으로 사용된 표현도 아니다.

저자의 초기 저술들에 나타나 있는 이러한 문제에 대한 수많은 설명을 반복하는 것은 성가신 일이 될 것이다. 실재론과 관념론의 상호교차는 저자의 여러 노력들이 의도하는 것이며 이에 대해서는 이미 언급한 바 있다. 관념론의 원리에 의해 정신화된 스피노자의 근본개념은 (하나의 중요한 점에서 변화되기는 했지만) 자연에 대한 고차적인 고찰방식에서, 그리고 역동적 존재와 심정적 존재 및 정신적 존재의 인정된 통일에서 생동적인 기초를 확보했다. 이로부터 생겨난 자연철학은 단순한 물리학으로서 독자적으로 존립할 수 있었지만 철학 전체와 연관해서는 늘 그 한 부분, 즉 철학의 실재적인 부

---

5) 그리스 신화에 나오는 키프로스의 국왕. 그는 자기가 상아로 직접 만든 미녀상에 반한 나머지 비너스에게 생명을 간청했다. 그러자 그 상이 산 여인으로 변하여 아내로 삼았다(옮긴이).

분으로 고찰되었다. 이 실재적 부분은 자유가 지배하고 있는 관념적 부분의 보충을 통해서 본래적인 이성체계로 고양될 수 있는 것이다. 자유 가운데서 주장되고 발견되는 것은 힘을 강화하는 궁극적 행위인데, 전 자연은 이 행위를 통해 지각과 지성으로 밝혀질 뿐 아니라 결국 의지로 드러난다.

최후 최고의 법정에서는 의욕 이상의 다른 존재가 없다. 의욕은 근원존재이다(Wollen ist Ursein). 몰근원성, 영원성, 시간 독립성, 자기긍정과 같은 근원존재의 모든 술어들은 오로지 이 의욕에 걸맞는 것이다. 전 철학은 오로지 이러한 최고의 표현을 찾으려고 혼신의 노력을 기울인다.

우리 시대의 철학은 관념론을 통해 이러한 점에 이르기까지 고양 351 되었다. 자유의 개념에 대립하는 일면적-실재론적 체계 내지 독단적 체계로부터 생겨날 수 있었으며 이미 오래 전에 생겨난 바 있는 모든 난점들을 고찰하는 것은 결코 우리의 의도일 수 없었기 때문에, 우리는 바로 이 관념론에서 비로소 우리의 대상을 탐구할 수 있는 것이다. 우리는 관념론을 통해 이러한 관점의 한복판에 높이 자리하게 되었다. 그리고 우리가 형식적 자유에 대한 최초의 완전한 개념을 관념론에 빚지고 있다는 사실은 너무나도 분명하다. 다른 무엇보다도 오로지 관념론만이 그 자체로 완전한 체계이다.

그러나 우리가 자유에 관한 학설 가운데서 좀더 정확하고 좀더 규정적인 것으로 파고들어가 보려고 하면 관념론은 우리를 당혹스럽게 한다. (자기 스스로를 오해한) 피히테의 주관적 관념론이 존립할 수 있는 내용, 즉 오로지 활동성과 생명과 자유만이 진정한 실제라고 주장하는 것은 체계로 형성된 관념론에서는 결코 충분한 것이 아니라는 사실을 우리는 최초의 관계에서 진술한 바 있다. 오히려 이와 반대로 모든 실제(자연, 사물의 세계)는 활동성과 생명과 자유를 근간으로 한다거나, 피히테식 표현을 써서 자아성만이 모든 것이 아니라 그 반대로 모든 것이 자아성이라는 사실을 지적하는 것이 요구된다. 자유를 철학의 하나와 전부로 삼는 사유는 인간 정신 일반을 단순히 정신의 자기관계를 넘어서서 자유로 정립했으며 앞서 있었던 그 어떤 혁명보다 더 강한 격변을 모든 영역의 학문에 가져다주었다. 관념론적 개념은 우리 시대의 고차적인 철학을 위한 진정한 봉헌이며 특히 우리 시대의 고차적인 실재론을 위한 축성이기도 하다. 실재론을 판단하거나 자기화하려는 사람들은 자유가 실재론의 가장 내밀한 전제라는 의구심을 가지려 한다. 이 얼마나 전혀 다른 조명 하에서 실재론을 고찰하고 파악하는 것인가!

자유의 대가를 치러본 사람만이 모든 것을 자유에 대해 유추하려고 하는 요구와, 자유를 전 우주 너머로 확산시키려는 요구를 지각할 수 있다. 이러한 철학의 도정에 들어서지 못한 사람은 그들이 행위하는 이유에 대해서 아무런 감정도 갖지 않은 채 단순히 다른 사람을 따라 행위한다.

352 그러나 늘 특별한 것으로 남아 있는 것이 있다. 즉 칸트는 먼저 시간 독립성을 통해 물자체를 현상으로부터 부정적으로 구별했으며 그 다음에는 실천이성비판의 형이상학적 논의를 하는 가운데 시간 독립성과 자유를 상관관계개념으로 취급했는데, 그 이후에도 그는 유일하게 가능한 즉자존재의 긍정개념을 사물에 전이시키는 생각에 이르지는 못했다. 만약 이렇게 했더라면 칸트는 곧바로 최고의 고찰관점에 도달했을 것이며 그의 이론철학의 특징인 부정성을 넘어설 수 있

었을 것이다. 그러나 다른 측면에서 고찰해본다면, 만약 자유가 즉
자존재 일반의 긍정적 개념일 경우 인간적 자유에 대한 고찰은 다시
금 일반적인 문제로 되돌아가고 만다. 자유가 유일하게 근거하고 있
는 지성은 물자체의 본질이기도 하기 때문이다. 따라서 단순한 관념
론은 특별한 차이를 제시하는 일, 즉 인간적 자유를 규정하는 데 충
분한 이론이 아니다.

　마찬가지로 범신론이 관념론을 통해 지양되고 절멸된다고 생각하
는 것은 잘못이며, 범신론을 일면적인 실재론으로 혼동하는 데서 생
겨날 수 있는 견해도 오류이다. 범신론으로서는 하나의 절대적 실체
가운데 개별적인 사물이 존재한다거나 하나의 근원의지 가운데 다수
의 개별의지가 존재한다는 것은 전적으로 동일한 하나의 사실이기
때문이다. 첫번째 경우에는 범신론이 실재론적이며 두번째 경우에는
그것이 관념론적이지만 근본개념은 동일하다. 이로부터 잠정적으로
통찰될 수 있는 것은, 자유의 개념 가운데서 보여지는 난제는 관념
론을 통해서는──그것이 그 자체로 받아들여질 경우──거의 해소되
지 못한다는 것이다. 이것은 이러한 어려움이 다른 부분적 체계를
통해서 거의 해소되지 못하는 것과 같다. 말하자면 관념론은 한편으
로 가장 일반적인 자유의 개념을 부여할 뿐이며 다른 한편으로 자유
의 형식적 개념만을 줄 따름이다. 그러나 실재적이며 생동적인 개념
은 자유가 선악의 능력이라는 사실이다.

　이것은 옛날부터 지각되어온 자유에 관한 전 이론의 심각한 난점
이다. 자유론은 이런저런 체계와 관계하지 않으며, 다소간에 모든
체계와 관계한다.[6] 자유론은 무엇보다도 내재의 개념에 관계한다. 353
왜냐하면 실제적인 악이 인정되거나 악의 실재성이 어떤 방식으로든

지 부정되어야 하기 때문이다. 실제적인 악이 인정되면 악을 무한한
실체나 근원의지로 함께 정립하는 것은 불가피하며, 이러한 근원의
지를 통해서는 가장 완전한 존재 개념이 전적으로 훼손된다. 또한
악의 실재성이 전적으로 부정되면 자유의 실재 개념도 동시에 사라
져버린다. 모든 것을 감싸는 최고의 연관이 신과 세계존재 사이에
가정된다 하더라도 이러한 어려움은 줄어들지 않는다. 왜냐하면 이
러한 연관이 이른바 단순한 동반작용이나 앞서 언급한 바 있는 피조
물의 행위——이 행위는 피조물의 자유가 주장된다 하더라도 그의 본
질적인 신 의존성에 의해 받아들여져야 한다——에 대한 신의 필연적
작용에 제약된다 하더라도, 전적으로 독립적인 존재 가운데서 악을
허용하는 것은 그것을 동반원인적 존재 가운데서 허용하는 것보다
더 낫지 않다는 이유에서 신은 불가피하게 악의 동반원인자로 나타
나기 때문이다. 악의 실재는 이와 같은 방식이나 다른 방식으로 부
정되어야 한다.

　'피조물의 모든 긍정적 존재는 신으로부터 나온다'는 명제는 바로
이러한 체계 가운데서 주장되어야 한다. 악 가운데 긍정적 존재가
들어 있다는 사실이 받아들여진다면 이 긍정적 존재는 또한 신으로
부터 유래한 것이다. 이에 대한 반론이 있을 수 있는데, '악의 긍정
적 존재는 그것이 긍정적인 한 선하다'라는 주장이 그것이다. 그러
므로 악은 그것이 설명되지 않는다 하더라도 사라지지 않는다. 악

―――――――――――――

6) 프리드리히 슐레겔은 인도에 관한 저술과 다른 곳에서 이러한 난점을, 특
　히 범신론에 대해 대립적으로 정당화한 공헌을 한 바 있다. 다만 아쉬운 것
　은, 이 예리한 학자가 악의 근원 및 선에 대한 악의 관계에 대한 자기의 고
　유한 견해를 표명하지 않은 것을 잘했다고 생각한 것이다.

속의 존재자가 선하다면 '이 존재자가 들어 있는 존재, 즉 본래적으로
악을 형성하는 **토대**는 어디서 유래하는가' 라는 물음이 생겨나기 때
문이다. 이러한 주장은 (요즘 가끔씩 혼동되기도 하지만) 다음의 주
장과는 전적으로 다르다. 악 가운데는 긍정적 존재가 전혀 없다거
나, 다르게 표현해서 악은 전혀 존재하지 않으며 (악은 다른 긍정적
존재 속에 있거나 이와 더불어 있지 않다) 오히려 모든 행위는 다소
긍정적이며 이러한 다소간의 구별은 그 어떠한 대립도 근거짓지 못
하는 완전성의 단순한 보탬(Plus)과 결핍(Minus)에 지나지 않아서
결국 악은 전적으로 사라진다는 것이다.

이것은 모든 긍정적 존재가 신으로부터 유래한다는 명제와 연관 354
해서 생겨날 수 있는 두번째 가정이다. 따라서 악 가운데서 보여지
는 힘은 그 자체로서의 선이나 비교의 관점을 벗어난 선 가운데 있
는 힘, 즉 그 자체로 완전성이며 다른 모든 완전성과 같이 신으로
부터 유래해야 하는 선보다 불완전할 것이다. 우리가 여기서 악으
로 이름하는 것은 낮은 등급의 완전에 불과하다. 그러나 이 등급은
우리의 비교에 대해 결핍으로 나타날 뿐, 자연에는 이러한 결핍이
존재하지 않는다. 이것이 스피노자의 진정한 견해라는 사실은 부정
될 수 없다.

사람들은, 신으로부터 유래하는 긍정적 존재가 곧 자유이며 이 자
유는 선과 악에 대해 무차별적이라는 대답을 함으로써 이러한 딜레
마로부터 벗어나려고 할 수 있다. 스피노자가 이러한 무차별을 부정
적으로 생각할 뿐 아니라 이것을 생동적이고 긍정적인 선악의 능력
이라고 생각한다면, 순수한 선으로 고찰되는 신으로부터 어떻게 악
의 능력이 생겨날 수 있는지에 대해서는 통찰될 수 없다. 바로 이러

한 사실로부터 다음과 같은 잠정적 언명이 드러난다. 자유는 실제로 이러한 개념을 따라야 하며 위에서 시도한 바와 같이 신으로부터 자유를 도출하는 것은 올바르지 못하다는 것이 밝혀지는 것이다. 만약 자유가 악의 능력이라면 자유는 신과 무관한 근거를 가져야 하기 때문이다.

　이를 통해서 이원론에 빠지려는 시도가 있을 수 있다. 만약 이 체계가 실제로, 절대적으로 상이하고 대립적인 두 독립적 원리들의 이론으로 생각된다면 이것은 이성 자체를 분리시키고 포기하는 체계에 지나지 않는다. 그러나 악한 근거본질(Grundwesen)이 어떤 의미에서 선한 근거본질에 의존적인 것으로 생각된다면, 악이 선으로부터 유래한다는 난점은 하나의 본질(Ein Wesen)로 집중된다. 그러나 이러한 난점은 줄어들기는커녕 더 커지게 된다. 이 두번째 본질은 근원에서부터 선하게 창조되었으며 근원본질의 독자적인 잘못에 의해 타락하게 된다는 사실이 받아들여진다 하더라도 지금까지의 모든 체계에서는 신에게 맞서는 최초의 능력이 늘 설명될 수 없는 것으 355 로 남아 있다. 그러므로 사람들이 결국 동일성뿐만 아니라 세계존재와 신의 모든 연관을 지양하려고 하고, 현재하는 동일성의 전(全) 현존과 세계의 현존을 신으로부터 멀어진 존재로 간주하려고 한다면, 위에서 말하는 어려움은 뒤로 좀더 밀려날 따름이며 그것이 해소되지는 않는 것이다. 세계존재는 그 자체가 신으로부터 유출될 수 있기 위해서 어떤 방식으로든지 간에 이미 존재했어야 하기 때문이다.

　따라서 유출설은 신 가운데 사물의 근원적 실존을 전제하며 이로써 세계존재와 신의 연관을 명백하게 전제하기 때문에 범신론에 대립할 수 있다. 세계가 신으로부터 멀리 떨어져 있다는 것을 설명하기 위해서는 오로지 다음의 사실만이 가정될 수 있을 것이다. 신으로부터 멀리 떨어져 있다는 것은 한편으로, 신의 측면에서가 아니라 사물의 측면에서 전혀 비의도적으로 멀리 떨어져 있는 것을 뜻한다. 따라서 사물은 신을 통해 불행과 악의의 상태로 사라지므로 신은 이러한 상태의 근원이다. 다른 한편으로 신으로부터 멀리 떨어져 있음은 몇몇 사람들이 이야기한 바와 같이 존재의 과잉을 통해 두 측면으로부터 비의도적으로 생겨난 것이다. 그러나 이것은 전혀 받아들여질 수 없는 표상이다. 혹은 신으로부터의 소원(疏遠)은 사물의 측면으로부터 의도적으로 이루어진 신으로부터의 분리, 즉 모든 심각한 타락이 그 뒤를 잇는 죄(Schuld)의 결과이다.

그러므로 이러한 최초의 잘못은 그 자체가 이미 악이며, 그렇기 때문에 이 최초의 잘못은 그 근원에 대한 설명을 제공해주지 못한다. 악을 세계 속에서 설명하는 반면 선을 완전히 말소시키며 범신론 대신에 범악마론(Pandämonismus)을 끌어오는 이러한 보조사유 없이는, 선악의 모든 본래적 대립은 유출의 체계 가운데서 사라져버린다. 플로티노스[7]가 근원적인 선이 질료와 악으로 이행하는 것을 궤변과 같이 늘어놓았지만 이를 전혀 충분하게 서술하지 못한 것처럼, 최초의 존재는 무한히 이어지는 수많은 중간단계를 통해, 그리고 그것이 더 이상 선의 흔적을 갖지 않는 것을 향해 점차로 약화됨으로써 소멸된다. 말하자면 하부존재의 지속적인 자리매김과 (근원존재로부터의) 소원을 통해 그 이상의 어떠한 존재도 생겨날 수 없

---

7) *Ennead*. I, L, VIII, c. 8.

는 최종적인 존재가 나타난다. (더 이상의 존재를 산출할 수 없는) 이것이 바로 악이다. 다르게 표현하자면, 만약 최초의 존재 다음에 어떤 존재가 있다면 그것은 최초의 존재 자체를 더 이상 소유하고 있지 않은 최종적인 존재여야 한다. 이것은 질료이며 악의 필연성 356 이다.

　이러한 고찰을 따르자면, 이러한 난점이 갖는 전체의 부담을 오로지 하나의 체계(Ein System)에 지우는 것은 정당하지 않은 것으로 보인다. 왜냐하면 이 체계에 대립하는 이른바 고차적인 체계는 어떤 것도 충분하게 수행하지 않기 때문이다. 여기서는 관념론의 보편성도 아무런 도움을 줄 수 없다. 고대철학이 설정한 순수행위(Actus purissimus)와 같은 추상적인 신 개념이나, 오늘날의 철학이 신을 모든 자연으로부터 멀어지게 하려는 배려에서 늘 다시금 만들어낸 개념들을 가지고서는 어떤 것도 정리할 수 없다. 신은 단순한 도덕적 세계질서보다 더 실재적인 존재이며, 추상적인 관념론자들의 궁핍한 견강부회가 그에게 덧붙이는 것과는 전혀 다른 운동력을 가지며 그보다 더 생동적인 운동력을 갖고 있다. 실재적인 것을 접하는 것이 정신적인 것을 불순하게 한다고 생각하는, 모든 실재적인 것에 대한 혐오는 자연스럽게도 악의 근원을 바라보는 눈을 멀게 한다. 관념론은, 그것이 생동적인 실재론을 근간으로 갖지 않을 때 라이프니츠와 스피노자의 체계는 물론이고 다른 독단론적 체계보다 더 공허하고 추상적인 체계가 되고 만다.

　유럽의 모든 새로운 철학은 (데카르트로부터 시작되는) 그 출발에서부터, 자연을 그 대상으로 갖지 않으며 가장 생동적인 근거를 결여하고 있는 공동의 결핍을 갖고 있다. 따라서 스피노자의 실재론은 라이프니츠의 관념론만큼이나 추상적이다. 관념론은 철학의 영혼이며 실재론은 그 몸이다. 생동적인 전체는 이 두 가지가 함께함으로써만 이루어진다. 실재론은 결코 원리를 부여할 수 없지만, 그것은 관념론이 그 가운데서 실현되고 살과 피를 얻게 되는 근거와 수단이어야 한다. 철학에 생동적인 기초가 결여되어 있으면, ──이러한 철학에서는 근원적으로 관념론적 원리조차도 연약하게만 작용했지만──이러한 철학은 앞에서 언급한 체계로, 즉 신의 절대독립성(Aseität)이나 변형 등과 같은 그 추상적인 개념이 실제의 생동력 및 충만과는 극단적으로 대립하게 되는 체계로 사라지게 된다. 관념론적 원리가 실제로 아주 높은 정도로 힘있게 작용하지만 그것이 화해적, 매개적 토대를 발견할 수 없는 곳에서는 이 원리가 아주 불투명하고 조야한 열광을 산출할 뿐인데, 이러한 열광은 자기고통 가운데서 나타나거나 프리기아 여신의 사제들에게서와 같이 자기거세에서 357 나타난다. ──철학에서는 이러한 자기거세가 이성과 학문을 포기할 때 나타난다.

2 근거와 실존의 구별, 그리고 선악의 가능성

이 저술에 필요한 것으로 보였던 것은 예전뿐만 아니라 특히 요즈음 들어 혼돈되어온 본질적인 개념들을 교정하면서 그 논의를 시작하는 것이었다. 그러므로 지금까지의 설명은 우리의 본래적 탐구로 들어가는 단순한 서론으로 고찰될 수 있다. 우리는, 진정한 자연철학의 근본명제로부터만 여기에 주어져 있는 과제를 완전히 충족시키는 관점이 전개될 수 있다는 것을 이미 설명한 바 있다. 따라서 우리는 이러한 올바른 관점이 개별적인 정신들 가운데 이미 오래 전에 주어져 있었던 것이 아니라는 사실을 부정하지 않는다. 그러나 이러한 정신들이 없었던 것도 아니다. 다만 이러한 정신들은 예전부터 모든 실재적 철학(reelle Philosophie)에 대해 대립적으로 사용되어온 유물론, 범신론 등에 대한 아무런 두려움 없이 자연의 생동적 근거를 추구했으며, 자신들을 신비주의자로 몰아붙인 추상적인 관념론자들과 독단론자들에게 맞섰던 (두 종류의 오성을 지닌) 자연철학자였다.

우리 시대의 자연철학은 실존하는 한에서의 존재와, 실존의 근거인 한에서의 존재를 학문 속에서 최초로 구별했다. 이러한 구별은 자연철학에 대한 최초의 학문적 서술만큼이나 오래된 것이다.[1] 자연철학은 바로 이 점에서 스피노자의 도정을 너무나도 분명하게 벗어나지만 그럼에도 독일에서는 자연철학의 형이상학적 근본명제가 스피노자의 그것과 같다는 주장이 오늘날까지 있었다. 그러나 이러한 구별은 그것이 자연과 신을 명백하게 구별하게 했다 하더라도 자연철학이 신과 자연을 혼합한다는 비난을 막지 못했다. 현재의 이러한 구별이 근거하고 있는 똑같은 구별이 있기 때문에 여기서는 이에 대해서 다음의 것이 서술될 수 있을 것이다.

신 앞과 신 바깥에는 아무것도 존재하지 않기 때문에 신은 자기 실존의 근거를 자기 안에 가져야 한다. 이것은 모든 철학이 말하는 358 것이다. 그러나 모든 철학은 이 근거를 그 어떤 실재적인 것과 실제적인 것으로 형성하지 않은 채 다만 이를 단순한 개념으로 설명하고 있다. 신이 내적으로 소유하는 자기 실존의 근거는, 우리가 이것을 절대적으로 고찰해본다면, 다시 말해서 신이 실존하는 한에서, 신이 아니다. 왜냐하면 이 근거는 오로지 신의 실존의 근거이기 때문이다. 이 근거는 신 안에 있는 자연(속성)이며 신으로부터 분리될 수는 없지만 신과는 구별되는 본질이다.

이러한 관계는 자연 속에 있는 중력과 빛의 관계를 통해 유추적으로 설명될 수 있다. 중력은 빛에 앞서서 빛의 영원한 어두운 근거로 발생한다. 이 어두운 근거 자체는 활동적이지 않으며 빛(실존하는

---

1) 이것은 『사변물리학지』(*Zeitschrift für spekulative Physik*) Bd. II, Heft 2, §54 Anm. 과 §93 Anm. 1 및 114쪽 설명부분에도 나와 있다.

존재)이 비추어짐으로써 밤으로 도피한다. 빛 자체는 그 속에 중력
이 포함되어 있는 봉인을 완전히 뜯어내지 못한다.[2] 그러므로 중력
은 순수본질도 아니고 절대동일성의 활동적 존재도 아니며 오로지
그 자체의 본성으로부터 귀결된 것이다.[3] 혹은 다르게 표현해서 중
력은 그 자체로 존재한다. 말하자면 특정한 힘 가운데서 고찰할 경우
중력은 그 자체로 존재하는 것이다. 이 이외에도 각각 중력으로 나
타나는 존재는 그 자체가 다시금 근거에 속하기 때문이다. 그러므로
자연 일반은 절대동일성의 절대존재 저편에 존재하는 모든 것이다.[4]

이밖에도 선행하는 것에 관한 한 이 선행은 시간의 순서에 따른 것
으로 생각될 수 없으며 본질의 우선성으로 생각될 수도 없다. 모든
존재가 생성되는 순환에서는 한 존재(das Eine)를 산출하는 존재가
다시 이 존재로부터 산출된다는 것이 모순이 아니다. 여기에는 최초
의 존재도 최후의 존재도 없다. 모든 존재는 자기 스스로를 대립적으
로 전제하기 때문이며, 모든 존재는 다른 존재가 아니지만 다른 존재
없이는 그 스스로 존재하지 않는다. 신은 자기 실존의 내적 근거를
갖는다. 신은 이 근거를, 그것(근거)이 실존하는 존재인 자기를 선행
하는 한에서 갖는다. 그러나 신이 실제로 실존하지 않는다면 근거 또
한 존재할 수 없기 때문에 신은 또다시 근거의 선행자이다.

사물로부터 출발하는 고찰도 이와 동일한 구별에 이른다. 내재의
개념은, 그것을 통해 사물이 신 가운데 비생동적으로 붙들려 있다는
것이 드러나야 하는 한에서 무엇보다 먼저 배제되어야 한다. 오히려

2) 같은 책, 59쪽, 60쪽.
3) 같은 책, 41쪽.
4) 같은 책, 114쪽.

359 우리는 생성의 개념이 사물의 본성에 걸맞은 유일한 것임을 잘 인식
하고 있다. 그러나 절대적으로 고찰해보면 사물은 신과 전적으로 다
르며, 더 정확하게 말해서 신과는 무한히 다르므로 신 가운데서 생
성될 수 없다. 사물은 신으로부터 분리되기 위해서 신과는 상이한
근거 속에서 생성되어야 한다. 그러나 신 바깥에는 아무것도 존재할
수 없으므로 이 모순은, 사물이 그 근거를 신 자신 가운데 신 자신이
아닌 것 속에서,[5] 즉 신 실존의 근거 속에서 가진다는 사실을 통해
서만 해소될 수 있다.

   우리가 이러한 본질을 인간적으로 설명하려고 한다면 우리는 이것
을 영원한 일자를 예감하면서 자기 자신을 산출하려는 동경이라고
말할 수 있다. 동경은 일자 자신이 아니지만 일자와 같이 영원하다.
동경은 신, 즉 측량할 수 없는 통일성을 산출하려고 하지만 바로 이
런 한에서 동경 자체에는 아직 통일성이 없다. 따라서 동경은 그 자
체로 고찰해보면 역시 의지이다. 그러나 그 속에 오성이 들어 있지
않은 의지는 자립적 의지가 아니며 완전한 의지도 아니다. 오성은
원래 의지 가운데 있는 의지(der Wille in dem Willen)이기 때문이
다. 그럼에도 불구하고 동경은 오성의 의지, 즉 오성의 동경이며 오
성의 욕구이다. 동경은 의식적 의지라기보다 예감하는 의지인데, 그

---

5) 이것은 유일하게 올바른 이원론, 즉 동시에 통일성을 허용하는 이원론이
   다. 우리는 위에서 변형된 이원론에 대해 언급했는데, 이것에 따르자면 악
   의 원리는 선의 원리에 병행하는 것이 아니라 그것에 종속되는 것이다. 여
   기서 설정된 관계가 이원론, 즉 그 가운데서는 종속존재가 늘 본질적으로-
   악한-원리이며 그렇기 때문에 이 종속존재는 그것이 신으로부터 파생된 존
   재라는 사실에 따라 전혀 파악 불가능한 것으로 남게 되는 이원론과 혼동
   되는 것에 대해서는 걱정할 필요가 거의 없다.

예감은 곧 오성이다. 우리는 즉자대자적으로 고찰된 의지의 본질에 대해 언급하고 있다. 우리는 이 본질을, 그것이 비록 그것으로부터 고양된 고차적인 것을 통해 이미 오래 전에 배제된 것임에도 불구하고, 그리고 우리가 이 본질을 감각적으로 파악할 수 없고 오로지 정신과 사유를 통해 파악할 수 있다 하더라도 파악해야 한다.

자기계시의 영원한 행위 다음에는, 즉 우리가 지금 바라보고 있는 세계 가운데는 모든 규칙과 질서와 형식이 존재한다. 그러나 근거에는 몰규칙적인 것이 늘 다시금 밀치고 나올 수 있는 것으로 존재한다. 어떤 곳에서도 질서와 형식이 근원적인 것 같지는 않으며, 시원적인 몰규칙이 질서로 자리잡는 것으로 보인다. 사물에 깃들여 있는 360 이러한 몰규칙은 파악할 수 없는 실재의 토대이며 결코 출현하지 않는 잔여인가 하면, 아주 팽팽한 긴장을 지닌 채 오성 가운데서 해소될 수 없는 것이며 영원히 근거에 머물러 있는 것이다.

오성은 본래적인 의미에서 볼 때 이러한 몰오성으로부터 생겨난다. 이러한 선행적 어둠이 없이는 어떠한 피조물의 실재도 없다. 어둠은 피조물의 필연적 유산이다. 스스로 실존하는 존재인 신만이 순수한 빛 가운데 거한다. 왜냐하면 오로지 신만이 그 자신으로부터 존재하기 때문이다. 인간의 오만은 근거로부터 이러한 근원을 거역하며 심지어 이 근원에 대립하는 도덕적 근거를 추구한다. 그럼에도 우리는 인간을 깊은 밤으로부터 현존재로 고양시킨 그 밤에 대한 의식 이외에는, 온 힘을 다해 빛을 향해 나아가도록 충동할 수 있는 그 어떤 것도 알지 못하는 것 같다. 따라서 몰오성이 오성의 근거가 되고 밤이 빛의 시원이 된다는 가련한 고발은 부분적으로 사실에 대한 오해에 기인한다. (왜냐하면 이러한 견해를 통해서는 오성과 본질의 우선성이 개념적으로 어떻게 성립될 수 있는지가 파악되지 않기 때문이다.) 그러나 이러한 고발은 피히테의 강력한 침전조차도 이룩하지 못한, 번개로부터 연기를 만들어내려고 하는(fumum ex fulgore) 오늘날 철학자들의 진정한 체계를 표현하고 있다.

모든 탄생은 어둠으로부터 빛으로의 탄생이다. 씨앗은 흙 속으로 떨어져야 하며 어둠 가운데 죽어야 한다. 이로써 아름다운 빛의 형태가 생겨날 수 있으며 씨앗이 태양빛 가운데서 성장할 수 있다. 인간은 모태에서 형성된다. 빛나는 사유는 몰오성의 어둠에서 (감정과 동경 및 인식의 빛나는 어머니로부터) 비로소 자라난다. 그러므로 우리는 마치 우리가 동경하는 가운데 알려지지 않은 이름 없는 선을 향하는 것과 같이, 어떻게 근원적 동경이 그 스스로 아직 인식하지 못하고 있는 오성을 향하는지, 그리고 이 동경이 어떻게 동경 자체를, 마치 플라톤의 질료와 흡사하게 물결치며 용솟음치는 바다로 예감하면서, 지속적 존재 자체를 형성할 수 없는 어둡고 불확실한 법칙에 따라 운동하는지를 표상해야 한다.

그러나 여전히 어두운 근거로서 신적 현존재의 최초 활동인 동경에 걸맞게, 신 가운데는 내적인 반성적 표상이 생겨난다. 이 표상은 신 이외의 다른 대상을 갖지 않으므로, 신은 바로 이 표상을 통해 361 자기 자신을 자신의 형상을 지닌 존재 속에서 바라보는 것이다. 이 표상은 오로지 신 자신 속에만 있는 것이지만, 절대적으로 고찰해본다면, 신이 그 가운데서 현실화되는 최초의 존재이다. 이 표상은 태초에 신 가운데 존재하며 신 가운데서 산출된 신 자신이다. 이 표상은 동시에 오성, 즉 앞서 언급한 동경의 로고스(Wort)[6]이다. 또한 이 표상은 로고스를 내적으로 지각하는 동시에 무한한 동경을 느끼는 영원한 정신이다. 이 표상은 정신 자신인 사랑에 의해 움직이는 가운데 말하기를, 오성은 동경과 더불어 자유롭게 창조하는 전능한 의지가 되며 오성 자체의 토대인 시원적인 몰규칙적 속성을 띤 가운데 도구를 산출한다고 한다.

동경 가운데서 이루어지는 오성의 첫번째 활동은, 오성이 이 활동을 통해, 마치 씨앗에서와 같이 무의식적이기는 하지만 동경 속에 필연적으로 포함되어 있는 통일성을 전개시킬 수 있게 됨으로써, 여러 힘들을 분리시키는 것이다. 이것은 어떤 것을 창조하려는 어두운 동경을 향해 빛이 인간 가운데 등장하는 것과 같다. 이러한 빛의 등장은, 모든 것이 연관되어 있는 사고의 혼돈된 혼합 속에서 각각의 생각이 다른 생각이 등장하는 것을 막으며 여러 사고들이 구별되고, 근거 속에 감추어져 있으며 모든 것을 그 아래에서 파악하는 통일성이 고양되는 방식을 통해 이루어진다. 혹은 이것은 식물의 경우, 힘의 전개와 확장의 관계에서 무게의 어두운 결속이 해소되는 것과 같으며, 분리된 질료 속에 감추어져 있는 통일성이 전개되는 것과 같다. 말하자면 (시원적 자연이 갖는) 이러한 본질은 다름 아니라 신의 실존으로 나아가는 영원한 근거이기 때문에, 이 본질은 비록 폐쇄적이기는 하지만 그 자체 안에 신의 본질을 포함하고 있는데, 말하자면 이 신의 본질을 심연의 어둠 가운데서 빛나는 생명의 시선으로 포함하고 있다.

그러나 동경은 오성을 통해 자극받는 가운데 그 속에 포착되어 있는 생명의 시선을 붙잡으려고 하며 그 자체(동경)를 그 자체(동경)

---

6) 이것은 사람들이 '수수께끼의 말'이라고 표현하는 것과 같은 의미를 갖는다.

속에 폐색시키려 하는데, 이로써 늘 하나의 근거가 남게 된다. 따라서 오성 혹은 시원적 자연으로 정립된 빛이 내적으로 힘의 분리(어둠의 포기)를 열망하는 동경을 자극함으로써, 그리고 이렇게 힘을 분리할 때 분리된 존재 속에 감추어져 있는 통일성, 즉 은폐된 빛의 시선을 드러내 보임으로써, 파악 가능한 것과 개별자가 이러한 방식으로 처음으로 생겨난다.

더 나아가 이런 파악 가능한 존재와 개별자의 생성은 그것이 자연을 향해 형성되어 들어가기 때문에 외적인 표상을 통해서가 아니라 362 진정한 내적-형성(Ein-Bildung)을 통해 이루어진다. 보다 정확하게 말하자면, 오성은 분리된 근거 속에 감추어져 있는 통일성이나 이데아를 드러내 보이기 때문에 이들 존재의 생성은 각성을 통해 이루어진다. 이러한 분리 가운데 서로 떨어져 있는 (그러나 완전히 떨어져 나가지는 않은) 힘들은, 그것으로부터 나중에 신체가 형성되는 질료이다. 그러나 분리 가운데서, 즉 자연적 근거의 심연으로부터 힘의 중심점으로 생겨나는 생동적인 결속은 영혼이다. 근원적 오성은 그와 무관하게 독자적으로 존재하는 근거로부터 영혼을 내적인 것으로 산출하기 때문에, 영혼은 자립적으로 존재하는 특수한 본질로서 그 스스로 근거와는 무관하게 독자적으로 존재한다.

다음의 사실은 쉽게 통찰될 수 있다. 즉 완전한 탄생을 위해 필연적인 동경의 저항에서는 여러 힘의 내적인 결속이 단계적으로 일어나는 전개과정에서 해소되며, 힘들이 분리되는 각각의 등급에서는 자연으로부터 새로운 존재가 생겨난다는 것이 그것이다. 이때 이 새로운 존재가 다른 존재에서는 아직 분리되어 있지 않은 것을 더 많이 분리된 것으로 포함할수록 그 영혼은 보다 더 완전해야 한다. 완

전한 자연철학의 과제는 지속되는 모든 과정이 어떻게, 힘이 최고로
분리될 때 최고의 내적 중심이 생겨나는 단계에 이르기까지 자연의
본질에 근접하게 나타나는가를 보여주는 것이다.

현재의 목적을 위해서는 오로지 다음의 사실만이 본질적이다. 이
와 같은 방식으로 자연 가운데 생겨난 모든 존재들은 이중적인 원리
를 갖고 있지만, 가능한 두 가지 측면으로부터 고찰해볼 때 이 원리
는 근본적으로 동일한 원리이다. 첫번째 원리는 힘을 신으로부터 분
리시키는 원리이거나 이 힘을 단순히 근거 속에 놓여 있게 하는 원
리이다. 그러나 근거 속에 있는 것과 오성 가운데 예시되어 있는 것
사이에는 근원적인 통일성이 있기 때문에, 그리고 창조의 과정은 오
로지 시원적인 어둠의 원리가 빛으로 드러나거나 그 토대가 내적으
로 변형되는 것에 지나지 않기 때문에(왜냐하면 오성 혹은, 근거 속
에서 자연으로 정립된 빛은 원래 근거와 유사한, 그리고 내면을 향
하는 빛을 추구하기 때문이다), 그 본성상 어둠의 원리는 동시에 빛
으로 밝혀지는 원리이며 이 둘(빛의 원리와 어둠의 원리)은 특정한
등급에서이기는 하지만 모든 자연존재 가운데서 하나이다.   363

원리는 그것이 근거로부터 나오며 그 자체가 어두운 것인 한 피조
물의 이기적 의지(Eigenwille)이며, 이기적 의지는 그것이 아직 (오
성 원리인) 빛과의 완전한 통일로 고양되지 않는 한(그것이 아직 빛
을 파악하지 않는 한) 욕구의 단순한 병, 즉 맹목적 의지이다. 피조
물의 이러한 이기적 의지에는 보편의지인 오성이 맞서는데, 오성은
이 이기적 의지를 사용할 뿐 아니라 그 자체를 단순한 도구로 그 아
래에 복종시킨다. 그러나 모든 힘의 지속적인 변형과 분리를 통해서
결국 시원적 어둠의 내밀한 점이 한 존재 가운데서 빛으로 드러나게

되면, 이 존재의 의지는 그것이 개별자인 한 마찬가지로 특수의지이
다. 그러나 이 특수의지 자체는 다른 모든 특수의지의 중심으로서
근원의지나 오성과 하나이므로 이제 이 두 가지로부터 고유한 전체
가 생성된다.

심오한 중심이 빛으로 고양되는 것은 인간 이외의 그 어떤 가시적
피조물에게서도 일어나지 않는다. 인간 가운데는 어둠의 전체적인
위력과 빛의 전체적인 힘이 동시에 존재한다. 인간 가운데는 가장
깊은 나락과 최고의 천국이 있으며 혹은 이 둘이 중심을 이룬다. 인
간의 의지는 영원한 동경 가운데 감추어져 있는 신의 맹아, 즉 아직
도 여전히 근거 속에 존재하는 신의 맹아이며 심연에 폐색되어 있는
신적인 생명의 시선이다.──신은 이 시선을 그가 자연을 향하는 의
지를 파악할 때 이미 돌아보았다.──신은 인간 가운데서 세계를 사
랑했다. 중심에 들어 있는 동경은 그것이 빛과 대립할 때 이미 이러
한 신의 형상을 파악하였다.

인간은 근거로부터 생겨났다(피조되었다)는 사실을 통해 상대적인
신 독립적 원리를 갖고 있다. 그러나 이 원리가──근거를 따라서 어
둠으로 존재하는 것을 멈춤이 없이──빛으로 밝혀짐으로써 인간 속
에 있는 고차적인 것, 즉 정신이 생겨난다. 왜냐하면 영원한 정신은
통일성이나 로고스를 자연으로 언표하기 때문이다. 그러나 언표된
(실재적인) 로고스는 빛과 어둠(모음과 자음)의 통일성 가운데서만
존재한다. 따라서 모든 사물 가운데는 두 가지의 원리가 존재한다.
그러나 이 원리는 근거로부터 고양된 존재의 결핍 때문에 완전한 일
364 치 없이 존재한다. 그러므로 다른 모든 사물 가운데 아직 억제되어
있는 불완전한 로고스는 인간에게서 처음으로 언표된다. 그러나 언

표된 로고스 가운데서 정신이 계시된다. 다시 말해서 신이 실제로 실존하는 존재로 계시되는 것이다. 이제 영혼은 이 두 원리의 생동적 동일성이므로 정신이다. 정신은 신 안에 존재하는 것이다. 만약 인간의 정신 가운데 있는 두 원리의 동일성이 신에게서 그러한 것과 꼭같이 해소될 수 없는 것이라면 (신과 인간 사이에는—옮긴이) 구별이 없을 것이다. 다시 말하자면 신은 정신으로 계시되지 않을 것이다. 신 가운데 분리될 수 없는 것으로 존재하는 이러한 통일성은 인간에게서는 분리될 수 있어야 한다. 이것이 바로 선악의 가능성이다.

3 악의 기원

　우리는 악의 가능성에 대해 명시적으로 말하면서, 무엇보다 먼저 이 두 원리의 분리 가능성을 파악하고자 한다. 악의 현실성은 전혀 다른 탐구의 대상이다. 자연의 근거로부터 고양된 원리——인간은 이 원리를 통해 신과 분리된다——는 인간 속에 있는 자기성인데, 이것은 관념적 원리와 통일됨으로써 정신이 된다. 자기성 자체는 정신이다. 다르게 표현하자면, 인간은 (신과 분리된) 특수하고 이기적인 존재인 정신이다.——신과 인간을 결합시키는 것은 인격이다.——자기성은 그것이 정신이라는 사실을 통해 피조물로부터 초피조물로 고양된다. 자기성은 완전한 자유 가운데서 자기 자신을 바라보는 의지이며 더 이상 자연 가운데서 창조하는 보편의지의 도구가 아니다. 자기성은 모든 자연 너머에 있으며 그 바깥에 있다. 정신은 그것이 빛의 원리와 어둠의 원리의 통일성 위에 고양되어 있는 것처럼 빛 위에 있다. 자기성은 그것이 정신이라는 사실을 통해 이 두 원리로부터 자유로운 것이다.

　그러나 자기성 내지 이기적 의지는, 정신이 실제로 근원의지(빛)

로 변형됨으로써만 오직 정신이며, 따라서 자유로우며 자연 위에 존재한다.——여기서 정신은 (늘 근거여야 하기 때문에) (이기적 의지로서) 근거 가운데 여전히 존재한다.——정신이 이렇게 근거 가운데 남아 있다는 사실은 투명한 물체의 경우 빛과 동일한 존재로 고양된 질료가 스스로 질료(어둠의 원리)임을 중단하지 않으며 다만 빛이라는 높은 원리의 담지자로 존재하는 것과 같다. 그러나 (정신은 빛과 어둠 위에 군림하기 때문에) 자기성은 그것이 정신을 갖는다는 사실

365 을 통해서——말하자면 정신이 영원한 사랑의 정신이 아닌 한——빛으로부터 분리될 수 있다. 혹은 이기적 의지는 특수의지로서 스스로 보편의지와 동일한 존재, 즉 스스로 중심에 있는 한에서만 존재하는 그러한 존재이고자 할 수 있으며 (이것은 조용한 의지가 스스로 근거에 머물러 있다는 이유에서 자연의 조용한 근거 가운데 있으며 그렇기 때문에 보편의지인 것과 같다.) 또한 주변에 존재하거나 피조물로 있으려 할 수 있다. (왜냐하면 피조물의 의지는 근거 바깥에 있기 때문이다. 그러나 피조물의 의지는 단순한 특수의지이며 자유롭지 않고 결속되어 있다.) 이를 통해 인간의 의지에는, (정신은 빛 위에 있기 때문에) 정신적으로 형성된 자기성이 빛으로부터 분리되는 일, 즉 신에게서는 해소될 수 없는 원리가 해소되는 일이 생겨난다.

이와 반대로 인간의 이기적 의지가 중심의지로서 근거 속에 있음으로써 원리들 간의 신적 관계가 존재하게 되면(이것은 자연의 중심에 있는 의지가 결코 빛 위로 올라서지 않으며 근거 속에 있는 토대인 빛 아래 머무는 것과 같다), 그리고 고유의 원리를 보편적인 원리로부터 분리시키려는 분리의 정신 대신에 그 가운데 사랑의 정신

이 지배하게 되면, 의지는 신적인 방식과 신적인 질서 가운데 있게 된다. 그러나 이렇게 이기적 의지를 높이는 일이 곧 악이라는 것은 다음의 사실로부터 밝혀진다. 즉 자신을 보편의지뿐만 아니라 특수하고 피조적인 의지로 만들기 위해 그 자신의 초자연성을 벗어나는 의지는, 원리들의 관계를 전도시키려 하며 근거를 원인 위로 끌어올리려 하고 그(의지)가 오로지 중심으로 소유하고 있는 정신을 중심 바깥에서 피조물에 대해 대립적으로 사용하려고 하는데, 이로부터 이 의지의 안팎에 혼란이 초래된다.

인간의 의지는 생동적인 힘들의 결속으로 간주되어야 한다. 인간의 의지가 보편의지와 통일되어 있는 한 이 힘들은 신척인 척도와 균형 가운데 존재한다. 그러나 이기적 의지가 자신이 차지하고 있는 중심으로부터 그 스스로 멀어지지 않는다면 힘의 결속도 사라지지 않는다. 이러한 힘의 결속을 대신해서는 단순한 특수의지가 지배하게 된다. 특수의지는 근원의지와 같이 스스로 힘을 자기 아래에 통일시킬 수 없으므로 서로 분리되어 멀어져간 힘으로부터, 그리고 (모든 개별적인 힘도 병적인 욕망과 정욕이므로) 격분한 욕망과 정 366 욕의 무리로부터 고유하고 특유한 삶을 구성하거나 성립시키려고 애써야 한다.──이런 특유한 삶은 악 가운데, 힘의 최초의 결속과 자연의 근거가 여전히 존속할 때만 가능하다. 오로지 근원적인 관계에서만 있을 수 있었던 삶 이상의 진정한 삶은 있을 수 없으므로, 독자적이기는 하지만 잘못된 삶과 거짓의 삶이 생겨나며 동요와 파멸이 자라게 된다.

병은 여기서 이 문제에 걸맞은 비유를 제공해준다. 병은 자유의 오용을 통해 자연에 도달한 무질서로서 악이나 죄의 진정한 상대물이다. 보편적인 병은 감추어진 근거의 힘이 나타나지 않고는 결코 존재하지 않는다. 보편적인 병은, 심연의 고요 가운데서 힘의 내적 결속으로 존재해야 하는 민감한 원리가 적극적으로 활동할 때 생기거나 자극받은 생동적인 힘(Archäus)[1]이 중심에 놓여 있는 그의 거주지를 떠나서 주변으로 나아갈 때 생긴다. 이에 반해 모든 근본적인 치유는 중심에 대한 주변의 관계가 재형성되는 데 있다. 원래 질병으로부터 건강으로의 이행은 대립자를 통해, 즉 분리된 개별적 삶이 존재의 내적 섬광으로 다시금 수용됨으로써 생겨날 수 있는 것이다. 물론 이러한 재수용으로부터 분리(위기)가 또다시 생겨나기도 한다. 특수한 병은, 자신의 자유와 삶의 목적을 오로지 전체존재 가운데 머무는 것에만 두는 존재가 대자적으로 존재하려고 애쓸 때 생겨난다. 질병이 본질적인 것이 아니며 원래 삶의 가상과 단순한 기상현상에 지나지 않는 것과 같이—병은 존재와 비존재의 동요이다—감정에는 아주 실재적인 것이 등장하며 이 실재적인 것도 마찬가지로 악과 관계한다.

  악이 원리의 적극적인 전도(顚倒)나 왜곡에 기인한다는 유일하게 올바른 악의 개념은 최근에 특히 프란츠 폰 바아더에 의해 다시 강조되었으며, 의미심장한 신체적 유비, 즉 질병의 유비를 통해 설명된 바 있다.[2] 악에 대한 다른 모든 설명은 오성은 물론이고 도덕적

367

---

1) Archäus는 동물과 식물의 활동성을 주재하고 생산하는 비물질적 원리를 뜻한다(옮긴이).

2) 논문 「이성의 사악한 사용이 아닐 수 있다는 주장에 대하여」(『조간신문』 (*Morgenblatt*) 1807, 197호), 「경직된 것과 유동적인 것에 대하여」(『의학연보』 3권 2호). 비교설명과 추가적 설명을 위하여 지금까지의 논의와 연관

의식까지 불만족스럽게 했다. 근본적으로 이러한 설명은 모두 (악에 대한 적극적 대립인—옮긴이) 악의 절멸에 기인하며 악을 소위 악의 형이상학(malum metaphysicum)으로 되돌리거나, 피조물의 불완전성을 지칭하는 부정적 개념으로 환원하는 데 뿌리를 두고 있다. 라이프니츠에 의하면, 신이 인간을 신으로 만들지 않고는 그가 인간에게 모든 완전성을 부여하는 것이 불가능하다. 이와 동일한 것은 피조물 일반에게 적용된다. 이러한 이유로 다양한 등급의 완전성과, 완전성에 대한 온갖 종류의 제약이 생겨나야 했다. 악이 어디에서

된 주석이 이 논문 말미 203쪽에 다음과 같이 나와 있다. "여기서는 보통의 불이 (광포한 동시에 모든 것을 태워버리며 고통을 가져다주는 염열[炎熱]로서) 이른바 유기적인 유쾌한 삶의 불에 대립해서 교훈적인 설명을 해준다. 여기서는 불과 물이 하나의 (성장하는) 근거나 접속 가운데서 결합되는 반면, 저기서는 이들이 불일치에 이르게 된다. 그러나 불이나 물은 그 자체로 존재하지 않는다. 즉 불과 물은 유기적 과정 가운데 나타나는 분리된 영역이 아니라, 불은 중심(신비)으로, 물은 개방된 것 내지 중심 가운데 있는 주변으로 존재한다. 불의 문을 열고 이를 높이 올리며 활활 타게 하는 것은 물을 폐색시키는 것과 더불어 죽음과 병을 가져다준다. 그러므로 일반적으로 자아성과 개성은 당연히 기초와 토대이며 모든 피조적 생명의 자연적 중심이다. 그러나 피조물이, 봉사하는 중심으로 있기를 중단하고 지배하는 존재가 되면서 주변으로 들어서면 이 피조물의 생명은 이기심(내지 불타오르는 자아성)의 탄탈로스적 분노가 그 가운데서 타오른다. ⊙으로부터 ○이 되는 것이다. 이것은 천체의 유일한 한 자리에 어두운 자연의 중심이 폐색되며 잠재적으로 존재하는 것을 의미한다. 따라서 이 자연의 중심은 빛의 담지자로서 보다 높은 체계의 등장(빛의 비추임 혹은 이념의 계시)을 위해 일한다. 따라서 이 자리는 체계 가운데 있는 개방점(태양—마음—눈)이다. 여기서 어두운 자연의 중심은 고양되고 개방된다. 이렇게 될 경우 빛의 점은 자연히 폐색되며, 빛은 천체 속의 어둠으로 화하거나 태양이 그 빛을 잃고 마는 것이다!"

유래하는지에 대해 묻는다면, 그 대답은 다음과 같다. 피조물의 관념적 속성이 신적인 오성 가운데 포함되어 있는 영원한 진리로부터 나오고 그것이 신의 의지에 종속적이지 않는 한, 악은 피조물의 자연적 속성으로부터 나온다. 영원한 진리의 영역은 악과 선의 관념적 원인이며, 고대인이 말한 질료의 자리로 정립되어야 한다.[3] 라이프니츠는 다른 곳에서, 두 가지의 원리가 존재하며 이 둘은 신 안에 있다고 말한다. 이 두 원리는 오성과 의지이다. 오성은 그 자체가 악하게 되지 않는다 하더라도 악의 원리를 제공한다. 왜냐하면 오성은 자연이 어떻게 영원한 진리를 따라 존재하는지를 보여주기 때문이다. 오성은 내적으로 악을 허용하는 근거를 포함하고 있는 반면 의지는 오로지 선으로만 나아간다.[4] 신은 이와 같은 유일한 가능성만을 만들지 않았다. 오성은 자기 고유의 원인이 아니기 때문이다.[5]

오성과 의지의 이러한 구별은 신 가운데 있는 두 가지 원리로서 이를 통해 악의 첫번째 가능성이 신적인 의지와는 무관하게 독자적으로 만들어진다. 만약 이 구별이 사람의 감수성 풍부한 속성에 걸맞다면, 그리고 오성의 표상이, 그 가운데서 신이 활동적으로보다는 수용적으로 관계하게 되는 어떤 것으로서 심원한 것을 의미한다 하더라도, 오로지 저 관념적 근거로부터 생겨날 수 있는 악은 다시금 단순한 수동적 존재, 제약, 결핍, 결여로 귀결되며 악의 본래적 속성과 완전히 대립하는 개념으로 귀착된다. 모든 가시적인 피조물 가

---

3) *Tentam. theod. Opp.* T. I, 136쪽.
4) 같은 책, 240쪽.
5) 같은 책, 387쪽.

운데서 가장 완전하며 유일하게 악의 능력을 지닌 존재가 인간이라
는 단순한 생각은, 악의 근거가 절대로 결핍이나 결여에 있을 수 없
다는 사실을 보여준다. 기독교적인 견해를 따를 경우, 악마는 가장
제한된 피조물이 아니라 오히려 가장 비제한적인[6] 피조물이다. 일반
적, 형이상학적 의미의 불완전성은 일상적으로 통용되는 악의 특징 369
이 아니다. 왜냐하면 악은 경우에 따라서, 선을 동반하는 개별적인
힘의 탁월성과 결합되어 있기 때문이다. 그러므로 악의 근거는 긍정
적 존재 일반에 있어야 할 뿐 아니라, 우리의 견해를 따를 때 해당
하는 경우와 같은, 자연을 포함하는 최고 긍정적 존재 가운데 있어
야 한다. 왜냐하면 악의 근거는 명백하게 형성된 중심이나 최초 근
거의 근원의지 속에 있기 때문이다.

　라이프니츠는, 악이 자연적 결핍으로부터 어떻게 생성될 수 있는
지를 모든 방식으로 파악하려고 한다. 그는 말한다. 의지는 선 일반
을 추구하며 그 최고의 척도가 신 안에 있는 완전성을 요구해야 한
다. 그러나 의지가 감각의 환락 가운데서 고차적인 선의 상실에 휩
쓸려 들어간다면, 이러한 지속적인 노력의 결핍은 그 가운데 악이
존재하는 결핍(Privation)이다. 그렇지 않을 경우 악은 추위나 어둠
과 같은 특수원리를 필요로 하지 않을 것이라고 라이프니츠는 생각
한다. 악 속에서 긍정하는 존재는 마치 힘과 작용성이 추위를 동반
하는 것처럼 오로지 악을 동반한다. 결빙된 물은 튼튼하게 만들어진
용기를 터지게 하지만 추위는 원래 감소된 운동[7] 가운데 존재한다.

---

6) 이러한 관계에서 두드러진 사실은, 스콜라철학자에 이르러서가 아니라 수
　많은 초기 교부철학자들, 특히 아우구스티누스가 이미 악을 단순한 결핍으
　로 정립했다는 것이다.

결핍은 그 자체로 아무것도 아니며 결핍이 알려지기 위해서는 그것
이 나타날 수 있는 긍정적인 것이 요구되기 때문에, 바로 여기서,
악 속에 있는 것으로 가정되어야 하는 긍정적 존재를 설명해야 하는
어려움이 생겨난다.

　라이프니츠는 악을 오로지 신으로부터만 도출할 수 있기 때문에,
부득이 신을 죄의 질료인으로 만들고 죄의 형식을 피조물의 근원적
한계로 돌려야 한다고 생각한다. 그는 이 관계를 케플러에 의해 발
견된 질료의 자연적 관성력을 통해 설명하려고 한다. 그는, 이러한
관성력이야말로 (모든 행위에 선행하는) 피조물의 근원적 제약을 보
여주는 완전한 형상이라고 말한다. 서로 다른 질량을 지닌 상이한
370　물체가 동일한 추동력에 의해 서로 다른 속도로 움직이게 되면 한
물체의 느린 운동성의 근거는 추동에 있는 것이 아니라 질료 가운데
본래적으로 주어져 있는 관성의 경향, 즉 질료의 내적 한계 내지 불
완전성에 있다.[8]

　그러나 여기서 덧붙여져야 하는 말은, 관성 자체가 단순한 결핍으
로 생각될 수는 없다는 것이며 그것이 임의의 긍정적 존재라는 사실
이다. 말하자면 관성은 물체가 갖는 내적 자립성과 힘의 표현이며,
물체는 이 힘을 통해 그 자체를 자립적 존재로 주장하려고 한다는
것이다. 우리는 형이상학적 유한성이 이러한 방식으로 파악될 수 있
다는 것을 부정하지 않지만, 유한성 자체가 악이라는 사실은 부정한
다.[9]

---

7) *Tentam. theod.* 242쪽.
8) 같은 책, 1부 30절.

이러한 설명방식 일반은 비생동적인 긍정적 존재 개념으로부터 나온다. 이러한 개념에 따를 경우 긍정적 존재에는 오로지 결핍만이 맞설 수 있다. 긍정적 존재에 대해 실재적 대립을 형성하며 단순한 부정적 존재의 개념과는 멀리 떨어져 있는 중간 개념이 있다. 이러한 중간 개념은 개별자에 대한 전체의 관계와 다수성에 대한 통일성의 관계로부터, 혹은 사람들이 이것을 무엇으로 부르려 하든지 상관없이 바로 이러한 관계로부터 생겨난다. 긍정적 존재는 항상 전체이거나 통일성이다. 전체에 대립해 있는 것은 전체의 분리이며 부조화이고 힘의 불규칙이다. 분리된 전체 가운데는 하나의 전체 가운데 존재했던 동일한 요소들이 있다. 분리된 전체 속에 있는 질료와 하나의 전체 속에 있는 질료는 동일한 것이다. (이러한 측면에서 볼 때 악은 제한된 존재가 아니며 선보다 나쁜 존재도 아니다.) 그러나 이 양자 속에 들어 있는 형식은 전혀 다르다. 이러한 형식은 본질로부터 나오거나 긍정적 존재 자체로부터 나온다. 그러므로 선 안에 본질이 있어야 하는 것과 같이 악 가운데도 필연적으로 본질이 존재해야 한다. 그러나 악 가운데는 선에 대립되는 본질이 있으며, 이것은 선 가운데 들어 있는 기운(혹은 기온)을 차가움(Distemperatur)으로 전도시킨다.

독단적 철학은 이러한 본질을 인식할 수 없다. 이 철학은 인격성의 개념, 즉 정신성으로 고양된 자기성의 개념을 갖지 않으며 기껏 해야 유한자와 무한자라는 추상적 개념을 갖기 때문이다. 따라서 부 371

---

9) 예컨대 관계 개념으로부터 유한성을 설명하는 다른 모든 시도는 마찬가지 이유에서 악에 대한 설명으로는 불충분한 것이다. 악은 유한성 그 자체로부터 나온다기보다 자기존재로 고양된 유한성으로부터 나온다.

조화가 결핍이라는 사실, 즉 통일성의 결여라는 사실을 누군가가 반
박하려고 하면, 결핍의 일반적 개념 가운데 통일성의 지양이나 분리
의 개념이 포함되어 있다 하더라도, 이 개념 자체는 불충분하다. 왜
냐하면 힘의 분리 그 자체는 부조화가 아니라, 진정한 통일성과 연
관해서만 분리로 불릴 수 있는 힘의 잘못된 통일성이기 때문이다.
통일성이 전적으로 지양된다면 이로써 모순도 지양된다. 질병은 죽
음을 통해 종식되며, 어떠한 개별적인 소리도 그 자체로는 부조화를
만들어내지 못한다. 그러나 위에서 말한 잘못된 통일성을 설명하는
데에는 악 가운데 필연적으로 가정되어야 하는 긍정적 존재가 요구
된다. 그러나 이 긍정적 존재는, 자유의 근원이 자연의 독자적 근거
가운데서 인식되지 않는 한 설명될 수 없는 것으로 남게 된다.

  악의 현실성에 대한 물음에서는 우리가 판단할 수 있는 플라톤의
견해가 보다 나은 화젯거리가 된다. 이 문제에 대해서 아주 경솔할
뿐 아니라 박애주의(Philanthropismus)를 악의 부정으로까지 몰고
간 우리 시대의 표상은 이러한 이념과 아주 멀리 떨어져 있지 않다.
이 표상에 의하면 악의 유일한 근거는 감성이나 동물성에 있거나 땅
의 원리(현세적 원리)에 있다. 이 세 가지는 온당하게도 하늘에다
지옥이 아니라 땅을 대응시켰기 때문이다. 이러한 표상은, 자유가
감각적 욕구와 경향을 지배하는 단순한 지성적 원리에 있고 선은 순
수이성으로부터 나온다고 주장하는 이론의 자연스런 귀결이다. 이러
한 이론에 의하면 (여기서는 감각적 경향이 선지배하게 됨으로써)
악을 위해서는 어떠한 자유도 개념적으로 존재하지 않게 된다. 더
정확하게 말하자면 악은 여기서 완전히 지양되어버리는 것이다.

  오성적 원리의 결점이나 무작용성은 선한 행위와 도덕적 행위의

결핍 근거일 수는 있지만 적극적으로 사악한 행위의 근거와, 덕에 모순되는 행위의 근거일 수 없다. 그러나 외적 인상에 대응하는 감성이나 수용적인 태도가 필연적으로 악한 행위를 만들어낸다면 인간 372 은 이러한 행위를 하는 가운데 고통당하기만(leidend) 할 것이다. 다시 말해서 인간의 악은 주관적이며 아무런 의미를 갖지 못할 것이다. 자연의 규정으로부터 귀결되며 객관적으로 악일 수 없는 것은 전반적으로 아무런 의미를 갖지 않기 때문이다. 이성적인 원리는 악속에서 작용하지 않는다고 하는 것 자체는 어떠한 근거도 갖지 못하는 말이다. 왜냐하면 이성적 원리가 그 힘을 도대체 왜 행사하지 않는가 하는 물음 때문이다. 이 원리가 작용하지 않으려 한다면 악의 근거는 바로 이 의지에 있는 것이지 감성에 있는 것이 아니다. 이성적 원리가 감성의 저항하는 힘을 어떤 방식으로도 극복할 수 없다면 여기에는 다만 결점이나 결핍이 있기는 하지만 어디에도 악은 존재하지 않는다. 그러므로 이러한 설명에 의하면 (이것이 이렇게 불릴수 있다면) 오로지 하나의 의지(Einer Willen)만 존재할 뿐 이중적인 의지는 존재하지 않는다. 이러한 관점에서 볼 때 이 설명을 따르는 사람들은, 다행스럽게도 아리우스교도 등과 같은 이름이 이미 철학적 비판으로 받아들여진 이후, 교회사에서 다른 이름으로 수용된 이름인 일신론자(Monotheleten)로 불리게 된다.

이성적 원리가 지성적 원리나 빛의 원리 그 자체가 아니라 자기성과 결합된, 즉 정신으로 고양된 원리이며 선 가운데서 작용하는 원리인 것같이, 악은 유한성 자체의 원리로부터 나오는 것이 아니라 중심과 친숙하게 된 어둠의 원리 내지 이기적 원리로부터 나온다. 선을 향한 영감이 있듯이 마찬가지로 악에 대한 열광이 있다. 다른 모든 자연존재에서와 같이 동물에게도 위에서 말한 어둠의 원리가 작용하고 있다. 그러나 이 원리는 인간에게서와 같이 빛으로 탄생한 원리가 아니다. 이것은 정신과 오성이 아니라 맹목적인 욕망과 욕구이다. 요컨대 여기서는 타락이 불가능하며 원리들의 분리가 없다. 여기서는 아직도 절대적인 통일성이나 인격적 통일성이 존재하지 않는다. 동물적 본능에서는 무의식과 의식이 오로지 특정의 방식으로만 통합되어 있으며 그렇기 때문에 이 방식은 변경 불가능하다. 무의식과 의식은 통일성에 대한 상대적인 표현이기 때문에 이것들은 통일성 아래에 존재한다. 근거 속에서 작용하는 힘은 이것들에게 귀속하는 원리의 통일성을 늘 동일한 관계로 획득한다. 동물은 결코 373 통일성을 벗어날 수 없다. 그 대신에 인간은 힘의 영원한 결속을 찢을 수 있다. 그래서 프란츠 폰 바아더가 말하는 것은 정당하다. 인간의 타락이 오로지 동물화에 이르기까지만 진행된다면 이것은 희망할 만한 것이지만, 인간은 동물 아래에 있거나 그 위에 존재할 따름이다.[10]

우리는 악의 개념과 그 가능성을 제1근거로부터 도출하려고 했으며, 실존과 실존 근거의 구별에 들어 있는 이 이론의 보편적 토대를 드러내 보이려고 했다.[11] 그러나 가능성은 아직 현실성을 포함하지

---

10) 앞서 인용한 『조간신문』(1807)의 논문 786쪽에 있다.

11) 아우구스티누스는 유출설에 반대하면서, 신의 실체로부터는 신 이외에 어떤 것도 나올 수 없다고 말한다. 따라서 피조물은 무로부터 창조되었으며, 여기서 피조물의 타락 가능성과 결핍성이 나온다. 무는 이미 오래 전부터 오성의 십자가였다. 성서의 구절이 이 문제를 해명해주고 있다. 인간은 고대인의 유명한 비존재(me on)처럼 아무것도 존재하지 않는 것으로부터 창조된 존재(ex ton me onton)이다. 비존재는 무로부터의 창조와 같이

않고 있다. 원래 악의 현실성은 물음의 최고 대상이다. 설명되어야 하는 것은, 악이 개별적인 인간 가운데서 어떻게 현실화되는가 하는 것이 아니라 악의 보편적인 활동성이다. 혹은 다르게 표현해서, 오인될 수 없는 보편적인 것이면서 선 일반과 투쟁하는 원리인 악이 어떻게 창조로부터 나타날 수 있는가 하는 것이 설명되어야 한다. 악은 부정될 수 없으며 적어도 일반적인 대립물로서 실제적이기 때문에, 그것이 신의 계시를 위해 필연적으로 존재하고 있었다는 사실에 대해서는 선행적인 의심이 있을 수 없다. 이것은 앞서 언급한 사실로부터 나온 것이다. 만약 신이 정신으로서 두 원리의 불가분리적 통일성이라면, 그리고 이러한 통일성이 오로지 인간의 정신 가운데서만 현실적이라면, 이 통일성이 신에게서와 마찬가지로 인간 가운데서도 해소되지 않을 경우 인간은 신과 전혀 구별되지 않을 것이다. 인간은 신을 향해 나아갈 것이며, 사랑의 계시와 운동은 존재하지 않을 것이다. 왜냐하면 모든 존재는 오로지 자신의 반대물 가운데서만 계시될 수 있기 때문이다. 사랑은 오로지 미움 가운데서 계시되며, 통일성은 투쟁 가운데서만 계시된다. 원리들의 분리가 없다면 통일성은 그 전능을 입증할 수 없을 것이며, 분열이 없다면 사랑 374 은 현실화될 수 없을 것이다.

인간은 이제 그가 선악의 자기운동 원천을 내적으로 똑같이 소유하는 최고의 지점에 정위된다. 인간 가운데 있는 원리들의 결속은 필연적인 것이 아니라 자유로운 것이다. 인간은 분리 지점에 서 있는 것이다. 그가 선택하는 것은 곧 그의 행위가 된다. 그러나 그는

위의 구별을 통해 처음으로 적극적인 의미를 획득할 수 있게 되었다.

미결정성의 상태에 머물 수 없다. 신은 필연적으로 자기를 계시해야 하기 때문이며, 창조 일반에서는 그 어떤 이중적인 것도 있을 수 없기 때문이다. 그럼에도 신은 자신의 미결정성으로부터 빠져나올 수 없는 것으로 보인다. 왜냐하면 미결정성은 바로 이중적인 것이기 때문이다. 따라서 인간 가운데 두 가지 원리가 생동적이게 하기 위해서라도, 다시 말해서 인간으로 하여금 이 두 원리를 의식하게 하기 위해서라도 악을 요청하는 보편적 근거와 악을 유혹하는 보편적 근거가 있어야 한다.

악 자체에 대한 요청은 악한 근거본질(böses Grundwesen)로부터 유래할 수 있는 것으로 보이는데, 그럼에도 이러한 근거본질을 가정하는 일은 불가피하다. 또한 이것은 정당하게도 질료에 대한 플라톤의 해석으로 보이기도 한다. 이러한 해석에 의하면 악에 대한 요청은 근원적으로 신을 거역하는 본질이며 그렇기 때문에 그 자체가 악한 본질이다. 이러한 플라톤 이론의 부분은 지금까지 밝혀지지 않았으므로[12] 이 문제에 대한 규정적인 판단은 불가능하다. 비합리적 원리에 대해 다음과 같은 의미로 언급된 내용, 즉 이 원리를 악한 근거본질로 받아들이지 않으면서 이 원리가 오성이나 통일성 및 질서에 대립한다는 사실은 앞의 고찰을 통해 충분히 밝혀졌다.

악은 **낡은 자연으로부터** 나온다(das Böse komme aus der alten Natur)는 플라톤의 말은 바로 여기서 설명될 수 있다. 모든 악은 혼

---

12) 이것에 대해서는 일찍이 탁월한 플라톤 해석가나 이보다 훨씬 앞서 유능한 뵈크(Böckh)가 천명한 바가 있는데, 그는 자신에 의해 기술된 플라톤 화성학을 설명하는 기회를 통해, 그리고 자신이 편집한 『티마이오스』편을 선전하는 가운데 최고의 희망을 가져다주었다.

돈으로, 즉 시원의 중심이 아직 빛 아래로 정위되지 않은 상태로 되돌아가려 하기 때문이며, 또한 모든 악은 몰오성적 상태에 머물러 있는 동경의 중심이 비등(沸騰)한 것이기 때문이다. 이 두 가지 원리는 불가분리적 방식으로 오로지 빛과 어둠에서 통일될 수 있기 때문에 악 자체는 오로지 피조물에게서만 생겨날 수 있다는 사실을 우리는 분명하게 입증한 바 있다.

시원적인 근거본질 가운데는 두 가지의 원리가 존재하지 않기 때문에 시원적 근거본질은 그 자체로 악일 수 없다. 우리는 그 스스로 타락했을 뿐만 아니라 인간의 타락을 요구하는 피조된 정신을 전제할 수 없다. 여기에는 악이 어떻게 해서 피조물에게서 최초로 생겨나는가 하는 물음이 있기 때문이다. 그러므로 우리에게는 악을 설명하기 위해, 신 안에 있는 두 가지 원리 이외의 그 어떤 것도 주어져 있지 않다. 정신으로서의 신(두 원리의 영원한 결속)은 최고의 순수 사랑이지만 사랑 가운데는 악을 향한 의지가 있을 수 없다. 이와 마찬가지로 악을 향한 의지는 관념적 원리 속에도 존재할 수 없다. 그러나 신 자신은 스스로 존재할 수 있기 위해 근거를 필요로 한다. 즉 그(신) 바깥에 있지 않고 그 안에 있는 근거를 필요로 한다. 신은 그 자신에게 속하기는 하지만 그와는 다른 자연을 자기 안에 소유하고 있는 것이다.

사랑의 의지와 근거의지는 각각 독자적으로 존재하는 두 가지 상이한 의지이다. 그러나 사랑의 의지는 근거의지에 대립하지 않으며 후자를 지양하지도 않는다. 그렇지 않을 경우 사랑의 의지는 자기 스스로를 거역해야 할 것이기 때문이다. 왜냐하면 근거는 사랑이 존재할 수 있도록 작용해야 하며 사랑이 실재적으로 존재할 수 있도록 이(사랑)와 무관하게 독자적으로 작용해야 하기 때문이다. 사랑이 근거의지를 파괴하려 한다면, 사랑은 사랑 자신과 투쟁하게 되며 그 자신과 하나가 되지 못하고 나누어지게 될 것이며 결국 더 이상 사랑이 아닐 것이다. 이렇게 근거를 작용하게 하는 것은, 인간에 대한 일반적인 관계에서는 결코 용납되지 않는, 사유 가능한 유일한 허용(Zulassung)의 개념이다. 따라서 근거의지는 사랑을 파괴할 수 없다. 가끔씩 근거의지가 사랑을 파괴할 수 있는 것처럼 보인다 하더라도 그것은 이러한 사실을 요구하지 않는다. 왜냐하면 근거는 사랑을 벗어나서 독자적이고 특수한 의지가 되어야 하기 때문이다.

이로써 사랑은 빛이 어둠을 뚫고 나아가는 것과 같이 그 자체가 근거의지를 뚫고 나아갈 때 사랑의 전능으로 나타난다. 근거는 오직 계시를 향한 의지이다. 그러나 계시가 계시로 존재하기 위해서 근거는 독자성과 대립을 야기시켜야 한다. 그러므로 사랑의 의지와 근거의지는 이 둘이 분리되고 애당초 독자적으로 활동함으로써 비로소 하나가 된다. 따라서 근거의지는 최초의 창조를 행할 때 피조물의 이기적 의지를 함께 자극하며, 이를 통해, 정신이 사랑의 의지로 고양될 때 이 사랑의 의지는 그것에 저항하는 존재를 찾게 된다. 즉 376 근거의지는, 사랑의 의지가 그 속에서 실현될 수 있는 대립적 맞수(ein Widerstrebendes)를 발견하게 되는 것이다.

우리는 전(全) 자연을 주시할 때, 모든 생명을 최초로 그 예리함과 규정성의 최종적인 단계에 이르게 하는, 생기(生起)한 자극(geschehene Erregung)에 대해 확신하게 된다. 본질, 특히 유기적 본질이 형성될 때 필연적 존재와 결합되어 있는 것으로 드러난 비합리적 존재와 우연적 존재는, 그것이 여기서 작용하는 기하학적 필연성이 아니라는 사실을 입증한다. 그것은 오히려 자유와 정신과 이기적 의지가 함께 작용한다는 사실을 입증한다.

욕구와 욕망이 있는 곳에는 그 어디에나 이미 자유의 방식이 존재한다. 모든 특수한 자연적 생의 근거를 형성하는 욕구, 그리고 스스로를 전반적으로는 물론이고 이런 규정적인 현존재 가운데서 유지하려는 충동이 이미 창조된 피조물에 처음으로 덧붙여진 것이라는 사실은 그 누구도 믿지 않는 내용이다. 오히려 사람들은 무엇인가를 형성하는 창조자 자신이 욕구와 충동이라는 사실을 믿는다. 경험을 통해 발견된 토대(Basis)의 개념, 이것은 전 자연과학을 위해 중요한 역할을 떠맡게 되는 것이기도 하지만, 자기성과 자아성의 개념으로 유도되어야 한다. ──이것은 토대의 개념을 학문적으로 높이는 일이기도 하다.

그러나 자연에는 우연적인 규정들이 있는데, 이 규정들은 피조물의 비합리적 원리 내지 어둠의 원리가 갖는 최초의 창조에서 생겨난 자극으로부터만, 즉 실행에 옮겨진 자기성으로부터만 설명될 수 있는 것이다. 악의 힘이 비록 인간을 통해서 처음으로 야기되었다 하더라도, 이미 형성되어 있는 도덕적 관계와 병행하는 것으로서 그 자체가 오인될 수 없는 악의 징조의 원인자는 자연 가운데서 무엇인가? 그 위험성에 대한 고려가 없이도 인간에게 일반적이고 자연적인 혐오를 야기시키는 현상은 어디에서 유래하는가?[13]

---

13) 모든 민족의 상상력, 특히 동방의 모든 우화와 종교가 뱀을 악으로 정립하는 것은 분명 아무런 까닭이 없는 것이 아니다. 인간에게서 보조기관이 최고점에 이르기까지 완전하게 형성되는 것은 의지가 욕구와 독립해 있다는 사실을 암시하거나 중심과 주변의 관계를 시사한다. 이러한 관계는 본

377   모든 유기적 존재가 그 해소를 향해 다가간다는 사실은 결코 근원
적 필연성으로 현상할 수 없다. 생명을 형성하는 힘의 결속은 그 본
성상 해소될 수 없다. 만약 어떤 생명체가 존재한다면 이 피조물은
그 속에 있는 잘못 형성된 것을 그만의 독자적인 힘으로 다시금 보
충하면서 지속적으로 운동하는 존재(Perpetuum mobile)로 규정된
다. 이렇게 하는 가운데 악은 자연 속에 그 작용을 통해 나타난다.
직접적으로 현상하는 악 자체는 자연의 목표 가운데서 비로소 나타
날 수 있다. 왜냐하면 다름 아닌 빛의 탄생인 최초의 창조에서는 어
둠의 원리가 근거로 존재해야 했듯이, 그리고 이를 통해 빛이 (행위
를 위한 단순한 잠재태인) 근거로부터 고양될 수 있는 것과 같이,
정신을 탄생시키는 다른 근거가 있어야 하며 따라서 어둠의 두번째
원리가 존재해야 하기 때문이다.

   어둠의 원리는, 정신이 빛보다 더 고상한 것 이상으로 높고 고상
해야 한다. 이 원리는 창조시 어두운 자연근거의 자극을 통해 각성
된 악의 정신, 즉 빛과 어둠의 분리라는 정신이다. 사랑의 정신은 이
원리에 대립하는데, 이것은 빛은 물론이고 고차적인 관념적 존재가
시원적 자연이 보여주는 무질서한 운동에 맞서는 것과 같다. 왜냐하
면 악 속에 있는 자기성이 빛이나 로고스를 자기화하고 이로써 어둠
의 높은 근거로 나타나는 것과 같이, 악과 대립하는 가운데 세계를

래적으로 건전한 유일한 관계로서, 여기서 중심은 그 자유와 신중함으로
물러나며 단순히 도구적인 것(주변적인 것)에 의해 분리된다. 이에 반해
보조기관이 형성되지 않았거나 전혀 결여되어 있는 존재에게는 중심이 주
변의 자리에 들어선다. 혹은 중심은 위에서 프란츠 폰 바아더를 인용한
자리에 서술되어 있는 중심점을 상실한 고리이다.

향해 언표된 로고스는 인간성이나 자기성을 가정해야 하며 그 자체
가 인격적으로 되어야 하기 때문이다.

이러한 일은 최고 특정의 의미를 지니는 계시, 즉 자연 가운데 최
초의 현시와 동일한 단계를 가져야 하는 계시에 의해 일어난다. 말
하자면 여기서 계시의 최고점은 인간이며 그것도 원형적이며 신적인
인간이다. 이 인간은 처음에 신 가운데 존재했으며, 모든 다른 사물
과 인간 자신은 신 가운데서 창조되었다. 빛의 탄생이 자연의 나라
인 것같이 정신의 탄생은 역사의 나라이다. 자연의 나라에 들어 있
는 창조의 시기들은 역사의 나라에도 들어 있다. 하나는 다른 하나 378
의 비유이자 설명이다. 최초의 창조에서는 근거였으며 지금은 최고
의 형태로 나타난 동일한 원리는 여기서 다시금, 그로부터 더 높은
세계가 전개되는 씨앗과 맹아이다. 왜냐하면 악은, 창조된 존재 속
에 있는 근원근거(Urgrund)가 스스로 활동하려고 하는 한, 다름 아
니라 실존의 근원근거이며 그 결과 실제로 자연 가운데서 작용하는
근거의 최고 힘이다.

그러나 자연 속에서 작용하는 근거가 그 자체로 존재하지 않는 가
운데 오로지 근거로 남아 있는 것처럼 악은 결코 그 실현에 이를 수
없으며 단순히 근거로 봉사한다. 그 결과 선은 자기만의 독자적인
힘을 통해 근거로부터 형성되며 그 자체(선)의 근거를 통해 신으로
부터 독립적인 존재가 되며 그와 분리된 존재가 된다. 신은 이러한
존재 가운데서 자기 자신을 소유하며 인식한다. 더 나아가 이러한
존재는 그 자체가 (독자적 존재로서) 신 가운데 존재한다.

그러나 시원적 근거의 온전한 위력이 인간 가운데서 비로소 내적
존재(기초나 중심)로 인식되는 것과 같이 역사에서도 악은 처음에

근거 가운데 감추어져 있다. 죄에 대한 몰의식이나 순결의 시대는 허물과 죄의 시대에 선행한다. 이와 같은 방식으로, 즉 자연의 시원적 근거가 이미 오래 전에 독자적으로 작용해왔으며 그것이 그 가운데 포함되어 있는 신적인 힘으로써 창조를 유혹한 것과 같이, 사랑의 정신은 역사에서도 금방 계시된 것이 아니다.──사랑의 로고스가 생기고 이와 더불어 지속적인 창조가 시작될 때까지 창조는 (사랑의 결속의 결여로 인해) 결국 늘 다시금 혼돈으로 가라앉고 말았다. (지금 진행되는 창조에 앞서 몰락했으며 다시금 등장하지 않는 일련의 종족들은 이러한 혼돈을 예시한다.)

신은 근거의지를 의지로서 그 자신의 계시로 받아들였으며 자신의 섭리를 따라 (정신인) 자기 자신과는 독립해 있는 근거가 신 자신의 실존을 위해 존재해야 한다는 사실을 인식했기 때문에, 신은 근거를 독자적으로 활동하게 했다. 다르게 표현하자면, 신 자신은 오로지 그 자신의 자연 본성을 따라 운동했을 뿐 그의 마음이나 사랑을 따라 움직이지 않았다. 근거는 그 자체 안에 전체적인 신의 본질을 포함하기는 했지만 이것을 통일성이 아닌 것으로 포함하고 있었기 때문에, 이러한 근거의 독자적 작용을 주도하는 개별적인 신적 본질만 379 이 존재할 수 있었다.

따라서 이러한 태초의 시간은 찬란한 시대 내지 우주의 나이 (Weltalter)와 함께 시작하는데, 이러한 우주령에 대해서는 현재의 인류에게 오로지 전설 속에만 희미한 기억이 남아 있다. 또한 태초의 시간은 선도 악도 아닌 복스러운 미결정성의 시간과 더불어 시작한다. 그 다음으로는 세계를 지배하는 신과 영웅의 시대 내지 자연전능의 시대가 뒤따랐는데, 이 시대에는 근거가 독자적으로 행할 수 있었던 것을 드러내 보여주었다. 당시에는 오성과 지혜가 심연으로부터 인간에게 도래했으며 땅에서 솟아나온 신탁의 힘이 인간의 삶을 주도하고 형성했다. 근거가 갖는 모든 신적인 힘은 땅을 지배했으며 이 힘은 강력한 영주로서 확고한 통치권을 확보하고 있었다. 자연이 신들의 가시적인 아름다움과 예술 및 감성 풍부한 학문의 모든 광채 가운데서 최고의 영광을 누리는 시대가 등장했으며, 이러한 자연의 영광은 근거 가운데서 활동하는 원리가 결국 세계지배의 원리로, 다시 말해서 모든 것을 정복할 뿐 아니라 영속적인 확고한 세계왕국을 정초하는 세계지배의 원리로 등장할 때까지 이어진다.

그러나 근거의 본질은 그 자체가 결코 진정하고 완전한 통일성을 창출할 수 없기 때문에 이 모든 영광이 사라지는 시대가 도래하며, 끔찍한 질병을 통해 종래의 세계가 소유하고 있던 아름다운 육체가 와해되는 것처럼 결국 혼돈이 다시금 등장하게 된다. 이미 오래 전에, 그리고 전반적인 와해가 있기 전에 전체존재를 지배하는 위력은 사악한 정신의 본성을 받아들인다. 이것은 건강한 시대에 삶의 자애로운 수호정신이었던 동일한 힘이, 사악하고 유해한 자연이 해소되는 가운데 형성되는 것과 같다. 신에 대한 믿음은 사라지며, 잘못된 마술이, 악마를 불러내는 주문과 마술적인 형식과 더불어 이미 사라져버린 정신을 소환하려 하고 사악한 정신(악령)을 안심시키려 한다. 도래하는 빛을 미리 예감하면서 이 빛에 완전한 저항으로 맞서기 위해, 미결정성으로부터 모든 힘들을 앞서 정립하는 근거의 인력(引力)은 더욱 규정적으로 드러난다.

벼락이 간접적으로는 태양을 통해서 야기되지만 직접적으로는 대지의 반작용하는 힘을 통해 생기는 것같이, 악의 정신(악령)은 선의 접근을 통하여 나타난다. (악령이 갖는 대기〔大氣〕 현상적 속성에 대해서는 이미 설명한 바 있다.) 이것은 힘이 전달됨으로써가 아 380 니라 힘의 분배를 통해 이루어진다. 그러므로 선의 결정적인 등장을 통해서 악이 또한 비로소 결정되며 악이 악으로서 나타난다. (악은 그 홀로 처음으로 등장하는 것이 아니라, 악이 그 자체로 전체의 모습을 지니고 현상할 수 있는 대립이 주어져 있기 때문에 등장한다.)

그러나 대지가 두번째로 황폐화되고 공허하게 되는 계기와 같이, 애당초 세계에 존재했던 정신의 높은 빛이 탄생하는 계기는, 독자적으로 작용하는 어둠에 의해 파악되지 않으며 여전히 폐쇄적이고 제약적인 계시에 휩싸여 있다. 또한 빛은 인격적, 정신적 악에 대립하기 위하여 마찬가지로 인격적이고 인간적인 모습으로 나타나며 창조와 신의 상호관계를 최고의 단계에서 재현하기 위하여 매개자로 나타난다. 왜냐하면 인격적 존재만이 인격적 존재를 치유할 수 있기 때문이다. 신은 인간이 다시금 신으로 나아오게 하기 위해서 인간이 되어야 한다. 이미 설정되어 있는 신에 대한 근거의 관계와 더불어 치유의 가능성이 재차 주어진다. 치유는 신적인 숙명을 통해 개별 인간에게 떨어지는 투시의 상태에서 시작되며, 신적인 힘이 도처에서 등장하는 사악한 힘에 맞서며 진정시키는 통일성이 힘의 분배에 맞서는 표적과 기적의 시간에 시작된다.

결국 민족의 동요(Turba gentium)라는 위기가 뒤따른다. 이 위기는 옛 세계의 근거를 침수시킨 것인데, 이것은 저 옛날, 시원의 물이 두번째 창조를 가능하게 하기 위하여 태초의 창조물들을 다시금 덮어버린 것과 같다. 여기서 민족과 언어의 새로운 나눔이 있으며

새로운 나라가 있다. 이 새 나라에서는 생동적인 로고스가 확고하고
도 지속적인 중심으로서 혼돈과의 전쟁을 수행한다. 또한 이 새 나
라에서는 지금의 시간의 종말에 이르기까지 진행되는 선악의 명료한
투쟁이 시작된다. 물론 신은 이러한 투쟁 가운데서 정신으로서, 즉
현실적이며 실제적으로 계시된다.[14]

그러므로 비록 시원적인 악이 아니라 하더라도 애당초 신의 계시
가운데 있으며 근거의 반작용에 의해 깨우쳐지는, 그리고 결코 현실
화되지 않으면서 끊임없이 현실화되기 위해 노력하는 **보편적인 악이**
존재한다. 이러한 보편적인 악에 대한 인식 이후에야 인간 가운데서
선과 악을 파악하는 일이 가능하다. 말하자면 최초의 창조에서 악이
함께 야기되며 근거의 독자적인 작용을 통해 결국 악이 보편적인 원
리로 전개되었다면, 악을 향한 인간의 자연적 경향은 이를 통해 앞
서 설명될 수 있는 것으로 보인다. 왜냐하면 이기적인 의지의 각성
을 통해 피조물 가운데 등장한 힘의 무질서는 인간의 탄생과 함께
그에게 전달되기 때문이다.

또한 근거는 그와 대립해서 사랑의 의지가 생겨날 수 있도록 개별
인간 가운데서 지속적으로 작용하며 고유성과 특수의지를 자극한다.
신의 의지는 모든 것을 보편화하며 모든 것이 빛과 통일되도록 그것
을 고양시키며 모든 것을 빛 가운데 보존한다. 그러나 근거의지는
모든 것을 특수화하며 피조적으로 만든다. 근거의지는, 동등성이 지
각되며 그것이 근거의지 자신에게 지각되도록 부등성만을 의욕한다.

---

14) 이 전체의 절은 대학의 연구방법론에 관한 저자의 강의, 즉 기독교의 역
    사적 구성에 관한 여덟번째 강의와 비교될 수 있다.

따라서 근거의지는 필연적으로 초피조물인 자유에 대해 반응하며 자유 가운데 들어 있는 피조물을 향한 욕구를 각성시킨다. 이것은 마치 높고 가파른 정상에 올라서서 현기증을 느끼는 사람을 비밀스런 소리로 부름으로써 그가 실족하여 떨어지게 하는 것과 같으며, 고대의 우화에 나오는 것처럼 지나가는 배를 소용돌이로 끌어들이기 위해 심연으로부터 반항할 수 없는 사이렌 노랫소리가 울려퍼지는 것과 같다.

보편의지와 특수의지가 인간 가운데서 결합되어 있다는 사실 자체는 모순으로 보인다. 이러한 통합은 불가능하지는 않다 하더라도 어려운 것이다. 삶의 불안은, 인간이 그것을 향하도록 창조된 중심으로부터 인간 자신이 빠져나오도록 충동질한다. 왜냐하면 모든 의지 가운데 가장 순수한 본질인 이 중심은 모든 특수의지에게 소모적인 불이기 때문이다. 인간은 중심 가운데서 살 수 있기 위하여 모든 고유성에 대해 무감각해져야 한다. 따라서 인간 자기성의 안정을 찾기 위하여 중심으로부터 주변으로 들어서는 일은 거의 필연적인 시도이다. 그러므로 고유성의 실제적인 죽음이라 할 수 있는 죄와 죽음은 보편적인 필연성이다. 불로 규정될 수 있는 모든 인간적 의지는 그것이 설명되기 위해 이러한 고유성의 죽음을 관통해 나아가야 한다.

382 　이러한 보편적 필연성에도 불구하고 악은 늘 인간의 고유한 선택으로 남는다. 근거는 악 자체를 만들 수 없다. 모든 피조물은 자신의 잘못을 통해 타락한다. 그러나 선악의 결정이 개별 인간 가운데서 일어나는 것처럼, 이러한 문제는 여전히 전적인 어둠에 휩싸여 있으며, 따라서 특수한 연구를 요구하는 것으로 보인다.

4 인간의 자기규정과 선악의 결단

    자유의 형식적 본질에 대한 통찰이 자유의 실재적 개념에 대한 설명보다 적지 않은 어려움과 결부되어 있는 것처럼 보임에도 불구하고, 우리는 아직까지 자유의 형식적 본질에 대해서 거의 파악하지 못하고 있다.

    왜냐하면 일반적인 자유의 개념은, 상호 모순되는 두 대립자로부터 특정의 근거 없이 한 존재나 다른 한 존재를 의욕하고, 단순히 의욕된다는 이유로만 그것을 의욕하는 완전히 무규정적인 능력으로 정립되는데, 이러한 자유의 개념은 이념 자체 가운데 인간 본질의 근원적 비결정성을 갖기 때문이다. 그러나 이것을 개별적인 행위에 적용해본다면 이러한 자유는 너무나도 엄청난 불합리에 떨어진다. 우리가 여기서 진리를 말하고 있다면, 아무런 운동적 근거 없이 A나 -A를 결정할 수 있는 것은 전혀 비이성적으로 행위하는 특권에 불과하다. 또한 이것은 인간을, 잘 알려져 있는 뷔리당의 동물[1]과 아

---

1) 뷔리당의 동물(Tier des Buridan)이라는 표현은 중세 파리대학의 교수였던
   뷔리당(Jean Buridan)의 비유에서 연유한다. '뷔리당의 당나귀'라는 말은

주 분명하게 구별하지 않는 일이 될 것이다. 이러한 자의(恣意)의 개념을 옹호하는 사람의 견해에 따르면, 뷔리당의 동물은 똑같은 간격으로 떨어져 있고 똑같은 크기와 양을 지닌 두 더미의 건초 사이에서 굶어 죽어야 한다. (왜냐하면 이 동물은 위에서 말한 자의의 특권을 갖지 않기 때문이다.)

이러한 개념에 대한 유일한 증명은, 사람들이 누구나 아무런 이유 없이 자신의 팔을 지금 안으로 굽힐 수 있고 또 밖으로 뻗을 수도 있다는 사실을 증거로 끌어들이는 데 있다. 사람들이 자신의 자의를 증명하기 위해 팔을 뻗는다고 말한다면, 그는 또한 팔을 안으로 굽힘으로써 자신의 자의를 증명할 수 있는 것이다. 이 명제를 증명해 보려는 관심은 그가 이 두 가지 중에서 하나를 행한다는 사실만을 규정할 수 있을 것이다. 따라서 여기서도 균형은 명백하다. 또한 규정적인 근거를 알지 못한다는 사실로부터 비현존재를 도출하는 증명 383 방식은, 위의 증명과는 정반대로 적용될 수 있는 것이지만, 전적으로 잘못된 증명방식이다. 왜냐하면 무지가 등장하는 곳에는 규정됨

아리스토텔레스의 『천체에 관하여』(De caelo)에 대한 뷔리당의 주석에서 처음으로 언급되었다. 인과율을 옹호했던 뷔리당은 전통적인 도덕 결정론의 변형을 주장했다. 이에 따르면 사람들은 현재의 선을 의욕해야 하지만 행위 동기의 가치에 대해 보다 철저하게 물어봄으로써 이성적 판단을 유보할 수 있는 자유를 갖는다. 뷔리당은 전적으로 동일한 두 가지 사안 사이에서 선택해야 하는 도덕적 선택의 딜레마를 '뷔리당의 당나귀'로 설명한다. 똑같은 양을 지닌 두 더미의 먹이 사이에서 하나를 선택해야 하는 당나귀의 선택 방법이 문제되는 것이다. 똑같은 정보와 똑같은 선호도 사이에서 일어날 수 있는 선택은 무작위적인 것이 될 수밖에 없다. 뷔리당은 이러한 사실을 근거로 해서 개연성 이론을 탐구하게 되었다(옮긴이).

이라는 사실이 더 확실하게 일어나기 때문이다.

중심문제는 이러한 개념이 개별적인 행위가 보여주는 전적인 우연성을 가지고 들어온다는 것이며 또한 이러한 고찰에서는 이 개념이 원자의 우연적 변칙과 아주 정확하게 비교되어왔다는 것이다. 이러한 원자의 우연적 변칙에 대해서는 물리학에서 이미 에피쿠로스가 똑같은 의도로, 즉 운명을 벗어나려는 의도로 숙고한 바 있다. 그러나 우연은 불가능하다. 우연은 전체의 필연적 통일성과 대립하는 것처럼 이성과 대립한다. 만약 자유가 행위의 전적인 우연성과 함께 구해질 수 있다면 자유는 전혀 구해질 수 없다.

이러한 무차별적 자의의 체계(System des Gleichgewichts der Willkür)에는 당연히 결정론(칸트적인 의미로는 선결정론[Prädeterminismus])이 맞선다. 결정론은 모든 행위의 경험적 필연성을 근거로부터 주장하기 때문이다. 왜냐하면 모든 행위는, 과거적인 시간 가운데 놓여 있으면서 행위 자체에서 더 이상 우리의 강제력 가운데 있지 않는 표상이나 다른 원인에 의해 규정되기 때문이다. 이 두 체계는 동일한 관점에 속한다. 다만 이 둘 가운데 보다 나은 체계가 없다고 한다면, 후자(결정론)가 전자(무차별적 자의의 체계)보다 우선권을 갖는다는 것에 대해서는 이론이 있을 수 없다. 이 두 체계는 위에서 말한 고차적 필연성에 대해 무지하다. 이 고차적 필연성은 강제나 외적 규정과정과 같은 우연과는 거리가 멀며 오히려 행위자 자신의 본질로부터 솟아나는 내적 필연성이다. 사람들이 결정론에 대해 시도해보았던 모든 개선의 노력, 예컨대 운동하는 원인이 의지를 임의의 방향으로 향하게는 하지만 그것을 규정하지는 않는다는 라이프니츠의 노력은 이러한 중심문제에 아무런 도움이 안된다.

　자유론은 관념론에 이르러서 비로소 그것이 그 자체로 이해될 수 있는 영역으로 고양되었다. 관념론에 따르면 모든 사물의 지성적 본질과, 무엇보다도 인간의 지성적 본질은 모든 인과적 연관을 벗어나 있다. 이것은 모든 시간을 벗어나 있는 것이나 초시간적인 것과 같다. 그러므로 지성적 본질은 그 어떤 선행적인 것에 의해 규정될 수 없다. 왜냐하면 지성적 본질 자체는 항상 전적으로 완성되어 있어야 하며, 그렇기 때문에 개별적인 행위나 규정이 그 속에서 가능할 수 있는 절대적 통일성으로서, 이 본질 가운데 존재하거나 그 속에서 형성되는 다른 모든 존재에 대해 시간적으로뿐 아니라 개념적으로 선행하기 때문이다. 말하자면 우리는 칸트적인 개념을 정확하게 그의 말로 표현하지는 못하지만, 이 개념을, 그것이 이해되기 위해 마땅히 표현되어야 하는 것으로 생각되는 것과 같이 표현할 수는 있다. ·

　그러나 이 칸트적인 개념이 받아들여진다면 다음의 사실도 정당하게 추론되는 것으로 보인다. 자유로운 행위는 인간의 지성으로부터 직접적으로 도출된다. 그러나 자유로운 행위는 예컨대 그 다음의 것으로 이어지기 위해 필연적으로 규정적 행위, 즉 선한 행위나 악한 행위여야 한다. 그러나 절대-무규정자로부터 규정자로 이어지는 이행은 존재하지 않는다. 지성적 본질이 그 자체를, 순수한 무규정성으로부터 아무런 근거 없이 규정해야 한다는 것은, 위에서 언급한 무차별적 자의의 체계로 되돌아간다. 자기 자신을 규정할 수 있기 위해서는 지성적 본질이 앞서 내적으로 규정되어 있어야 한다. 이러한 규정은 지성적 본질의 본성에 대립하는 외부로부터의 규정도 아니고, 모든 것이(심리적인 것이든 육체적인 것이든 간에) 지성적 본질 아래에 놓임으로써 이 규정이 단순히 어떤 우연적이거나 경험적인 필연성에 의해 이루어지는 내부로부터의 규정도 아니다. 오히려 지성적 본질 자체는 바로 인간의 본질로서, 즉 인간의 고유한 본성으로서 인간에게 규정 자체이어야 한다. 이것은 무규정적인 보편자가 아니라 인간의 지성적 본질을 규정하는 것이다.

이러한 규정성에서 볼 때 '규정은 부정'(Determinatio est negatio)이라는 명제는 결코 타당하지 않다. 이러한 규정성은 본질의 상태 및 개념과 하나이며 이로써 원래 본질 가운데 있는 본질이기 때문이다. 따라서 지성적 본질은 그것이 자유롭고도 절대적으로 행위하는 것이 확실한 만큼 그만의 고유한 내적 본성에 따라 행위할 수 있다. 혹은 행위는 동일성의 법칙에 따라 오로지 절대적 자유인 절대적 필연성과 더불어 지성적 본질의 내면으로부터 나온다. 자유롭다는 것은 자기만의 고유한 본질이 소유하는 법칙에 따라 행위하는 것이며 자기 안이나 자기 밖의 어떤 것에 의해서도 규정되지 않는 것이다.

사실(Sache)에 대한 이러한 표상으로부터는 최소한, 우연적 존재의 불합리성이 개별 행위와 멀리 떨어져 있다는 사실이 얻어진다. 개별 행위는 자유로운 존재의 내적 본질로부터 생기며 따라서 그 자체가 필연적으로 일어난다는 사실이 보다 높은 관점에서 확정되어야 한다. 이때 필연성은 늘 이러한 혼동이 생기는 바와 같이 강제력에 기인하는 경험적인 필연성과 혼동되어서는 안된다. (경험적 필연성 385은 감추어진 우연성에 지나지 않는다.)

그러나 본질 자체의 내적 필연성이란 도대체 무엇인가? 자유와 필연성이 전반적으로 조화를 이룰 수 있는 한에서 이 둘이 통합되어야 하는 점이 바로 여기에 놓여 있다. 만약 이 본질이 죽은 존재이며 인간에 관한 한 그에게 단순히 소여된 것이라면, 행위는 그로부터 필연적으로 생겨날 수 있을 뿐이므로 책임능력과 모든 자유는 지양되어버린다. 그러나 저 내적 본질은 그 자체가 자유이다. 근본적으로 인간의 본질은 그만의 고유한 행위이다. 필연성과 자유는 하나의 본질로서 서로 뒤얽혀 있다. 이러한 하나의 본질은 상이한 측면에서 고찰할 때 이런 본질과 저런 본질로 현상하지만 그 자체로는 자유이며 형식적으로는 필연성인 것이다.

'자아는 자신의 고유한 행위'라고 피히테는 말한다. 의식은 자기정립이다. 그러나 자아는 자기정립과 다른 존재가 아니라 자기정립 자체이다. 하지만 이러한 의식은 그것이 단순히 자기-파악이나 자아의 인식으로 생각되는 한 최초의 존재가 아니다. 이 의식은 모든 단순한 인식과 마찬가지로 이미 본래적인 존재를 전제하고 있다. 그러나 인식에 앞서 추측되는 이 존재가 인식이 아니라 하더라도 이것은 존재가 아니다. 이것은 실재적인 자기정립이다. 이것은 자기 자신을 어떤 것으로 형성하는, 그리고 모든 본질성의 근거와 토대인 근원의 욕이며 근거의욕(Ur-und Grundwollen)이다.

그러나 위에서 말한 진리는 이런 일반적인 의미보다는 보다 규정적이고 특정한 의미로, 인간에 대한 직접적인 관계에서 통용된다. 이미 지적한 바와 같이 인간은 근원적인 창조에서 비결정적인 존재이다. ──(비결정적 존재는 이러한 삶에 선행하는 순결과 시원적 지복의 상태로 신비적으로 서술될 수 있다.)──오로지 인간 자신이 스스로 결정하고 결단할 수 있다. 그러나 이러한 결정은 시간으로 떨어질 수 없다. 이것은 모든 시간 바깥에 있으며, 그렇기 때문에 최초의 창조와 맞닿아 있다. (이것은 비록 이 창조가 인간의 결정과 다른 행위라 하더라도 최초의 창조와 결부되어 있는 것이다.)

인간이 시간 속에서 태어난다 하더라도 그는 창조(중심)의 시원을 향해 창조되었다. 인간의 삶을 시간 속에서 규정하는 행위 자체는 시간에 속하는 것이 아니라 영원에 속한다. 행위는 시간에 따라서 삶에 선행하는 것이 아니라, 자연에 따르는 영원한 행위로서 시간을 관통하여 (시간에 의해 파악됨이 없이) 삶에 선행하는 것이다. 이러한 행위를 통해 인간은 창조의 시원에까지 이른다. 그러므 386로 인간은 행위를 통해 피조물 바깥에 존재하며, 스스로 자유로우며 스스로 영원한 시원이다. 이러한 일반적인 사고방식의 이념이 파악될 수 없는 것으로 나타나는 것같이, 모든 사람에게는 이러한 이념과 일치하는 감정이 있다. 즉 인간은 영원으로부터 이미 존재했으며 결코 시간 가운데서 처음으로 형성된 존재가 아니라는 감정이 있는 것이다.

그러므로 모든 행위의 부정할 수 없는 필연성에도 불구하고 인간은 스스로 자신에 대해 주의를 기울이는 한 자신이 결코 우연적으로나 자의적으로 악하거나 선하지 않다는 사실을 인정해야 한다. 예컨대 (강제란 오로지 형성과정 가운데서 지각될 뿐 존재 속에서 지각되는 것은 아니기 때문에) 악인은 강제적으로 행위하는 것이 아니다. 그의 행위는 의지적인 것이며 그의 의지에 대립적으로 이루어지는 것이 아닌 것이다. 유다가 예수의 밀고자가 되었다는 사실은, 유다 자신이나 다른 피조물에 의해 변경될 수 없었다. 그럼에도 그는 강제적으로 그리스도를 밀고한 것이 아니라 이를 의도적으로 전적인 자유를 가지고 행한 것이다.[2]

이러한 사실은 선과도 똑같은 방식으로 관계한다. 즉 그는 우연적 으로나 자의적으로 선하지 않으며 강제를 받지 않는다. 지옥의 문이 라 할지라도 그의 태도를 강제할 수는 없을 것이다. 의식이 단순히 자기파악이며 관념론적인 한, 이러한 의식에서는 필연성으로 변화하 는 자유의 행위가 물론 일어날 수 없다. 왜냐하면 이 행위는 본질에 선행하는 것과 마찬가지로 의식에 선행하며 이 의식을 형성하기 때문 이다. 그러나 자유의 행위는 바로 이러한 이유 때문에 그것에 대하 여 인간에게 아무런 의식도 남아 있지 않는 행위가 아니다. 잘못된 행위에 대해 사죄하기 위하여 내가 지금 존재한다고 말하는 사람은, 그가 자신의 잘못을 통해 존재하고 있다는 것을 의식하는 만큼, 그 는 이런 잘못된 행위와 다르게 행동할 수 없었다는 사실에 대해 정 당성을 갖기 때문이다.

한 사람이 어릴 때부터 어느 한 시점에서 악의 성향(Hang Zum Bösen)을 보여준다는 것은 자주 있는 일이다. 경험적으로 고찰해보 면 우리는 그에게서 자유와 숙고를 거의 신뢰할 수 없기 때문이다. 387 이러한 악의 성향을 통해 예견될 수 있는 것은, 이 사람이 어떠한 교육과 가르침에도 굴복하지 않을 것이라는 것과 결국 그는 우리가 그 맹아를 예견했던 사악한 열매를 실제로 결실하게 된다는 사실이 다. 그럼에도 불구하고 이 사악한 행위에 대한 책임능력을 그 누구 도 의심하지 않으며 그의 개별 행위가 강제적으로 등장하는 경우 이 런 사악한 일이 늘 있을 수 있다는 점에서 그의 잘못은 확실하다는

---

2) 루터는 『의지의 속박에 관하여』(*de servo arbitrio*)에서 이렇게 설명한다. 비록 그가 이러한 오류없는 필연성과 행위의 자유의 통일을 올바른 방식으 로 파악하지 못했다 하더라도 이러한 설명은 정당하다.

사실도 여기서 예견될 수 있다.

그 근원을 추적해볼 때 전적으로 몰의식적이며 심지어 불가항력적인 악의 성향을 자유의 행위라고 일반적으로 판단하는 것은 하나의 행위를 지시하며 따라서 이러한 삶에 선행하는 하나의 삶을 가리킨다. 지성 일반은 시간 바깥에 있기 때문에 이러한 삶은 시간에 선행하는 것으로 생각된다. 창조에서는 최고의 조화가 있으며 우리가 서술해야 하는 바와 같이 어떤 것도 분리되어 있거나 지속적으로 존재하지 않으며 선행하는 것 가운데는 이미 후속하는 것이 함께 작용하고 있고 모든 것이 하나의 마술적인 움직임 가운데서 일어난다. 그렇기 때문에 여기서 결정된 존재와 규정된 존재로 나타나는 인간은 최초의 창조에서, 그 자신의 유기적 결속(Korporisation)의 방식과 속성이 이러한 창조 행위에 의해 규정됨으로써 규정적인 형태로 파악되며 그 스스로 영원으로부터 존재하는 자로 태어난다.

예로부터 자유론의 가장 큰 충격은 신적 오성 가운데 앞서 기획된 세계전체의 통일성에 대한 관계에서 가정되는 인간 행위의 우연성이었다. 신의 현존도, 본래적인 섭리도 포기될 수 없었기 때문에 여기서 예정설(Prädestination)이 받아들여진 것이다. 예정설의 창시자들은 인간의 행위가 영원으로부터 규정되어 있어야 한다는 사실을 감지했다. 그러나 그들은 이러한 규정을 창조와 동시적인 영원한 행위, 즉 인간 자체의 본질을 형성하는 행위 가운데서 찾지 않고, 한 사람은 저주로 선규정하고 다른 사람은 축복으로 선규정하는 절대적인 신의 의지 가운데서, 다시 말해서 완전히 몰근거적인 신의 의지 가운데서 이 규정을 찾았고, 이로써 자유의 뿌리를 지양해버렸다.

우리도 예정설을 주장하지만 전혀 다른 의미로 이를 주장한다. 즉 인간이 여기서 행위하듯이 그는 영원부터 이미 창조의 시원 가운데서 행위했다는 의미의 예정설을 주장하는 것이다. 인간의 행위는, 388 그 자신이 도덕적 존재로 형성되는 것같이 이루어지는 것이 아니라 그가 자연을 따라 영원한 것같이 이루어진다. 바로 여기서 우리가 종종 들어왔던 고통스러운 물음이 생겨난다. 무엇 때문에 이 사람은 악하고 포악하게 행하도록 규정되었으며 다른 사람은 선하고 의롭게 행하도록 규정되었는가? 이 물음은 인간이 원래 행위가 아니라고 전제하며, 인간은 정신적 존재로서 그의 의지에 앞서서 이 의지와는 무관한 독립적인 존재를 갖고 있다고 전제한다. 이미 지적한 바와 같이 이와 같은 독립적 존재는 불가능하다.

창조 때 근거가 계시를 향해 반응함으로써 악이 일반적으로 야기되고 난 이후 인간은 영원히 고유성과 이기심에 사로잡히게 된다. 모든 사람은, 악이 대립의 등장을 통해 비로소 자기의식으로 고양되기는 하지만 그에게 부착되어 있는 악의 어두운 원리와 함께 태어난다. 지금의 인간이 그러한 것처럼 빛으로서의 선은 이러한 어둠의 원리로부터 신적인 변화를 통해 형성될 수 있다. 인간을 내적으로뿐 아니라 외적으로 오로지 피상적으로만 인지해온 사람만이 부정할 수 있는, 인간 속에 들어 있는 이런 근원적 악은, 그것이 비록 지금의 경험적 삶과 연관해서 자유로부터 전적으로 독립해 있다 하더라도, 그 근원에서는 독자적인 행위이며 그렇기 때문에 그것 자체만으로 근원적 죄악이다.

그러나 이것은 혼란이 나타난 이후 전염 병원체로서 만연되는 저 부정할 수 없는 힘의 무질서에 관해 언급될 수 있는 것이 아니다. 왜냐하면 정열 그 자체는 악이 아니기 때문이다. 또한 우리는 단순히 육체 및 피와 싸워야 하는 것이 아니라 우리 안팎에 있는 악 즉 정신과도 투쟁해야 하기 때문이다. 그러므로 태어날 때부터 자기만의 고유한 행위를 통해 관여된 악은 극단적인 악으로 불릴 수 있다. 모든 인간적 존재를 규정하는 선험적 행위로까지 자신을 이론적으로 고양시키지 못한 칸트가, 도덕판단의 현상에 대한 단순하고도 충실한 관찰을 통해, 후기 연구에서 그 스스로 표현한 바와 같이, 감각에 떨어지는 모든 행위에 선행하는 인간 행위의 주관적 근거를 인정하는 데 이르게 된 것은 주목할 만하다.──이러한 인간 행위의 주관적 근거는 다시금 자유의 행위임에 틀림없다.──반면에 이러한 행위 389의 개념을 사변 가운데서 파악한 피히테는 도덕론에서 다시금 당시를 풍미하던 박애주의로 떨어졌으며 모든 경험적 행위에 선행하는 악을 오로지 인간 본성의 태만에서만 찾으려고 했다.

이러한 견해에 대해 대립적으로 거론될 수 있는 오직 하나의 근거가 있는 것으로 보인다. 그것은 이 견해가 인간이 악으로부터 선으로 전향하거나 반대로 선으로부터 악으로 전향하는 것을 이러한 삶에 대해 최소한이나마 잘라내는 것이 아닌가 하고 판단하는 근거이다. (인간은 늘 도움을 필요로 하지만) 인간적이거나 신적인 도움이 인간을 선을 향한 변화로 규정하는 일이 있을 수 있다. 인간이 선한 정신에게 위에서 말한 작용을 허용하는 것이 그것이며, 또한 그 자신을 다른 사람이 아닌 바로 이런 사람이 되게 하는 시원적 행위에서도 그가 선한 정신을 적극적으로 방해하지 않는다는 것이 그것이다.

그러므로 (악에서 선으로, 선에서 악으로의─옮긴이) 변화가 아직 일어나지 않았지만 선한 원리가 전적으로 소멸되지 않은 인간에게는, 현재의 그와 연관해서 볼 때 그 자신이 소유하는 보다 선한 본질의 내적인 목소리가 이러한 변화에 대한 요구를 결코 중단하지 않는다. 이것은 인간이 실제적이고 결정적인 전향을 통해 최초로 자기 내면의 평화를 발견하는 것과 같은데, 이것은 흡사 시원의 이데아와 처음으로 일치된 것처럼, 자신과 수호정신과의 화해를 발견하는 것과 같다. 인간 일반의 속성이 그러한 것처럼 인간 자신이 행위하는 것이 아니라 그 가운데 있는 선한 정신이나 악한 정신이 행위한다는 사실은 엄격한 오성에서 볼 때 참이다. 그렇지만 이러한 사실은 자유에 어떠한 손상도 끼치지 않는다. 왜냐하면 선한 원리나 악한 원리가 (인간으로 하여금—옮긴이) 내적으로 행위하게 하는 것은 인간의 본질이나 삶을 규정하는 지성적 행위의 결과이기 때문이다.

우리가 악의 시원과 생성에서부터 개별 인간 속에서 실현되는 악에 이르기까지 서술한 다음에는, 인간 가운데서 현상하는 악에 대한 서술 이상의 그 무엇도 남아 있지 않는 것으로 보인다.

앞서 서술한 대로 악의 일반적 가능성은, 인간이 자기성을 토대와 기관으로 삼는 대신 이를 지배자와 전적인 의지(全意, Allwillen)로 고양시키려 하고 정신적인 것을 수단으로 삼으려 할 수 있다는 사실에 있다. 만약 인간 속에 있는 자기성과 이기적 의지의 어두운 원리가 전적으로 빛에 의해 침투되고 빛과 하나라면, 신이 영원한 사랑으로 존재하거나 신 가운데 들어 있는 힘의 결속이 실제적으로 존재하게 된다. 그러나 이 두 원리가 분리되면 마땅히 신이 존재해야 하는 자리로 다른 정신이 뛰어들게 된다. 이 다른 정신은 말하자면 전도(顚倒)된 신이다. 이것은 신의 계시를 통해 현실화를 향해 자극된 본질, 즉 가능으로부터 결코 현실에 이를 수 없는 본질이며 결코 존재하지 않지만 늘 존재하려고 하는 본질이다.

그러므로 이것은 고대의 질료와 같이 완전한 오성과 더불어 있는 것이 아니며 오로지 잘못된 상상력(logismo notho),[3] 즉 죄를 통해서만 현실적인 것으로 파악될 수 있는(현실화될 수 있는) 것이다. 바로 이러한 이유로 이 본질은 반사적인 표상을 통해 인간을 몰감성으로 몰아가려 한다. 다시 말해서 이 본질은 스스로 존재하지 않으면서, 마치 뱀이 빛깔을 빛으로부터 빌려오듯이 가상을 진정한 존재로부터 빌려오는 가운데 인간을 몰감성으로, 즉 이것(몰감성) 속에서 그것(본질)이 인간에 의해 받아들여질 수 있고 또 파악될 수 있는 몰감성으로 몰아가려는 것이다.

그러므로 이 본질은 당연히 모든 피조물의 적, 특히 인간의 적으로서 표상될 뿐 아니라 인간을 잘못된 욕망으로 미혹하고 무존재자를 그의 상상력 가운데로 받아들이기를 유혹하는 인간 자체의 유혹자로도 표상된다. 이러한 인간의 상상력에서는 이 본질이 인간의 사악한 경향에 의해 지지되는데, 여기서 인간의 눈은 신적 존재와 진리가 발하는 빛을 바라보고 이를 담지할 능력이 없으며 늘 비존재자를 주시할 따름이다.

따라서 죄악의 시작이란, 인간이 스스로 창조적 근거가 되기 위하여, 그리고 그가 내적으로 소유하고 있는 중심의 힘으로써 모든 사물 위에 군림하기 위하여 본래적 존재로부터 비존재로, 진리로부터 거짓으로, 빛으로부터 어둠으로 들어서는 것이다. 중심을 벗어난 존재에게는 항상 그 스스로가 모든 사물이었다는 감정, 즉 그가 신 안에 있으며 신과 더불어 있다는 감정이 남아 있기 때문이다. 그러므

---

3) 『티마이오스』에 나오는 플라톤의 표현. Vol. IX, 349쪽.

로 중심을 벗어난 존재는 다시금 그 스스로 존재할 수 없는 곳에, 말하자면 신에 도달하려고 노력하는 것이다. 바로 여기서 이기심의 허기가 생겨난다. 이 이기심은 그것이 전체 및 통일성과의 관계를 끊는 만큼 더 목마르고 더 가난하게 되지만 그렇기 때문에 더 욕망에 휩싸이게 되고 더 허기에 차며 더 악의에 가득 차게 된다.

악에는 그 자체를 소모하고 파멸시키는 다음과 같은 모순이 존재 391 한다. 즉 중심을 벗어난 존재는 한편으로 피조성의 결속을 파멸시키며 또한 그 자신이 모든 존재가 되고자 하는 오만으로부터 비존재로 떨어지는가 하면, 다른 한편으로 이 존재는 그 스스로 피조적으로 되려고 한다. 이 밖에도 명백한 죄악은 단순한 허약이나 연민의 정을 갖는 무능력과 달리 두려움과 공포의 감정을 채운다. 이러한 감정은, 죄악이 로고스를 파기하려 하고 창조의 근거를 훼손하려 할 뿐 아니라 신비를 세속화시키려 한다는 사실로부터 설명될 수 있다. 이러한 신비만큼은 반드시 계시되어야 한다. 왜냐하면 사물의 의존성이 보여주는 내밀한 결속과 신의 본질은 죄에 대해 대립적으로 계시되기 때문이다.

신의 본질은 모든 실존에 앞서 존재하며 (죄를 통해서 아직 약화되지 않으며) 그렇기 때문에 무서운 것이다. 신 자신은 이 원리를 근거로 삼고 본질의 담지자로 만듦으로써, 피조물 가운데 이러한 원리를 입히고 이 원리를 사랑으로 덮기 때문이다. 이 원리는, 자기존재로까지 고양된 이기적 의지의 오용을 통해서 이 원리를 자극하는 사람을 위해 활동하며 이 사람에 대해 대립적으로 활동하게 된다. 왜냐하면, 신은 그 실존 가운데서 방해받지 않으며 그 자체가 지양될 수 없기 때문에, 신과 그 토대 사이에 일어나는 필연적 일치에 따라 어둠의 심연에서뿐 아니라 모든 개별 인간 가운데서 빛을 발하는 생명의 시선은 죄인에게서 소모적인 불로 타오르게 되기 때문이다. 이것은 마치 생동적인 유기체 가운데서 이 유기체를 구성하는 개개의 요소나 체계가 전체를 벗어남과 동시에 이 요소가 맞섰던 통일성과 음모가 불(열)로 느껴지고 내적인 열에 의해 염증을 일으키는 것과 같다.

우리는 인간의 정신이 잘못된 망상과 비존재자를 향하는 인식을 통해 어떻게 거짓과 오류의 정신에게 개방되며 이 정신에 홀린 나머지 원래의 자유를 어떻게 잃게 되는지에 대해 살펴보았다. 이와 반대로 진정한 선은 오로지 신적인 마법을 통해서만, 즉 의식과 인식에 직접적으로 존재하는 존재자를 통해서만 활동할 수 있다는 사실이 이로부터 도출된다. 자의적인 선은 자의적인 악과 마찬가지로 불가능하다. 진정한 자유는 신성한 필연성과 하나이다. 그들만의 고유한 법칙에 의해 결합된 정신과 마음은 필연적인 것을 자유롭게 기꺼이 긍정하기 때문에, 우리는 본질적인 인식 가운데서 이와 같은 일치를 감지한다.

악이 두 원리의 분리 가운데 있다면 선은 오로지 이 두 원리의 완 392 전한 일치에서만 존재할 수 있다. 두 원리를 통일시키는 결속은, 이 원리들이 제약된 방식으로가 아니라 완전하고 무제약적인 방식으로 하나이기 때문에 신적인 결속이어야 한다. 따라서 이 두 원리의 관계는 자기임의적인 도덕성이나 자기규정으로부터 생겨나는 도덕성으로 표상될 수 없다. 이 개념은 두 원리가 즉자적으로 하나가 아니라는 사실을 전제한다. 이들이 하나가 아니라면 이들은 어떻게 하나가 되어야 하는가? 뿐만 아니라 이 개념은 불합리한 무차별적

자의의 체계로 되돌아간다. 두 원리의 관계는 어둠의 원리(자기성의 원리)가 빛과 결속되어 있는 것이다. 우리에게 허용될 수 있는 것은, 이것을 근원적인 말의 의미를 따라 종교성으로 표현하는 일이다.

우리는 종교성을, 병적인 시대가 일컬었던 바와 같은 한가로운 생각이나 명상적인 예감, 혹은 신적 존재에 대한 지각의욕으로 이해하지 않는다. 왜냐하면 우리 속에 있는 신은, 그 속에서 다른 모든 것이 비로소 분명하게 되며 그 자체가 불분명한 것과는 거리가 있는 청명한 인식이거나 정신적인 빛 그 자체이기 때문이다. 이러한 인식은 신 안에서 이루어지며 신을 진실로 한가롭게 하거나 휴식하게 하지 않는다. 이 종교성은 감정의 철학자들이 생각하는 것보다 훨씬 더 실체적인 것이다.

우리는 종교성을 근원적이고 실천적인 의미로 이해하고자 한다. 종교성은 곧 양심성이다. 우리는 아는 바대로 행위할 따름이며, 우리는 인식의 빛에 모순되는 행위를 하지 않는다. 우리는, 인간적이고 신체적이며 심리적인 방식이 아니라 신적인 방식으로 이러한 모순된 행위를 할 수 없는 사람을 일컬어 종교적이며 양심적이라 한다. 종교적이며 양심적이라는 말은 이 말의 최고 의미로 쓰인 것이다. 가능한 행위의 경우마다 의무명령에 대한 존경을 통해 올바른 행위로 결단하기 위해, 무엇보다 먼저 이 의무명령을 지녀야 하는 사람은 양심적이지 않다. 원래 종교성이라는 말의 의미는 대립적인 것들 사이의 선택이나 자의적 균형(aequilibrium arbitrii)이라는 도덕의 해악을 허용하지 않는다. 종교성은 오히려 어떠한 선택도 없이 이루어지는 옳음에 대한 최고의 결단이다.

양심성은 물론 필연적으로 나타나지 않으며 항상 자기 자신을 넘어가는 비상한 고양이나 감격으로도 나타나지 않는다. 더 나아가 양심성은 임의적인 도덕적 오만이 깨지고 이보다 더 심각한 또 다른 교만의 정신이 이러한 도덕성을 형성하려고 할 때 나타나는 것도 아니다. 양심성은 아주 형식적으로, 엄격한 의무충족으로 나타날 수 있다. 여기에는 카토(Cato)의 영혼에서 보여지는 바와 같은 냉혹함과 준엄함의 특성이 뒤섞여 있다. 어떤 노인은 카토에게 이러한 행위의 내적 필연성과 거의 신적인 필연성을 돌린다. 이 노인은, 카토가 올바르게 행위했고 그 결과 그가 (명령에 대한 존경으로부터) 이렇게 행위한 것이 아니라 그가 다른 식으로는 행위할 수 없었기 때문에 덕에 가장 근접한 사람이었다고 말함으로써, 그에게 이러한 행위의 필연성을 돌린다. 이러한 태도의 엄격함은 자연 속에 있는 생명의 엄격함과 같이 그로부터 진정한 우아함과 신성이 꽃피게 되는 맹아이다. 그러나 이러한 핵심을 경멸할 수 있다고 생각하는 이른바 탁월한 도덕성은 아무런 열매도 산출하지 못하는 무기력한 꽃과 같다.[4]

최고존재는, 그것이 최고존재이기 때문에 늘 보편타당한 존재는 아니다. 정신적인 관능주의자들에게는 학문의 최고존재가 감정의 그것과 마찬가지로 정신의 비도야와 이른바 통속적인 합의무성을 넘어가는 고양에 봉사해야 한다. 이러한 정신적 관능주의자의 성정을 아는 사람은 최고존재를 그 자체로 표현하는 일에 대해 숙고하게 된

---

4) 이 시대의 도덕적 천재성에 대한 대단히 정확한 주석은 많이 인용된 바 있는 프리드리히 슐레겔의 비평에 들어 있다. 『하이델베르크 문학연보』, 154쪽.

(393 표시는 본문 우측 여백)

다. 여기서 다음의 사실이 예견될 수 있다. 모든 사람이 일찍이 이성적 존재로서 아름다운 영혼이고자 하며 정의로운 존재로 보다는 고상한 존재로 일컬어지기를 원하는 도정에서는, 도덕론이 일반적인 취미 개념으로 소급되며 이러한 개념을 따를 때 죄악은 잘못된 취미나 타락한 취미 가운데 있게 된다.[5]

신적인 원리가 그 자체로 진지한 태도 가운데 나타나면 덕은 열광
394 으로 나타난다. 덕은 (악과 맞서 싸우는) 영웅주의로 나타나며, 신이 가르치는 것과 같이 행위하는 인간의 아름답고 자유로운 용기로 나타날 뿐, 그가 지식 가운데서 인식한 것을 행위를 통해 거역하는 것으로 나타나지 않는다. 또한 덕은, 심지어 공로가 있는 것으로 간주되거나, 그로부터 어떤 확신이 생겨나는 진리로-간주함 (Fürwahrhalten)이라는 의미의 신앙으로 나타나지 않는다.——이러한 의미는 통속적인 사물에 대해 쓰는 말과 결부되어 있다.

신앙으로서의 덕은 오히려 모든 선택을 배제하는, 신적 존재에 대한 신뢰와 확신이라는 근원적인 의미를 지닌다. 신적인 사랑의 광선이 마침내 늘 전제되어 있는 깨질 수 없는 진지한 태도에 비춰지면 도덕적인 삶의 최고 영광은 우아함과 신적인 아름다움으로 생겨나게 된다.

---

5) 아마도 지금 활동하고 있는 다른 많은 사람들과 같이 오만하게 칸트의 영광스러운 길을 가면서도 실제로는 더 나은 것으로 고양될 수 없는 젊은이는, 미적으로 헛소리를 지껄이는 가운데 미학을 통한 도덕의 정초를 예고했다. 이러한 진행에서는 아마도 칸트적인 농담에서 유래하는 말, 즉 유클리드를 기호에 이르는 서투른 서곡으로 고찰하는 것도 진지한 것으로 받아들여진다.

5 신의 자유와 인격으로서의 신

우리는 선악 대립의 기원과, 창조에서 선악이 서로 어떻게 작용하는가 하는 데 대해서 가능한 한 많은 부분을 할애하여 탐구한 바 있다. 그러나 이 전체의 탐구가 추구하는 최고의 물음은 아직 해답되지 않은 채 남아 있다. 신은 지금까지 단순히 자기 자신을 계시하는 존재로 고찰되었다. 그러나 신은 도덕적 존재로서 이러한 계시에 대해 어떠한 관계를 갖는가? 계시는 맹목적이고 몰의식적인 필연성과 함께 생겨나는 행위인가? 아니면 계시는 자유로우면서도 의식적인 행위인가? 만약 계시가 후자라면, 도덕적 존재인 신은 어떻게, 그 가능성과 현실성이 자기계시에 의존하고 있는 악과 관계하는가? 신이 자기계시를 원했다면 그는 악도 원한 것인가? 이러한 의욕은 그 가운데 있는 신성 및 최고 완전성과 어떻게 조화를 이룰 수 있는가? 이 물음을 통속적으로 표현하면 다음과 같다. 신은 악으로 인해 어떻게 정당화될 수 있는가?

자기를 계시하는 신의 자유로 인해 생겨나는 이러한 잠정적인 물음은 앞의 설명을 통해 이미 결정되어 있는 것으로 보인다. 신이 우리에게 단순히 논리적 추상물이라면, 모든 존재는 그로부터 논리적인 필연성을 매개로 하여 생겨나야 한다. 신은 아마도 모든 존재가 흘러나오는 최고의 법칙에 지나지 않을 것이다. 여기에는 인격성도 의식도 존재하지 않는다. 오로지 우리만이 신을 힘들의 생동적인 통일로 설명했다. 만약 인격성이 우리가 앞서 설명한 바의 내용에 따라 자립적 존재와 그로부터 독립적인 토대의 결합에 기인한다면, 다시 말해서 자립적 존재와 토대, 이 양자가 전적으로 상호 삼투할 뿐 아니라 오로지 하나의 본질이라면, 신은 자신이 담지하는 관념적 원리와 (이와는 상대적으로) 독립적인 근거와의 결합을 통해 최고의 인격성이 된다. 신 안에서는 토대와 실존이 필연적으로 일자의 절대적 실존으로 통일되기 때문이다. 토대와 실존의 생동적 통일이 정신이라면, 신은 이들의 절대적 결속으로서 비상하고 절대적인 오성에 깃들여 있는 정신이다.

신의 인격성이 오로지 신과 자연의 결속을 통해 정초된다는 사실이 확실한 만큼, 이와 반대로 순수관념론의 신과 순수실재론의 신은 필연적으로 비인격적인 존재이다. 이에 대해서는 피히테의 개념과 스피노자의 개념이 분명하게 증명한 바 있다. 신에게는 실재와 무관한 근거가 있으며 따라서 자기계시의 영원한 두 가지 시원이 있기 때문에, 신은 또한 이 두 가지와 연관된 그의 자유에 따라 고찰되어야 한다.

창조의 최초 시원은 자기 자신을 산출하려는 일자의 동경이거나 근거의지이다. 둘째 시원은 그로부터 로고스가 자연 가운데 언표되며 그를 통해 신이 자신을 처음으로 인격화하는 사랑의 의지이다. 그러므로 근거의지는 그 가운데 사랑의 의지가 존재한다는 의미에서

자유로울 수 없다. 근거의지는 의식적인 의지나 반성과 결합된 의지
가 아니다. 그렇다고 해서 근거의지는 맹목적인 기계적 필연성에 따
라 움직이는, 전적으로 몰의식적인 의지가 아니다. 그것은 욕구나
기호와 같은 중간적인 속성에 따라 움직이는, 진정으로 말한다면,
형성되어가는 자연의 아름다운 충동에 비교될 만한 의지이며, 스스
로 전개되려 하지만 그 내적 운동이 비자의적으로 일어나며(이 운동
이 중단될 수 없는), 그럼에도 이러한 욕구와 기호 가운데서 이 속
성이 강제되는 것으로 느끼지는 않는 의지이다. 그러나 전적으로 자
유로우며 의식적인 의지는 사랑의 의지이다. 그것은 자유롭고 의식
적이기 때문이다. 그로부터 나오는 계시는 행위와 실행(Handlung
und Tat)이다.

전 자연이 우리에게 말해주는 것은, 자연이란 결코 단순한 기하학
적 필연성에 의해 존재하지 않는다는 사실이다. 자연에는 티없이 순
수한 이성이 있는 것이 아니라 (우리가 이성적인 작가를 풍부한 정
신을 소유한 사람과 구별하는 것과 같은) 인격과 정신이 있다. 그렇
지 않다면 오랫동안 지배해온 기하학적인 오성이 이미 오래 전에 자
연에 침투해 들어갔을 것이며 그가 세운 일반적이고 영원한 자연법
칙의 우상을 지금까지 그것이 나타난 것보다 더 많이 진리로 삼았을
것이다. 오히려 기하학적인 오성은 자연에 대한 비합리적인 관계를 396
매일매일 더 많이 인식해야 하기 때문이다.

창조는 사건이 아니라 행위이다. 보편적인 법칙으로부터 나오는
생성이 있는 것이 아니라 신이 있다. 즉 신의 인격이 보편적 법칙인
것이다. 생겨나는 모든 존재는 신의 인격성의 도움으로 생겨난다.
이러한 생성은 우리가 행위 가운데 담지하지 못하는 추상적인 필연

성에 따라 이루어지는 것이 아니며 신에 따라 이루어지는 것은 더더욱 아니다. 오로지 추상의 정신에 의해 지배되고 있는 라이프니츠 철학은 자연법칙을 기하학적인 의미의 필연성이 아니라 도덕적인 의미의 필연성을 띤 법칙과 거의 비임의적인 법칙으로 인정하는데, 이는 다행스러운 측면들 중의 하나이다.

라이프니츠는 말한다. "나는 자연 속에서 실제로 입증될 수 있는 법칙들이 절대적으로 증명될 수 없으며 필연적인 것도 아니라는 것을 발견했다. 더욱이 이 법칙들은 다양한 방식으로 증명될 수 있다. 그러나 이에 앞서 전혀 기하학적으로 필연적이지 않은 그 무엇이 항상 전제되어야 한다. 그러므로 이러한 법칙들은 절대적 필연성의 체계에 맞서는 최고의 지성적 본질과 최고의 자유 본질에 대한 증명이다. 이 법칙들은 (앞서 언급한 추상적 오성에서) 필연적이지 않으며 전혀 임의적이지도 않다. 그것은 오히려 모든 존재를 초월해 있는 완전한 지혜의 하나로부터 생겨나온 법칙으로서 중간에 위치한다."[1] 역동적인 방식으로 설명하려는 최고의 노력은 다름 아니라 자연법칙을 이렇게 심정과 정신과 의지로 환원하는 것이다.

그러나 도덕적 존재인 신이 세계와 맺는 관계를 규정하기 위해서는 창조의 자유에 대한 일반적인 인식으로 충분하지 않다. 이 이외에도 남아 있는 물음은 다음과 같다. 자기계시의 행위는 그 모든 결과가 신 안에서 예견되었다는 의미로 자유로웠는가? 그러나 이것은 필연적으로 긍정되어야 한다. 계시를 향한 의지는 본질의 내면으로 회기하는 다른 의지가 그에게 맞서지 않는 한 그 자체로 비생동적일

---

1) *Tentam. theod. Opp.* T. I, 365쪽, 366쪽.

것이기 때문이다.

그러나 이러한 자기보존에서, 본질 속에 내포되어 있는(implicite) 모든 존재에 대한 반성적 형상이 생겨난다. 즉 그 속에서 신이 관념적으로 실현되며 이렇게 신이 실현되는 가운데 앞서 인식되어 있는 존재에 대한 반성적 형상이 생겨나는 것이다. 신 안에는 계시를 향한 의지에 반작용하는 경향이 있기 때문에 계시가 존재하기 위해서는 사랑과 자비(Güte), 혹은 자기전달(Communicativum sui)이 우세해야 한다. 의식적이며 도덕적이고 자유로운 행위인 계시의 개념은 이러한 결단을 통해 비로소 완성된다.

이러한 개념에도 불구하고, 그리고 신 안에 있는 계시의 행위가 오로지 도덕적으로나 관계적으로만 사랑과 자비에 대해 필연적이라 하더라도, 자기 자신과 협의하는 신의 표상이나 다수의 가능한 세계 속의 선택이라는 표상은 몰근거적 표상과 불안정한 표상으로 남는다. 이와 반대로 도덕적 필연성에 대한 보다 상세한 규정이 첨가될 때 우리는, '모든 존재가 신적인 속성으로부터 절대적 필연성과 더불어 발생하며, 절대적 필연성에 의해 가능한 모든 존재도 현실적이어야 하고, 현실적으로 존재하지 않는 모든 존재는 도덕적으로 불가능해야 한다'는 명제를 부정할 도리가 없다.

스피노자주의의 오류는, 신 안에 있는 파기될 수 없는 필연성을 주장한 데 있다기보다 이 필연성을 비생동적이고 비인격적으로 받아들인 데 있다. 왜냐하면 이 체계는 절대자 일반의 한 측면만을 파악했기 때문이다. 즉 실재적인 측면만을 파악했거나 오로지 근거 속에서만 작용하는 신을 파악했기 때문이다. 따라서 이 명제는 맹목적 필연성과 몰오성적 필연성으로 귀결된다. 그러나 신이 본질적으로 사랑과 자비라면 신 안에서 도덕적이며 필연적인 존재는 진정한 형이상학적 필연성과 함께 생긴다. 신 안의 완전한 자유를 위해서 본래적인 오성 가운데 선택이 요구된다면 선택은 더 진행되어야 할 것이다. 왜냐하면 완전한 선택의 자유는, 신이 모든 조건에서 가능한 세계보다 덜 완전한 세계를 창조할 수 있을 때 비로소 가능할 것이기 때문이다. 이와 같은 것은 한번도 주장된 바가 없으며 이와 같이 불합리한 것은 아예 없기 때문에, 이것(앞의 문장)은, '신은 그가 원하기만 한다면 이 세계보다 더 나은 세계를 창조할 수 있을 것'이라고 몇몇 사람에 의해 실제적으로 진지하게 주장된 바와 같다.——그러나 이것은 카스티야의 왕 알폰소의 주장과는 다른데, 그의 잘 알려진 말은 당시를 풍미하던 프톨레마이오스의 체계에 맞아떨어지는 것이다.

따라서 신 안에 성취되어 있는 가능성과 필연성의 통일에 맞서는 398 근거는 전적으로 형식적인 가능성 개념, 즉 모순되지 않는 모든 것은 가능하다는 개념으로부터 획득된다. 이것은 예컨대 이해 가능한 모든 소설은 실제적인 사건이어야 한다는 잘 알려진 이의 제기에 나타나 있다. 스피노자 자신은 이런 단순한 형식적 개념을 말하지 않았다. 그에게서 모든 가능성은 오로지 신적인 완전성과 연관해서만 타당하다. 라이프니츠는 선택을 신 가운데서 이해하기 위하여, 그리고 이를 통해 가능한 한 스피노자로부터 멀어지기 위하여 이 개념을 확실하게 수용한다.

라이프니츠는 말한다. "신은 여러 가지 가능성 가운데서 선택하며 그렇기 때문에 아무런 필연화의 과정 없이 자유롭게 선택한다. 오로지 하나만이 가능하다면 어떠한 선택도 없을 것이며 어떠한 자유도 존재하지 않을 것이다." 자유에 대해서 이런 공허한 가능성 이외에 그 어떤 것도 없다면, 무한자는 형식적으로나 신적인 본질성을 관찰함이 없이도 가능했으며 또 여전히 가능하다는 사실이 인정될 수 있다. 이것은 신적인 자유를, 그 자체로 잘못된 것일 뿐 아니라 단순히 우리의 오성 가운데서 가능하지만 신에게서는 불가능한 개념을 통해 주장하려는 것을 뜻한다. 이러한 개념에서는 신의 본질이나 그 완전성을 간과하는 것이 잘 사료될 수 없다.

가능한 세계의 다원성에 관해서 볼 때, 우리의 설명에 따를 경우 근거의 근원적 운동과 같은 그 자체로 몰규칙적 존재는, 아직까지 형성되지 않았지만 모든 형식에 수용될 수 있는 질료와 같이 무한한 가능성을 제공해주는 것으로 보인다. 다수의 세계 가능성이 이러한 다원성에 근거해야 한다면, 근거는 신으로 불릴 수 없게 되며 신은 그 완전성에 의거해서만 일자로 존재하려 할 수 있게 됨으로써 이로부터는 신을 염두에 두는 이런 가능성이란 생겨날 수 없다는 사실만이 지적될 수 있을 뿐이다. 또한 이러한 몰규칙성은 다음과 같이, 즉 근거 가운데는 신의 본질에 의거해서만 가능한 세계의 원형이 포함되어 있지 않다고 결코 생각될 수 없다.

신의 본질은 실제적인 창조에서 힘의 분리와 조정을 통해서, 그리고 이 본질을 억제하거나 불명료하게 하는 몰규칙적 존재를 배제함으로써 가능태로부터 현실태로 고양된다. 신이 그 가운데서 이상적으로나 원형적으로 실현되는 원초적 지혜인 신적 오성 가운데서는 오로지 하나의 신이 존재하는 것처럼 오로지 하나의 세계가 존재한다.

체계는 신적 오성 가운데 있지만, 신 자신은 체계가 아니라 생명 399

이다. 그리고 신과 연관된 악의 가능성으로 인해 생겨난 물음에 대한 대답이 여기에 있다. 이 문제는 바로 이러한 이유로 앞서 다루어진 바 있다. 모든 실존은 그것이 실제적인 실존, 즉 인격적인 실존이 되기 위해 하나의 조건을 요구한다. 신의 실존도 이러한 조건 없이는 인격적일 수 없지만, 신은 이러한 조건을 자기 내적으로 소유하고 있으며 이 조건을 자기 외부에서 갖지 않는다. 신은 조건을 지양할 수 없다. 그렇지 않을 경우 그는 자기 자신을 지양해야 하기 때문이다. 신은 이 조건을 오로지 사랑을 통해서만 지배할 수 있으며 자신의 영광을 위해 스스로 자기 자신에게 복종할 수 있다. 신이 이 조건을 자기화하지 않고 이 조건과 하나되어서 절대적 인격성으로 결속되지 않을 때 신 안에는 어둠의 근거가 있을 수 있다. 인간은 스스로 이 조건을 얻기 위해 노력한다 할지라도 이를 결코 강제력으로 자기 것으로 삼지 못한다. 인간에게는 이 조건이 오로지 차용된 것이며 그로부터 독립적인 것이다.

그러므로 인간의 인격성과 자기성은 결코 완전한 활동성으로 고양될 수 없다. 이것이야말로 모든 유한적 생명에게 부착되어 있는 슬픔이다. 신 안에 적어도 각각의 독립적인 조건이 있다 할지라도, 신 자체 안에는, 결코 현실화되지 않으며 오히려 영원한 극복의 기쁨에 봉사할 따름인 슬픔의 원천이 있는 것이다. 그러므로 전 자연 위에 편만해 있는 우수의 면사포가 있으며 결코 파괴될 수 없는 모든 생명의 깊은 멜랑콜리가 존재하는 것이다. 기쁨은 고통을 가져야 하며 고통은 기쁨으로 드러나야 한다. 따라서 단순한 조건이나 근거로부터 나온 존재는 그것이 비록 자신의 실존에 필연적이라 하더라도 신으로부터 나온 것이 아니다. 또한 악이 근거로부터 나온다거나 근거의지가 악의 근원자라는 사실도 언급될 수 없다. 왜냐하면 악은 늘 오로지 자기만의 고유한 마음의 내밀한 의지 가운데서 생겨나며 자기 고유의 행위가 없이는 수행되지 않기 때문이다.

근거에 대한 요구나 초피조적 존재에 대한 반작용은 피조물을 향한 애착이나 고유의 의지를 일깨우지만, 이 요구나 반작용은 선의 독자적 근거가 존재하도록 피조물을 일깨울 뿐이며 그가 선에 의해 제어되고 침투되도록 피조물을 일깨울 따름이다. 왜냐하면 야기된 자기성 자체는 악이 아니며 자기성은 그 대립자인 빛이나 보편의지 400 로부터 전적으로 분리되는 한에서만 악이기 때문이다. 그러나 이러한 선을 단념하는 것은 우선 죄이다. 활동적인 자기성은 필연적으로 생명의 예리함에 이른다. 활동적인 자기성이 없이는 완전한 죽음이 있을 것이며 선의 졸음이 있을 것이다. 투쟁이 없는 곳에는 생명이 없기 때문이다.

따라서 근거의지는 오로지 생명의 각성일 뿐, 그것이 곧 악이거나 즉자적인 악이 아니다. 인간의 의지가 활발한 자기성을 사랑과 함께 포함하며 이 자기성이 보편의지인 빛 아래에 놓이게 되면, 빛 속의 예리함을 통해 지각되는 활동적인 성질이 이로부터 생겨난다. 그러므로 선에서는 근거의 반작용이 선을 향한 활동이며 악에서는 그것이 악을 향한 활동이다. 이것은 성경이 말하는 바와 같다. '너는 경건한 사람들 속에서는 경건하고 어리석은 자 가운데서는 어리석다.' 활동적인 자기성이 없는 선은 그 자체가 무활동적인 선이다. 피조물의 의지를 통해 (자립적인 존재가 되기 위하여 그 자신이 완전히 분리될 때) 악하게 되는 존재는 그 자체가 선 가운데 얽혀 있으며 근거 가운데 머물러 있는 한 선이다. 활동성으로부터 잠재성으로 되돌아간, 극복된 자기성만이 선이다.

따라서 피조물의 의지를 통해 악하게 되는 존재는 선을 통해 압도당하면서, 잠재적인 힘(Potenz)에 따라 항상 선 가운데 머물게 된다. 만약 신체 가운데 냉기의 뿌리가 없다면 온기도 느껴질 수 없을 것이다. 인력과 척력을 독자적으로 생각하는 것은 불가능하다. 밀쳐내는 존재에게 끌어당기는 존재가 그 대상을 마련해주지 않는다면 밀쳐내는 존재는 무엇에 대해 작용해야 하는가? 끌어당기는 존재가 그 자체 안에 밀쳐내는 존재를 소유하지 않는다면 그것은 무엇에 대해 작용해야 하는가? 그러므로 변증법적으로 아주 정당하게 말해지는 것은, 선과 악은 동일한데, 이 둘은 상이한 측면에서 고찰할 때만 다르다는 것이다. 혹은 다르게 표현하자면, 선이 그 분리나 비동일성에서 고찰할 때 악인 것과 같이, 악은 그 자체로, 즉 그 동일성의 뿌리에서 고찰할 때 선이다.

이러한 근거로부터, '자기 안에 악의 재료와 악의 능력이 없는 사람은 선에 대해서도 무능하다'는 말은 전적으로 정당하다. 우리는 이미 이것에 대해 우리 시대에서 보여진 충분한 예들을 살펴본 바 있다. 우리의 부정적 도덕이 그것에 대해 투쟁한 열정은 여러 가지 힘인데, 이 개개의 힘은 그것에 상응하는 덕과 공동의 뿌리를 나누어 갖는다. 모든 증오의 영혼은 사랑이다. 격렬한 분노 가운데 드러나는 것은 내밀한 중심에서 공격당하고 자극받은 고요뿐이다. 적절한 정도와 유기적 균형을 얻은 열정은 덕 자체의 강도이며 그 직접적인 도구이다.

탁월한 하만(J.G. Hamann)은 말한다. "만약 열정이 불명예의 가지라면 바로 그 때문에 열정은 남자다움의 무기이기를 중단하는

가? 너희들은 하늘나라를 위해 자발적으로 거세당한 알렉산드리아 교회의 비유적인 관장(館長)보다 성서의 철자를 더 지혜롭게 이해하는가?──이 영겁의 영주는 자신에게 대적하는 사악한 사람을 그의 총아로 삼는다. 그의(악마의) 궁중 광대는, 코리반트[2]와 갈리아 사람을 승려로 삼고 강한 정신의 소유자들을 진정한 경배자로 갖는 아름다운 자연의 사악한 적이다."[3] 자신의 철학이 아카데메이아나 리케이온[4]의 씨름 연습장을 위하기보다는 부인의 방을 위하는 것이 된 사람들은 이와 같은 변증법적 명제를 대중 앞에 내보일 수 없다. 대중은 마치 이들이 자신들을 오해하는 것처럼 변증법적 명제 가운데서 정의와 불의의 구별 및 선과 악의 구별이 지양되어 있는 것으로 생각한다. 이들은 고대의 변증법 이론가들과 제논 및 그 외의 엘레아학파 사람들의 명제에 못지 않게 대중 앞에서는 천박한 문예가의 포룸에 속한다.

인간의 이기적인 의지는 오로지 인간 속에 있는 사랑이 그 소재나 대립물을 발견하기 위해서, 그리고 이 사랑 가운데서 이 의지의 자극이 실현되도록 하기 위해서만 야기된다. (근거와─옮긴이) 절교한 자기성이 악의 원리인 한, 근거는 악의 가능원리이지만 악 자체나 악을 향하는 원리가 아니다. 그러나 이러한 이기적 의지는 신의 자유의지에 따라 야기되는 것이 아니다. 즉 근거 속에서 근거를 따라

---

2) 풍요로운 자연과 대지를 상징하는 프리기아의 여신 키벨레(Cybele)의 사제 (옮긴이).

3) *Kleeblatt hellenistischer Briefe* II, 196쪽.

4) 아카데메이아는 플라톤이 세운 학교이며, 리케이온은 아리스토텔레스가 세운 학교(옮긴이).

움직이거나 자신의 마음을 따라 움직이지 않고 자신의 속성에 따라 운동하는 신의 자유의지를 따라 생기는 것이 아닌 것이다.

그러므로 신 자신이 악을 원했다고 주장하는 사람은, 사람들이 종종 세계를 원하는 존재는 악도 원해야 한다고 생각한 바와 같이, 이러한 주장의 근거를 창조로서의 자기계시의 행위 가운데서 찾아야 402 할 것이다. 신은 무질서한 혼돈의 출현을 질서지우고 그 영원한 통일성을 자연을 향해 언표함으로써 어둠에 맞서며, 로고스는 지속적인 중심과 영원한 빛으로서 몰오성적 원리가 보여주는 몰규칙적 운동에 대립한다. 따라서 창조의 의지는 곧 빛의 탄생을 위한 의지이며 그렇기 때문에 선의 출현을 위한 의지이다. 그러나 악은 이 의지 가운데서 수단으로 고찰되지 않으며, 라이프니츠가 말하는 바와 같이 가능한 한 최고의 완전한 세계에 대한 필연적 조건(Conditio sine qua non)으로 고찰되지도 않는다. 악은 신적인 의지의 대상이 아니었으며 허용의 대상은 더더욱 아니었다.

그러나 신은 악이 최소한 자기계시로부터 동반된다는 사실을 필연적으로 예견하기 때문에, 그는 왜 자기 자신을 전적으로 계시하지 않는 쪽을 택하지 않았는가 하는 물음이 있을 수 있겠지만, 이러한 물음은 실제로 어떠한 반박도 제공하지 못한다. 왜냐하면 이것은, 사랑의 대립물이 존재하지 않을 수 있기 위해서는 사랑 자체가 존재하지 말아야 한다는 것을 의미할 것이기 때문이다. 다시 말해서 절대-긍정적 존재는 하나의 실존을 대립물로 갖는 존재에 바쳐져야 하며 영원자는 단순한 시간적 존재에게 희생되어야 한다. 우리는, 신의 자기계시가 무조건적으로 임의적인 행위로서가 아니라 도덕적-필연적 행위로 고찰되어야 하며 사랑과 자비는 이러한 행위에서 절대적 내면성을 극복한다는 것에 대해서 이미 설명한 바 있다.

신이 악 때문에 자신을 계시하지 않았더라면, 악이 선과 사랑을 이겼을 것이다. 라이프니츠의 필연적 조건으로서의 악의 개념은 오 403 로지 근거에만 적용될 수 있는데, 말하자면 이 근거는 피조물의 의지(악의 가능적 원리)를 조건으로 야기하고 사랑의 의지는 이러한 조건 하에서만 실현될 수 있다. 신은 왜 근거의지를 막지 않으며 이를 지양하지 않는지에 대해서는 마찬가지로 이미 지적한 바 있다. 이것은 아마도 신이 자기 실존의 조건, 즉 자기만의 고유한 인격성을 지양하는 일과 같을 것이다. 따라서 악이 존재하지 않으려면 신 자신도 존재해서는 안될 것이다.

단순히 이러한 견해에만 해당할 뿐 아니라 모든 형이상학에 맞아떨어지는 반론은, 신이 비록 악을 원하지 않았다 하더라도 그는 죄인 가운데서 지속적으로 활동하며 그에게 악을 실행할 수 있는 힘을 부여한다는 내용의 반론이다. 따라서 악은 적절하게 구별되는 가운데 전적으로 용인되어야 한다. 실존의 근원근거는 마치 병을 앓고 있는 가운데서도 건강이 지속적으로 활동하는 것처럼 악 속에서도 지속적으로 작용한다. 망가진 삶과 전도된 삶은 신이 실존의 근거인 한 존속하며 신 가운데서 활동한다. 그러나 이러한 삶은 신을 소모적 분노로 느끼며 근거 자체의 인력을 통해 통일성에 맞서는 긴장으로 정립되는데, 이러한 정립은 자기파멸과 유한적 위기에 이르기까지 진행된다.

이 모든 것 다음에도 여전히 남는 물음은, ‘악은 종식되며 어떻게 종식되는가?’ 하는 것이다. 도대체 창조는 궁극목적을 갖는가? 궁극목적을 갖는다면 이것은 왜 직접적으로 실현되지 않으며, 왜 완전한 존재는 처음부터 존재하지 않는가? 이러한 물음에 대해서는 지금까지 주어진 대답 이상의 다른 대답이 없다. 왜냐하면 신은 생명이지, 단순히 존재가 아니기 때문이다. 그러나 모든 생명은 운명을 가지고 있으며 고통과 생성에 복종한다. 따라서 신도 이러한 고통과 생성에 자발적으로 복종하며, 그 스스로 인격적으로 되기 위하여 빛의 세계와 어둠의 세계를 여기서 처음으로 구별했다. 존재는 오로지 생성 가운데서만 지각된다. 존재 가운데는 물론 생성이 없다. 오히려 존재는 생성 가운데서 다시금 영원성으로 정립된다. 그러나 대립을 통한 실현 가운데는 필연적으로 생성이 존재한다.

　　전체의 역사는 태고의 모든 신비 및 영적인 종교와 공통적인 신 개념과 인간적으로 고통받는 신 개념 없이 파악될 수 없다. 성서도 404 계시의 시기를 구별하며 이 시기를 먼 미래로, 즉 그 속에서 신이 모든 존재 가운데 모든 존재인 시간과, 그 자신이 완전히 실현되는 시간으로 정립한다. 창조의 첫 시기는 이미 살펴본 바와 같이 빛의 탄생이다. 빛 내지 관념적 원리는 어둠의 원리의 영원한 대립으로서 창조하는 로고스이다. 이 로고스는 근거 속에 감추어져 있는 생명을 비존재로부터 구해내며 이를 잠재성으로부터 현실성으로 고양시킨다. 이러한 로고스 위에서 정신이 생겨나며, 정신은 어둠의 세계와 빛의 세계를 통일시키고 인격성을 실현하기 위해 두 원리를 자기 아래에 복종시키는 최초의 본질이다.

　　그러나 근거는 이러한 통일성에 맞서 반응하며 최초의 이원성을 주장하는데, 보다 높은 상승과 선악의 궁극적 구별에 이르기까지 이 이원성을 주장한다. 근거의지는 모든 것이 충족되고 모든 것이 실현될 때까지 그의 자유 가운데 머물러야 한다. 근거의지가 미리 굴복해버리면 선은 악과 더불어 이 근거의지 가운데 감추어지게 된다.
그러나 선은 신과 함께 영원히 살기 위하여 어둠으로부터 활동성으
로 고양되어야 한다. 그러나 악은 영원히 비존재로 제거되기 위하
여 선과 분리되어야 한다. 왜냐하면 이것은 창조의 궁극목적이기
때문이다. 다시 말해서 대자적일 수 없는 존재는 신으로부터 독립
해 있는 근거인 어둠으로부터 현존재로 고양됨으로써 대자적일 수
있는 것이기 때문이다. 바로 이러한 이유로 탄생과 죽음의 필연성
이 있다.

  신은 그 자신 가운데서 자립적인 생명을 갖지 못했던 이념을 자기
성과 비존재자 가운데 부여한다. 그 결과 이념은 비존재자로부터 생
명으로 불러내어짐으로써 그 자체가 독자적으로 존재하는 이념으로
서 다시금 신 가운데 있게 된다.[5] 따라서 근거는 자유롭게 분리와 심
판(krisis)을 야기시키며 이로써 완전한 신의 실현을 가능하게 한다.
악은 선과 전적으로 분리될 때 더 이상 악으로 존재하지 않기 때문이
다. 악은 그 자체 안에 무의식적으로 존재하는 (잘못 사용된) 선을
통해서만 작용할 수 있었다. 악은 생명 가운데서 외적 자연의 힘을
사용했으며 이 힘을 가지고 창조를 시도했다. 따라서 악은 간접적으 405
로 신의 성질을 분유하고 있었다. 그러나 죽음에서는 악이 모든 선
으로부터 분리되며 잠재성을 벗어날 수 없는 가운데 심지어 욕망으
로 남으며 현실에 대한 영원한 허기와 갈증으로 남는다. 따라서 악
의 상태는 비존재의 상태이며 활동성이 지속적으로 소모되는 상태이

---

5) 『철학과 종교』(*Philosophie und Religion*), Tübingen, 1804(이 책의 255
   쪽에 해당).

고 비존재 속에서 활동하려고 노력하는 것이 지속적으로 소모되는 상태이다.

그러므로 궁극적이고 전면적인 완전성의 이념을 실현하기 위해서 악을 선으로 재생하는 것(모든 사물의 반제[返濟])은 결코 요구되지 않는다. 왜냐하면 악은 그것이 잠재성을 넘어가는 한에서만 악하기 때문이다. 그러나 악이 비존재나 잠재성의 상태로 환원되면 그것은 그 자체가 마땅히 그렇게 존재해야 하는 것, 즉 토대와 복종된 존재이며 그 자체가 더 이상 신성 내지 신의 사랑과 모순관계에 있지 않는 것이다. 계시의 끝은 따라서 선으로부터 악을 배제하는 것이며 악을 전적인 비현실성으로 설명하는 것이다. 이에 반해 근거로부터 영원한 통일성을 향해 고양된 선은 근원적인 선과 결부되어 있다. 어둠으로부터 빛으로 태어난 존재는 육체의 지체인 관념적 원리에 연결되어 있으며, 관념적 원리는 육체 가운데서 완전히 실현될 뿐 아니라 전적으로 인격적 존재가 된다. 이런 한에서 최초의 이원성이 지속되었으며 창조하는 로고스가 지배했던 것이다.

따라서 이러한 창조의 시기는 모든 존재를 관통하여 종말에까지 나아간다. 그러나 이원성이 분리를 통해 파괴되면 로고스나 관념적 원리, 그리고 이것과 하나가 된 실재적 원리는 정신에게 굴복한다. 또한 이 정신은 신적인 의식으로서 똑같은 방식으로 이 두 원리 가운데 살아 있다. 이것은 그리스도가 한 말과 같다. 그는 그의 모든 적들이 그 발 아래 엎드릴 때까지 다스려야 한다. 지양된 최후의 적은 죽음이다. (왜냐하면 죽음은 필연적으로 분리를 향하며, 선은 악으로부터 분리되기 위해 애쓰야 하고 악은 선으로부터 분리되기 위해 노력해야 하기 때문이다.) 그러나 모든 것이 죽음에 굴복하게 되

면 아들 자신도 그에게 모든 것을 굴복시킨 존재에게 복종하게 된
다. 신은 만유 속에 있는 만유인 것이다. 왜냐하면 정신은 아직 최
고존재가 아니기 때문이다. 신은 오로지 정신과 영 내지 사랑의 입 406
김이다. 사랑이 최고존재인 것이다. 사랑은 근거와 실존적 존재가
(분리된 존재로) 있기 전에 이미 존재했던 것이다. 그러나 사랑은
아직도 사랑으로 존재하지 않았다. 우리는 이 사랑을 어떻게 설명해
야 하는가?

6 비근거(사랑)와 체계

우리는 여기서 마침내 전 연구의 최고점에 도달한다. 우리는 이미 오랫동안 다음의 물음을 들어왔다. 근거인 한에서의 존재와 실존인 한에서의 존재에 대한 최초의 구별은 무엇에 봉사해야 하는가? 한편으로 이 둘 사이에는 공통의 중심점이 없기 때문에 우리는 절대적 이원론에 대해 설명해야 한다. 다른 한편으로 이 둘 사이에 공통의 중심점이 있는 경우 이 둘은 최종적인 고찰에서 일치된다. 그러므로 우리는 모든 대립을 대하는 하나의 존재를 가지며, 빛과 어둠, 선과 악의 절대적 동일성, 그리고 모든 이성체계가 도달해야 하며 이 체계에 앞서 증명된 바 있는 모든 불합리한 결과를 갖는다.

우리는 우리가 최초의 관계에서 가정했던 것을 이미 설명한 바 있다. 모든 근거와 모든 실존적 존재에 앞서, 다시 말해서 모든 이원성에 앞서 하나의 본질(내지 존재─옮긴이)이 있어야 한다. 우리는 이것을 근원근거 내지 비근거(Ungrund)와 다르게 어떻게 일컬을 수 있는가? 이 본질은 모든 대립에 선행하므로 이러한 대립은 이것(본질) 가운데서 구별될 수 없으며 임의의 방식으로 존재할 수도 없다.

따라서 이러한 본질은 동일성으로가 아니라 오로지 이 둘(근거와 실존)의 절대적 무차별로 특징지어질 수 있다. 모든 대립의 소멸을 인식해야 하는 고찰점에 도달한 대부분의 사람들은 이 대립이 실제적으로 사라진다는 것을 망각하고서 이 대립을 다시금, 대립의 전적인 중단을 통해 생겨났던 무차별의 대립으로 서술한다. 무차별은 대립의 산물이 아니며 대립 가운데 내포적으로 포함되어 있는 것도 아니다. 무차별은 모든 대립으로부터 분리된 본질이며, 여기서 모든 대립은 깨어져버린다. 모든 대립으로부터 분리된 본질은 다름 아니라 대립의 비존재이며 그렇기 때문에 무이거나 무의미한 것이 아닌 것으로서 몰술어성 이상의 다른 어떠한 술어도 갖지 않는다.

따라서 대립들은 한편으로 모든 근거에 선행하는 비근거 가운데서 407 실제로 무차별을 정립한다. 따라서 대립들은 선을 갖지도 않고 악을 소유하지도 않는다. (왜냐하면 우리는 당분간, 선악의 대립을 세우는 일이 이러한 관점에서는 허용되지 않는다는 것을 규명되지 않은 것으로 내버려두기 때문이다.) 또한 대립은 비근거로부터 한 존재나 다른 존재를 서술할 수 없으며 이 두 존재를 동시에 서술할 수도 없다. 다른 한편으로 대립들은 선과 악을 정립한다. 즉 대립들은 동시에 이원성을 정립하며 이로써 더 이상 비근거나 무차별을 정립하지 않는다. 이 두번째 것을 설명하기 위해서는 다음의 것이 말해져야 한다!

실재적인 것과 관념적인 것, 어둠과 빛, 혹은 우리가 이것을 무엇으로 특징지으려 하든지 간에 이것은 결코 비근거에 의해 대립으로 술어화될 수 없다. 그러나 대립이 비대립으로서가 아니라 분리(Disjunktion)에서 서술되며 각각의 존재가 대자적으로 비근거에 의해 서술되고 이로써 이원성(원리들이 실제적으로 둘이라는 사실)이 정립된다는 사실은 그 어떤 것도 방해하지 않는다. 비근거 속에는 이것을 방해하는 것이 존재하지 않는다. 비근거는 두 원리에 대해 전적인 무차별로서 관계한다는 이유로 그것은 이 둘에 대해 무관심하기 때문이다. 만약 비근거가 이 둘의 절대적 동일성이라면 그것은 동시에 이 둘일 수 있을 것이다. 다시 말해서 이 둘은 대립으로서 비근거에 의해 서술되어야 할 것이며 이를 통해 그 자체가 다시금 하나이어야 할 것이다.

　양자 부정이나 무차별로부터는 곧바로 이원성이 등장한다. (이 이원성은 우리가 아직 이러한 연구의 지점에 이르지 못했기 때문에 지금까지 이 둘을 동의적으로 사용해야 했음에도 불구하고, 대립과는 전혀 다른 것이다.) 무차별이 없이는, 다시 말해서 비근거가 없이는 원리들의 이원성이란 존재하지 않는다. 일반적으로 생각되어온 바와 같이 비근거가 구별을 다시금 지양해버린다는 사실 대신, 비근거는 오히려 구별을 정립하고 확증한다. 근거와 실존의 구별은 그것이 단순히 논리적 구별이라거나, 그것이 도움을 불러들이는 가운데 결국에는 다시금 불순한 구별로 생각되는 것과는 거리가 있다. 이 구별은 오히려 최고의 관점으로부터 최초로 올바르게 확증되고 완전히 파악된 실재적 구별로 드러난다.

　이러한 변증법적인 설명 이후에 우리는 이제 다음과 같은 방식으로 아주 규정적으로 설명할 수 있다. 근거의 본질은 실존의 본질과 같이 오로지 모든 근거에 선행하는 존재, 즉 절대적으로 고찰된 절대자와 비근거일 수 있다. 비근거는 (이미 증명된 바와 같이) 그것이 두 가지의 영원한 시원으로 분리됨으로써 존재하는 것 그 이상일 수 없다. 다시 말해서 비근거는 그것이 동시에 두 가지 시원으로 존재하는 것이 아니라 그것이 각각의 시원에서 동일한 방식으로 전체이거나 고유한 본질인 것이다. 그러나 비근거는 두 가지의 영원한 시원으로 나누어지며, 그 결과 이 두 가지 시원은 비근거 가운데서 동시에 존재하거나 일자로 존재할 수 없으며 오로지 사랑을 통해서 하나가 될 수 있다. 다시 말해서 비근거는 생명과 사랑이 존재하게 하기 위해, 그리고 인격적 실존이 존재하게 하기 위해 나누어지는 것이다. 왜냐하면 사랑은 무차별 가운데 있지 않으며 존재로의 결합을 필요로 하는 대립자들이 상호 결속되어 있는 곳에도 있지 않기 때문이다. (이미 언급된 말을 반복하자면) 사랑의 비밀은, 각각 독자적으로 존재할 수 있기는 하지만 타자존재 없이는 아예 존재하지 않거나 존재할 수 없는 존재들을 결합하는 것이다.[1]

그러므로 비근거 가운데서 이원성이 형성되는 것처럼, 실존하는 존재(관념적 존재)와 실존의 근거를 결합하는 사랑도 이 가운데서 형성된다. 그러나 근거는 최종적인 완전한 구별에 이르기까지 자유롭게 존재하며 로고스로부터 독립해 있다. 이 근거는, 인간 가운데 있는 근거가 명쾌하게 밝혀지고 그것이 지속적인 본질로 정초될 때, 동경 가운데 있는 모든 진리와 선은 명쾌한 의식으로 고양되지만 다른 모든 존재, 즉 잘못된 존재와 불순한 존재가, 영원히 자기성의 어두운 근거로, 그의 삶의 과정의 잔재(殘滓, Caput mortuum)로, 그리고 결코 현실성으로 나타날 수 없는 잠재성으로 남아 있기 위하

---

1) 『의학 연보에 나타난 자연철학에 관한 경구』(*Aphorismen über die Naturphilosophie in den Jahrbüchern der Medizin als Wissenschaft*) Bd. I, Heft 1. Aphor. 162, 163.

여, 영원히 어둠을 향해 결단함으로써 최초의 동경이 해소되는 것처럼 해소된다.

이렇게 되면 모든 존재는 정신에 굴복한다. 정신에서는 실존이 실존의 근거와 하나이다. 정신에서는 이 둘이 실제로 동시적이며, 정신은 이 둘의 절대적 동일성이다. 그러나 정신 위에는 다음과 같은 최초의 비근거가 존재한다. 이 비근거는 더 이상 무차별이 아니지만 이 두 원리의 동일성도 아니다. 그것은 모든 존재에 대립해서 동일적으로 존재하며 어떤 존재에 의해서도 파악되지 않는 보편적 통일성이다. 그것은 또한 모든 존재로부터 자유롭지만 모든 존재에 대해 지속적으로 작용하는 선행(善行)이며, 한 마디로 표현하자면 만유 속의 만유인 사랑이다.

409

(앞에서와 같이) 이렇게 말하려고 하는 사람, 즉 이러한 체계에는 모든 존재를 위한 하나의 체계가 있으며, 어두운 자연근거 가운데서 지배할 뿐 아니라 영원한 청명함 속에서 지배하는 동일한 본질이 존재한다. 그리고 사물의 강도와 단절에 작용하는 존재와 사물의 통일성과 부드러움에 작용하는 존재는 같으며, 선 가운데서 사랑의 의지를 가지고 다스리는 존재와 악 가운데서 분노의 의지로써 지배하는 존재는 같다. 이렇게 말하는 사람은 모든 것을 아주 정확하게 언급함에도 불구하고 다음의 사실을 잊어서는 안된다. 즉 하나의 본질은 그가 갖는 두 가지 작용방식에서 실제로 두 가지 본질로 나누어지며, 그것은 한 본질에서는 단순히 실존의 근거이지만 다른 본질에서는 단순히 본질에 지나지 않으며 (따라서 단순히 관념적이고), 더 나아가 정신으로서의 신만이 두 원리의 동일성이지만 이것은 이 두 원리가 신 자신의 인격성에 복종한다는 사실을 통해서, 그리고 이러한

한에서만 두 원리의 절대적 동일성이라는 것이다.

그러나 종국적으로 이러한 견해의 최고 관점에서 선과 악의 절대적 동일성을 발견하는 사람은, 선악이 전적으로 근원적 대립이 아니기는 하지만 이것이 최소한 이원성을 형성하기 때문에 그 자신의 전적인 무지를 드러내 보이게 된다. 이원성은 실제로 두 가지 본질이 대립하는 곳에 있다. 그러나 악은 존재나 본질이 아니다. 그것은 오로지 대립 속에서 실재를 가질 뿐 즉자적으로 실재를 갖지 않는 비실재(Unwesen)이다. 따라서 절대적 동일성과 사랑의 정신도 악이 사랑의 정신과 대립하는 가운데 비로소 현상할 수 있기 때문에 악에 선행한다. 그러므로 악 또한 절대적 동일성에 의해 파악될 수 없으며 이 절대적 동일성으로부터 영원히 배제되며 제외된다.[2]

전적으로 절대자와 연관해서 고찰할 경우 모든 대립이 사라져버린다는 이유로 이 체계를 범신론으로 부르려고 하는 사람에게는 이러410 한 범신론의 체계가 허용될 수 있다.[3] 우리들은 모든 사람이 자기

---

[2] 선악의 대립이 최초의 원리들 가운데서 설명되어야 한다고 요구하는 것은 이 때문에 아주 특별한 것으로 드러난다. 그러므로 선과 악을 실제적인 이원성으로 간주하고 완전한 체계를 위한 이원론으로 간주하는 사람은 물론 이와 같은 내용을 말해야 한다.

[3] 프리드리히 슐레겔이 『하이델베르크 문학연보』 2권, 242쪽에서 언급한 소망, 즉 나약한 범신론적 현기증이 독일에서 중지되어야 한다는 소망에 저자보다 더 찬동하는 사람은 아무도 있을 수 없다. 특히 슐레겔은 이 현기증에다 미적인 몽상과 상상을 첨가하기 때문이며 우리는 동시에 스피노자주의의 배타적인 합이성성의 견해를 이러한 현기증으로 헤아릴 수 있기 때문이다. 이것은 철학적 체계가 문학적 산업의 대상이 되어버린 독일에서 일어났다. 더 나아가 일상적인 일에서 자연 자체가 오성을 거부한다고 생각하는 사람들은, 경박하게도 자신이 잘못된 견해와 심지어 현기증을 유발하

나름대로 시대를 이해하고 시대 가운데 용해되어 있는 것을 이해하는 각각의 방식을 허용한다. 이해 방식을 지칭하는 명칭은 어떠한 역할도 수행하지 않는다. 중요한 것은 사실이며 사상(Sache)이다. 철학적 체계의 단순한 개념으로부터 규정적인 것에 맞서는 논쟁의 공허함, 즉 많은 접점을 이 개념과 공유할 수 있으며 그렇기 때문에 이미 모든 개념들과 혼동되어왔으며 개별적인 지점에서 그만의 독특한 규정을 담지하고 있는 규정적인 것에 맞서는 논쟁의 공허함에 대

는 철학적 작업으로 부름받은 것으로 생각한다. 개인적으로 스피노자주의를 좋아했거나 자비심 많은 고유한 지원을 통해 이를 부추겨왔던 것이 현기증 의식을 진정시킬 수 있다기보다, 오히려 에라스무스와 함께 '사악한 증오는 맹세나 행위와 같이 결코 홀로 의도되지 않았다'라고 말할 수 있는 것이 최소한이나마 현기증을 진정시킬 수 있다. (이와 같은 방식이 아니고는 에라스무스와 함께할 수 있는 것이 거의 없다.)

저자는 다른 사람에게나 최소한 저자 자신에게, 저자 자신이 이미 파악되었다고 설명한 바 있으며 앞으로도 파악된 존재로 늘 설명하게 될, 탐구의 자유를 어떤 종파의 도움을 받아서 상정하려고 하지 않았다. 저자는 저자 자신이 현재의 탐구에서 받아들이고 있는 도정을, 비록 대화의 외적 형식이 성공하지 못하며 모든 것이 대화의 방식으로 나타난다 하더라도 앞으로 계속 견지할 것이다. 많은 것은 여기서 예리하게 규정된 것으로 유지될 수 있었으며 되는 대로 견지될 수 있었던 것은 거의 없었다. 또한 많은 것이 여기서 오해의 전면에서나마 분명하게 보존될 수 있었다. 부분적으로 저자는 이것을 의도적으로 단념했다. 저자의 이러한 방식을 받아들일 수 없거나 받아들이려 하지 않는 사람은 저자로부터 아무것도 얻지 못할 것이며 다른 출처를 추구하게 될 것이다. 그러나 이 논문은 이 논문과 유사한 이전의 저술 『철학과 종교』를 전적으로 무시하는 가운데 이에 대한 관심을 입증해 보인 주제넘은 추종자와 반대자에 의해 주목을 받고 있는 것으로 보인다. 특히 이 논문의 추종자들은 서문의 위협적인 말이나 서술방식에 의해서보다는 내용 자체에 의해 감동을 받았다.

해서는 이미 이 저술의 서론에서 다룬 바 있다.

따라서 긴급하게 언급되어야 하는 것은 '체계가 사물의 신 내재에 대해 가르쳐야 한다'는 사실이다. 그러나 이것이 비록 비진리를 뜻할 수는 없다 하더라도 예컨대 우리와 연관해서는 아무것도 말하지 않는다. 왜냐하면 우리는, 모든 자연존재가 근거 속에서 단순한 존재를 갖거나 아직까지 오성과의 통일에 이르지 못한 시원적 동경 속에서 단순한 존재를 갖는다는 것, 따라서 이들 자연존재는 신과 연관해서 볼 때 단순히 주변적 존재라는 사실을 충분히 드러내 보였기 때문이다.

411 　오로지 인간만이 신 안에 존재하며, 그는 이러한 신-안의-존재를 통해서 자유의 능력을 지닌다. 유일하게 인간만이 중심존재이며 따라서 중심 가운데 존재해야 한다. 신이 오로지 인간을 통해서 자연을 받아들이며 자연을 자기 자신과 결합시키는 것처럼 모든 사물은 중심 가운데서 창조된다. 자연은 최초의 계약 내지 옛 계약이다. 왜냐하면 사물은 아직 중심 바깥에 있으며 이로 인해 법칙의 지배 하에 있기 때문이다. 인간은 새로운 결속의 시작이다. 인간은 신과 결속되어 있기 때문에 신은 (최후의 분리 이후에) 매개자인 인간을 통해서 자연을 받아들이며 이것을 자기화한다. 따라서 인간은 자연의 원형이 지향하는 자연의 구원자이다. 인간 가운데 충만해 있는 로고스가 자연에서는 (아직 완전히 언표되지 않은) 어두운 로고스이며 예언적 로고스이다. 그러므로 자연 자체에서는 해석되지 않으며 인간을 통해 비로소 설명되는 징후가 있으며, 마찬가지로 오로지 이러한 관점에 의해서만 이해되는, 원인의 보편적 목적성(allgemeine Finalität der Ursachen)이 있다.

이 모든 중심규정을 생략하고 간과하는 사람은 아주 쉽게 반박되어야 한다. 단순히 역사적 비평을 위해서라면 이러한 반박은 아주 편안한 일이다. 사람들은 여기서 자기의 고유한 능력을 설정할 필요가 없다. 오히려 사람들은 "주의하라, 불을 교활하게도 재 밑에 감추는 신을 지나쳐 나아가라"는 말을 정확하게 관찰할 수 있다. 그러나 여기서는 자의적이고 증명되지 않은 전제가 불가피하다. 악에 관한 두 가지 설명방식, 즉 이원론적 설명방식과 카발라적(kabbalistisch) 설명방식이 있다는 것──이론원적 설명방식을 따르면 악한 근거본질은 그 변형태와 더불어 선한 근거본질에 복종하거나 그것에 병렬해 있는 것으로 받아들여지며, 카발라적 설명방식에 의하면 악은 유출과 선으로부터의 소원(疏遠)을 통해 설명된다──, 그렇기 때문에 다른 모든 체계는 선과 악의 구별을 지양해야 한다는 것, 이 두 가지 사실을 입증하기 위해서는 심원하게 사고되고 근원적으로 형성된 철학의 전 위력이 요구된다.

모든 개념은 체계 가운데 규정적 자리를 갖는다. 즉 이 개념이 그곳에서 효력을 가질 뿐 아니라 그 의미와 한계를 규정받는 자리를 갖는 것이다. 내면으로 파고들지 않고 오로지 일반적 개념만을 연관으로부터 도출해내는 사람이 어떻게 전체를 올바르게 판단할 수 있는가? 그래서 우리는 무차별의 개념이 절대자에 대한 유일 가능적 412 개념이 되는 체계의 특정한 점을 지적했다. 만약 이 점이 일반적으로 받아들여지면 전체는 왜곡되며, 이 체계가 최고존재의 인격성을 지양하게 되는 결과에 이르게 된다. 우리는 그동안 종종 들어왔던 이러한 비판과 지금까지의 다른 많은 비판에 대해 침묵해왔지만 이 논문에서 인격성에 대한 최초의 분명한 개념을 설정했다고 생각한다.

162 인간적 자유의 본질

비근거나 무차별에는 물론 인격성이 없다. 그러나 도대체 시원의 점이 곧 전체인가? 우리는 앞서 언급한 비판을 가볍게 잠재운 사람들에게, 인격성 개념이 갖는 최소한의 이해 가능한 내용을 그들의 견해에 따라 제시해줄 것을 요구한다. 그러나 우리는 그들이 신의 인격성을 파악 불가능한 것, 그리고 어떤 방식으로도 이해할 수 없는 것으로 제시하고 있음을 발견하게 된다. 또한 그들은 그 가운데서 모든 인격성 일반이 불가능하게 되는 추상적 체계를 유일하게 합이성적인 체계로 간주함으로써 전적으로 올바른 제시를 하고 있다. 이것은 그들이, 학문과 이성을 멸시하는 모든 사람이 그들과 똑같이 추상적 체계를 합이성적 체계로 간주할 수 있다고 믿는 근거가 되는 것 같기도 하다.

그러나 우리의 생각은 이와 반대이다. 즉 이를 통해 최고의 개념들이 우리에게 실제로 고유한 것으로 될 수 있고 우리 자신 가운데 받아들여질 뿐 아니라 영원히 정초될 수 있음으로써 이들 최고의 개념에 대한 분명한 이성통찰이 가능해져야 하는 것이다. 우리는 당연히 여기서 한 걸음 더 나아가며, 레싱(Lessing)과 더불어 계시 진리는 이성 진리 가운데서 형성되는 것이 인간적 세대에 도움이 되는 것이 확실한 경우 그 자체가 필연적이라고 간주한다.[4] 또한 우리는, 모든 가능적 오류를 (본래적인 정신적 대상 가운데서) 서술하기 위해서 이성으로써 전적으로 충분하며 철학적 체계를 판단함에서는 종교재판적인 용모가 전혀 불필요하다는 것에 대해 확신하고 있다.[5]

---

4) 『인류 교육』(*Erziehung des Menschengeschlechts*), § 76.
5) 특히 전면적으로 형성되는 진리에 대해 언급해야 하는 데서 견해에 관해서만 이야기하려고 하는 경우.

역사에 양도된 선악의 이원론——이에 따르면 인간적 정신의 모든 현상과 활동에는 하나의 원리 아니면 다른 원리가 지배적이며, 절대적으로 선한 것과 절대적으로 악한 두 체계와 두 종교만이 존재한 413 다——, 그리고 모든 것은 순수와 순결로부터 출발하며 이 이후의 모든 전개는 타락과 위조에 지나지 않는다는 견해, 이 전체의 견해는 비판에 있어서, 풀 수 없을 정도로 복잡하게 얽힌 매듭을 아무런 힘도 들이지 않고 두 동강내기 위하여 알렉산드로스의 위력적인 칼과 같이 소용되지만, 역사 속에 전적으로 부자유하고 최고로 제약적인 관점을 가져온다. 이러한 분리에 선행하는 시대가 있었으며, 절대적인 종교에 대립함에도 불구하고 그 자체가 독자적인 근거로부터 유래하며 최초의 것에 대한 위조로부터 나온 것이 아닌 세계관과 종교가 있었다. 역사적으로 볼 때 이교는 기독교만큼 근원적이며, 그것이 비록 고차적인 근거와 토대에 불과하다 하더라도 어떤 다른 것으로부터 도출된 것이 아니다.

이러한 고찰은 우리의 최초 지점으로 되돌아간다. 성스러운 감정과 심정 및 도덕적 의식에 모순되는 체계는 적어도 이러한 속성에서는 이성의 체계로 불릴 수 없으며 단지 반이성의 체계로 불릴 수 있을 뿐이다. 이에 반해 그 가운데서 이성이 자신을 실제로 인식하는 체계는 마음과 정신의 요구는 물론이고 도덕적 감정과 엄격한 오성의 요구도 통일시켜야 할 것이다. 이성과 학문에 대립하는 논쟁은 심지어 정확한 개념이 관계하는 확실하고 탁월한 보편성을 허용하며 그 결과 우리는 이성과 학문의 의도를 규정적인 의미로 손쉽게 알아맞힐 수 있다.

그러나 우리는 우리 자신이 이것을 면밀히 검토한다 하더라도 전

혀 특별하지 않은 것과 마주치게 되지 않을까 두려워한다. 우리가
이성을 이와 같이 높게 설정했다 하더라도 우리는 예컨대 어떤 사람
이 순수이성으로부터 덕스럽다거나 영웅 혹은 위대한 인간이라고 믿
지 않기 때문이다. 잘 알려진 말과 같이 인류는 순수이성을 통해 번
식되는 것이 아니기 때문이다. 오로지 인격성 가운데 생명이 존재한
다. 모든 인격성은, 동시에 이성의 근거여야 하는 어두운 근거에 기
414 인한다. 오로지 오성만이 이 근거 가운데 감추어져 있는 것과 그 속
에 단순히 잠재적으로 포함되어 있는 것을 형성하며 이를 현실성으
로 고양시킨다.

　이것은 오로지 분리, 즉 학문과 변증법을 통해서만 생겨날 수 있
다. 학문과 변증법에 대해 우리가 확신하는 바는, 이것들이 우리가
생각하는 바와 같이 이미 존재했던 것이었지만 늘 다시금 사라져버
리는 것이며 우리 모두에게 유동적인 것인 동시에 전적으로 파악된
그 어떤 체계에 의해서도 고정되지 않으며 영원히 인식되지 않는 것
으로 존재한다는 것이다. 우리가 삶 속에서 원래 힘있는 오성을 신
뢰하는 것같이, 그리고 자신의 감정을 드러내놓는 사람에게서 대개
진정으로 온화한 감정을 그리워하는 것같이, 진리와 인식이 문제가
되는 곳에서는 삶을 단순히 감정으로까지 내몰았던 자기성도 우리에
게 그 어떤 신뢰를 가져다줄 수 없다. 감정이란 근거 속에 머물 때
는 훌륭하고 화려하지만 그것이 스스로 존재가 되려 하고 지배하려
고 하면서 전면에 등장할 때는 그렇지 않다.

　프란츠 폰 바아더의 탁월한 견해에 의하면, 인식의 충동이 생산욕
과 유비를 가질 때는 인식 가운데 도야와 수치에 유비적인 것이 있
지만 이와 동시에 비도야와 몰수치가 있으며, 어떤 것을 형성하고

형태화하는 진지함과 사랑 없이 모든 것에 비용을 들이는 일종의 호색한적인 욕망이 또한 존재한다. 우리의 인격성의 결속은 정신이다. 두 원리의 일상적인 결합이 창조적이며 생산적으로 될 수 있는 경우에만 정신의 감동(Begeisterung)은 본래적인 의미에서 모든 생산적, 조형적 예술이나 학문의 활동적 원리인 것이다. 모든 정신의 감동은 특정한 방식으로 표현된다.

따라서 변증법적 기술욕(Kunsttrieb)을 통해 표현되는 하나의 본래적인 학문적 영감이 있다. 그러므로 학문으로 규정되며 예컨대 시와 종교와는 구별되며 완전히 독자적으로 존재하는 변증법적 철학이 있다. 그러나 이 학문은 수많은 문헌에서 모든 것을 모든 것과 혼합하려고 수고한 사람들이 주장하는 바와 같이 순서를 따를 때 가능한 모든 것과 같지 않다. 사람들은 반성이 이념에 적대적이라고 말한다. 그러나 반성이 극단적인 분리와 나눔으로부터 승리자의 모습으 ₄₁₅로 등장하는 것은 진리의 최고 승리이다.

인간 가운데 있는 이성은 신비가들이 말하는 신 안에 있는 제일수동자(Primum passivum)이거나 그 가운데서 모든 사물이 어우러져 있는 동시에 각각의 방식으로 자유롭게 분리되어 있는 시원적 지혜이다. 이성은 정신과 같이 활동성이 아니며 두 가지 인식 원리의 절대적 동일성도 아니고 무차별이다. 그것은 도량(Maß)이며 진리의 보편적 장이고 근원적 지혜를 수용하는 고요한 자리이다. 오성은 원형인 이 지혜를 바라보면서 형성되어야 한다. 철학은 그의 이름을 한편으로는 보편적으로 감동하는 정신의 원리인 사랑으로부터 획득하고 다른 한편으로는 철학의 본래적 목표인 이런 근원적 지혜로부터 얻는다.

만약 철학으로부터 변증법적 원리, 즉 구별하지만 구별하기 때문에 유기적으로 질서지우고 형성하는 오성이, 그것이 지향하는 원형과 더불어 박탈되며 그 결과 철학이 내적으로 더 이상 척도와 규칙을 가지지 않는다면, 철학에는, 철학 자체가 역사적으로 정위되려고 하는 것, 그리고 똑같은 결과 가운데서 이미 배제된 바 있는 전승을 그 원천과 규준으로 삼는 것 이상이 남지 않는다. 이제는, 사람들이 우리의 시문학을 모든 나라의 시를 인식함으로써 정초했다고 생각하는 바와 같이, 철학을 위해서도 역사적인 규범과 기초를 찾는 시대인 것이다.

우리는 역사적인 추후적 탐구가 갖는 심원한 의미에 대해 큰 관심을 가지지만, 인간은 동물적 본능의 무감각으로부터 점차적으로 이성을 향해 나아간다는 거의 일반적인 견해가 우리의 견해가 아님을 이미 지적했다고 생각한다. 그럼에도 우리는 진리가 우리 가까이 있음과, 우리 시대에 활발하게 형성된 문제들에 대해 그 해법을 찾기 위해서 멀리 떨어져 있는 근원을 향해 나아가기 전에 그것을 먼저 우리 가운데서, 우리의 고유한 토대 위에서 찾아야 한다고 생각한다. 직접적 인식의 가능성이 주어져 있다면 단순한 역사적 믿음의 시대는 지나간 것이다.

우리는 모든 기록된 계시보다 더 오래된 계시, 즉 자연을 가지고 있다. 자연은 인간이 아직 해석하지 않은 원형을 가지고 있는 반면, 416 기록된 계시의 원형은 이미 오래 전에 충족되고 해석되었다. 종교와 학문의 유일 진정한 체계는 기록되지 않은 계시에 대한 이해가 개방될 경우, 궁색하게 모아진 몇몇 철학적, 비판적 개념의 왕국에서가 아니라 진리와 자연의 완전한 광채 가운데서 현상할 것이다. 지금은 옛날의 대립을 다시금 일깨우는 시대가 아니라 모든 대립의 바깥에 있으며 그 위에 놓여 있는 존재를 찾는 시대이다.

 이 저술에는 철학의 관념적 부분의 전체가 점차적으로 기술되는 일련의 다른 저술이 뒤따르게 될 것이다.

철학과 종교

태초에 자유가 있었다
• 셸링의 『철학과 종교』

최신한(한남대 교수 · 철학)

  셸링이 1804년에 출간한 『철학과 종교』는 그가 머리말에서 밝히고 있는 바와 같이 이 저술보다 2년 전에 출간된 『브루노 혹은 사물의 신적 원리와 자연적 원리에 관하여』(이하 『브루노』로 줄여서 씀)와 동일한 주제를 다루고 있다. 특히 셸링은 『브루노』에 대한 직접적인 비판을 담고 있는 에셴마이어(Eschenmayer)의 『비철학으로 이행하는 철학』을 이 저술을 통해 반비판함으로써, 한편으로는 『브루노』를 보충하고 다른 한편으로는 자신의 구상을 보다 설득력 있게 구체화하려고 한다. 이 저술이 다루는 문제들은 '절대자의 이념' '절대자로부터 파생되는 유한적 사물' '자유, 도덕, 지복' '영혼불멸성' 등 모두가 유한자와 무한자의 관계에 대한 것이다. 셸링은 이러한 문제들을 전통적으로 철학과 종교가 다루는 대상이라고 간주하며 이를 자신의 고유한 자연철학의 틀 속에서 규명하려고 한다.

  그러나 셸링은 5년 뒤에 나온 『인간적 자유의 본질』 서문에서 이 저술에 대해 "서술의 잘못 때문에 불명료하게 남아 있으며 학계에서 전혀 주목받지 못한 것으로 보인다"고 자평함으로써 이 책이 일면 미완의 작품임을 인정한다. 그러나 자연철학적 탐구를 넘어서는 셸링의 새로운 사유가 이 저술에서 구상한 문제성으로부터 전개되고 있다는 점에서 이 책은 셸링의 전체 사유에서 중요한 위치를 차지하고 있다. 『철학과 종교』는 『인간적 자유의 본질』에 앞서 의지의 자유, 선과 악, 인격성 등의 문제를 처음으로 다룸으로써 셸링의 후기 철학인 '자유의 철학'의 단초를 제공하고 있다.

철학과 종교의 관계

셸링에게 철학과 종교는 동일한 대상을 갖는다. 이것은 독일관념론 철학 일반이 지향하는 방향과 일치한다. 포괄적으로 말한다면 철학은 고대로부터 신비와 신화로부터 출현한 것이며 종교와 '공동의 성물(聖物)'을 소유하고 있기 때문에 항상 절대자에 대해 관심을 가지며 이러한 이유로 통속적 지식을 넘어설 수 있다는 것이 셸링을 포함한 독일관념론 철학자들의 일반적인 생각이다.

독일관념론 철학은 특히 고대철학의 모델을 따라 항상 전체존재와 절대자를 대상으로 삼는다. 그러나 절대자를 철학의 대상으로 삼는 것은 고대철학의 경우와 근대철학의 경우가 구별된다. 고대철학은 플라톤에서처럼 신화나 신비로부터 철학적 이론을 구성하는 데 집중한 반면 근대철학은 이러한 이론에 논리적 타당성을 부여하는 데까지 나아가기 때문이다. 절대자가 철학이론의 대상이 된다는 것과 그것이 인간의 주관성을 통해 재구성된다는 것은 엄격하게 구별된다.

절대자에 대한 철학의 가능성과 불가능성은 인간의 주관성이 절대자와 관계하는 방식에서 등장한다. 인간의 주관성을 일관된 이성의 테두리 안에서 파악한다면 절대자에 관한 일관된 철학이 가능한 반면, 이를 분열된 주관성을 통해 파악한다면 절대자에 관한 철학은 불가능하며 철학의 자리에 종교가 들어서게 된다. 이성이 유한자뿐만 아니라 절대자까지 일관되게 파악할 수 있다면 종교는 철학으로 수렴되는 반면, 이성이 유한자 파악에만 그치고 절대자에 대해서는 직관이나 예감 등과 같은 다른 능력이 동원되어야 한다면 철학은 신앙이나 종교로 지양되거나 이를 통해 보충되어야 한다. 독일관념론의 전통 가운데서 전자의 입장을 이론적으로 충실하게 구현한 것은 헤겔에게서 유일하게 발견되는 반면, 후자의 입장은 야코비나 슐라이어마허 등의 사유에서 발견된다. 『철학과 종교』에 나타나 있는 셸링의 입장은 전자에 가깝지만 이론적 이성을 통해 절대자의 철학을 완전하게 구성하는 문제에 대해서는 이미 헤겔과 다른 길을 가고 있다.

셸링이 지향하는 절대자의 철학은 철학과 종교의 일치를 통해 가능하다. 이것은 철학의 영역과 종교의 영역의 일치이며 이를 통해 드러나는 전체존재와 절대자의 동일성이다. 셸링은 칸트의 이원론적 세계 설명을 피히테와 더불어 극복하려고 하며 이를 전체존재의 통일성을 강조한 스피노자 철학의 토대 위에서 실현하려고 한다. 잘 알려진 바와 같이 칸트는 인간의 이론적 인식 가능성을 현상세계에 국한시키고 이를 물자체(物自體)와 엄격하게 구별한다. 칸트에게서 인식과 신앙의 영역은 명확하게 구별되는 것이다. 이러한 구별에서 전체존재는 통일적으로 드러날 수 없으며 존재의 차이와 인식의 차이는 불가피하다. 존재와 인식의 차이는 칸트 이후 철학에 맡겨진 과제이자 철학 일반이 안고 있는 모순이다. 셸링은 인간 삶의 모순으로 나타나는 철학과 종교의 딜레마를 자신의 철학으로 해결하려고 한다.

에셴마이어의 이른바 '비철학'은 칸트철학의 영향 하에서 파악된다. 철학은 오성의 테두리를 벗어날 수 없으며 유한자의 지평만을 다룰 수 있고 그렇기 때문에 그것은 신앙의 사실과 예감의 영역인 비철학으로 이행해야 한다는 것이다. 에셴마이어에게 철학과 종교의 일치는 불가능하며 철학의 대상은 유한자에 지나지 않으므로 그것은 다만 종교로 이행해야 한다. 종교와 비철학의 의미는 철학의 영역을 제한하고 이를 통해 이 영역 너머에서 절대자를 구해내는 데 있는 것이다. 비철학의 영역은 이성이 작동할 수 없는 영역이므로 이는 이성에게 아무런 가치도 지니지 못하는 영역이 된다. 철학의 대상이 경험 대상과 유한적 사물에게 제한되고 초감성적 세계와 무한자는 철학이 다룰 수 없다는 사실에 기인하는 철학과 비철학의 구별은 칸트에게서와 같이 다시금 전체존재의 분리이며 인식의 분리이다.

그러나 철학과 종교의 일치를 추구하는 셸링에게 중요한 것은 분리되지 않는 전체존재의 파악에 있다. 이것은 에셴마이어에 대한 반비판의 기조를 이루며 『철학과 종교』의 주제를 형성한다. 셸링에게 스피노자가 중요한 이유도 이러한 맥락에서 파악된다. 철학의 본래적인 대상이 고대 이래로 전체존재라는 사실이 다시 확인되어야 하며 이를 오인하게 하는 인간 주관성에 대한 잘못된 자기 이해가 교정되어야 한다. 이성과 이념을 오성에 제한하고 사고의 사변적 활동성을 반성에 제한함으로써 철학의 영역이 축소되었다면, 이제는 주관성에 대한 새로운 이해를 통해 상실된 철학의 영역이 회복되어야 한다. 철학의 학문화가 오성의 반성을 통해 가능했다면, 반성을 통해 제한된 철학의 영역은 이제 새로운 철학을 통해 철학 본래의 영역으로 확장되어야 한다.

셸링이 시도하는 새로운 철학의 기조는 자연철학이다. 동일성철학이나 자유의 철학으로 규정되는 그의 다른 철학도 모두 자연철학의 토대 위에 가능하다. 자신의 자연철학을 완전한 철학으로 인정하려고 하는 셸링에게 철학은 더 이상 신앙의 보충을 필요로 하지 않는다. 오히려 철학은 비철학이 신앙을 통해 파악하고 있다고 생각하는 것을 체계적으로 인식하는 데까지 나아간다. 왜냐하면 예감이나 신앙으로부터 나오는 절대자 인식은 증명할 수 없는 반면 철학으로부터 나오는 절대자 인식은 증명 가능하며, 절대자 인식은 통일성으로 귀결되는 반면 예감이나 종교적 직관은 개별적인 차이를 넘어설 수 없기 때문이다. 신앙을 통해 파악되는 것은 신앙 형태의 실제적인 대립이 보여주듯이 늘 특수하다. 이것은 이성적 인식이 마련하는 보편적 절대자에 대한 특수한 견해에 지나지 않는다. 철학은 이제 오성의 영역을 넘어서서 신앙의 영역까지 포함해야 하며 신앙과 비철학이 전유해온 대상들을 반환 청구하는 데까지 나아가야 한다.

지적 직관과 신 인식

신앙을 철학 가운데 포함시키려는 셸링의 사유에서는 '절대자'와 '신'이 구별되지 않는다. 흔히 철학의 대상인 절대자와 신앙의 대상인 신은 구별된다고 말한다. 그러나 신앙의 힘으로 신을 절대자 위에 놓는다 하더라도 신이 절대성과 영원성의 이념을 가질 뿐 그 이상의 이념은 존재하지 않기 때문에 신은 절대자와 다르지 않다. 철학에는 절대자의 이념에 대해 다루는 것 이상의 과제가 주어져 있지 않다. 철학에는 절대자의 이념을 그 자체로 인식하는 문제가 남아 있을 뿐이다.

철학은 절대자의 이념에 어떻게 이를 수 있는가? 일반적으로 절대자의 이념을 인식하기 위해 나서는 첫째 후보는 '반성'(Reflexion)이다. 반성은 인식 주체의 활동성으로서 대상에 대한 규정을 산출한다. 반성은 대상과 대립함으로써 출발할 수 있으며 그 결과 반성된 대상이 반성 규정을 통해 여타의 대상과 구별됨으로써 완성된다. 반성에는 주체와 대상의 대립이 관건이며 이로 인한 대상 세계의 차이가 중요하다. 반성 이전에는 대상들간의 규정적 구별이 없기 때문이다.

그러나 절대자에 대한 반성 규정은 유한한 대상에 대한 반성 규정과 다르다. 절대자는 다른 존재를 자기 밖에 갖는 존재가 아닌 한, 절대자에 대한 규정은 반성을 통해 규정되는 모든 개별 존재자들의 차이성이 통일되고 또 이 차이성이 근거하는 대립이 통일됨으로써 비로소 가능하다. 그렇지만 이렇게 구성되는 절대자는 진정한 절대자가 아니다. 왜냐하면 반성을 통해 구성되는 절대자는 인간의 활동성이 매개되기 이전에 그 자체로 존재하는 즉자존재가 아니며 개별적인 규정들이 통일되고 그 차이성이 지양됨으로써 비로소 정립되는 존재이기 때문이다. 대립을 통해 구성되고 반성을 통해 산출되는 존재는 절대자일 수 없다. 절대자는 모든 대립 너머에 그 자체로 존재하지 않는 한 절대자일 수 없다. 셸링에게 절대자는 '대립의 부정'이며 '주체와 객체의 절대적 동일성'이므로, 반성은 절대자의 이념을 인식할 수 없다.

셸링이 절대자의 이념을 인식할 수 있는 능력으로 제시하는 것은 지적 직관이다. 절대자의 이념은 모든 대립 너머에 있는 절대적 동일성과 즉자존재의 동일성으로 규정된다. 이러한 동일성은 반성의 매개를 통해서는 확보될 수 없으며 오로지 반성 규정을 무한히 능가하는 직접적인 직관적 인식을 통해서 획득될 수 있다. 절대적 동일성은 상대적인 존재의 규정이 반성을 통해 매개되고 종합됨으로써 얻어진다기보다 직관을 통해 직접적으로 획득되는 것이다.

절대자가 오로지 직접적인 지적 직관을 통해서만 인식될 수 있다는 사실은 셸링의 고유한 사유이다. 특히 『철학과 종교』에서는 절대자와 지적 직관의 관계가 인간 영혼과 관련하여 서술된다. 지적 직관은 '영혼 자체의 즉자를 형성하는 인식'이며 그 자체가 '절대자와 하나이며 절대자 자체인 영혼의 본질'이다. 부분적인 대상을 파악하는 반성이 인간의 능력인 것과 같이 지적 직관도 당연히 인간의 능력이지만 그것은 유한자 파악에 그치지 않고 절대자 인식에까지 나아갈 수 있다는 것이다.

에셴마이어가 철학을 반성철학에 국한시키고 절대자에 대해서는 철학이 아니라 신앙과 예감만이 관계할 수 있다고 주장하는 것은 셸링의 지적 직관의 철학에서는 더 이상 관철될 수 없다. 절대자에게는 반성의 매개를 통해서는 도달할 수 없기 때문에 예감이 개념적 매개를 대신해서 절대자에 대한 직접적 인식의 가능성을 제공해준다고 말할 수 있다. 그러나 예감은 그 자체가 특수성을 벗어날 수 없기 때문에 절대자 인식의 적임자가 될 수 없다. 절대자에 대한 인식 방식은 그 자체가 절대적이고 보편적이어야 하며 직접적이어야 하기 때문에, 그리고 지적 직관은 그 자체가 영혼의 본질로서 절대자를 인식할 뿐 아니라 그 자체가 절대자와 동일하기 때문에 절대자에게는 오로지 지적 직관을 통해서만 도달할 수 있다는 것이 셸링의 생각이다.

또한 지적 직관이 예감이나 감정과 구별되는 것은 절대자에 대한 직접적 인식과 더불어 절대자에 대한 명증적 인식에서 찾아진다. 예감을 통한 절대자 인식은 직접적이기는 하지만 인식의 우연성과 제약성 및 특수성을 벗어날 수 없기 때문이다. 예감이 절대자를 명증적으로 파악하는 경우가 있을 수 있지만 그것은 인식 주체의 특수한 상황과 개별적인 조건을 벗어날 수 없다. 예감을 통한 절대자 인식은 그 자체가 명증적이라 하더라도 그것은 개인의 명증성이며 우연적인 명증성이다. 또한 에셴마이어에게서는 무한자가 이른바 비철학의 대상이며 철학의 대상인 유한자를 벗어나 있기 때문에, 예감에 의해 파악되는 절대자는 그 자체가 진정한 절대자일 수 없다. 절대자 가운데 유한자가 배제된 절대자는 진정한 절대자가 아니기 때문이다. 절대자의 본질은 개별성과 우연성에 떨어질 수 없을 뿐 아니라 유한자와 대립적이지 않기 때문에 예감을 통해 파악된 절대자는 절대자가 아니거나 절대자의 가상에 지나지 않는다.

『철학과 종교』에서 파악하기 어려운 문제는 셸링의 지적 직관이 인간의 일반적인 인식 능력과 관련해서 어떻게 규정될 수 있으며 그의 영혼 개념이 동시대 철학자들이 밝혀낸 인식 능력과 연관해서 어떻게 자리매김될 수 있는가 하는 점이다. 셸링에게서 지적 직관과 영혼이 동일한 개념이라 하더라도 이 둘은 인간의 일반적인 인식 능력과 관련해서 어떻게 규정될 수 있는가? 영혼이나 지적 직관이 반성 능력을 넘어간다면, 그리고 그것이 칸트적인 의미의 감성적 직관을 능가한다면, 그것은 이성으로 규정될 수 있는가? 그러나 지적 직관은 예컨대 헤겔의 변증법적 이성 개념과 구별되어야 한다면 단순히 이성으로 규정될 수도 없다. 왜냐하면 변증법적 이성은 반성의 매개가 아니라 하더라도 그 자체가 매개의 활동성이며 종합의 능력이기 때문이다. 지적 직관이 에셴마이어의 주장에 맞서 예감과 감정을 비판한다면 순수하게 지성적인 활동이기만 한 것인가? 그러나 그것이 순수 이론적 지성 활동으로 귀결되는 이성이나 사변이 아니라면 이 또 다른 능력은 무엇으로 규정될 수 있는가? 『철학과 종교』에서 명쾌하게 드러나지는 않지만 이 책이 '자유'와 '악'을 중심문제로 다루는 한에서 이 능력은 의지로 구체화되는 것으로 보인다.

　분명한 것은 지적 직관이 '절대적인 인식 방식'이라는 사실이다. 그러나 이러한 절대적 인식은 인식론적 차원에서 이해되는 인식이라기보다 절대자를 형이상학적으로 드러내기 위한 인식이다. 이것은 형이상학적인 개념으로서 그 자체가 절대자 및 절대자와 관련된 존재를 대변한다. 절대자의 구조와 논리에 대한 파악이 관건인 것이다. 우선 절대자 자체의 구조가 밝혀져야 하며 그 다음으로 절대자로부터 파생되는 유한자와 절대자의 관계가 드러나야 한다. 지적 직관은 이 모든 문제의 중심에 놓여 있다.

근원존재와 파생된 존재

　셸링의 지적 직관은 일자 내지 절대자를 지칭하며 더 이상의 규정이 덧붙여지지 않은 최초의 인식이기 때문에 단순한 절대성이며 순수 절대성이다. 이러한 절대자는 그 자체의 개념에 의해 존재하며 여타의 다른 존재를 통해 규정되지 않는다. 따라서 이러한 자기관계적인 존재는 우선 전적으로 이상적(ideal)이다. 그러나 절대자는 전적으로 이상적인 존재로 그치지 않는다. 전적으로 이상적인 존재가 그 자체로 존재하는 한 그것은 형식을 갖는다. 이 형식은 절대자의 형식으로서 절대성이며 전적으로-이상적인 존재의 직접적인 표현이다. 이 절대성의 도움으로 전적으로-이상적인 존재는 자신의 상대물인 전적으로-실재적인 존재가 된다. 이때 절대자는 이상성을 벗어나지 않으면서 실재적 존재가 된다. 전적으로 이상적인 존재는 그 형식인 절대성을 매개로 해서 전적으로-실재적인 존재 가운데서 자기를 인식한다. 전적으로-이상적인 존재의 자기인식은 실재성을 향한 순수 이상성의 영원한 변형이다. 절대자의 자기관계는 이와 같이 전적으로-이상적인 존재와 전적으로-실재적인 존재의 관계이자 이 관계를 통해 이루어지는 자기인식이다.

절대자의 형식인 절대성과 유한자에 대한 표상이 만들어내는 유한성은 절대자가 이렇게 이상적 존재와 실재적 존재의 동시 존재라는 점에서 분명히 구별된다. 유한적인 표상은 전적으로 이상적-관념적인 반면 절대성은 이상적이면서 동시에 실재적이기 때문이다. 반대로 절대성이 이상성만을 갖는다면 그것으로부터 실재성은 배제되므로 그것은 더 이상 절대성이 될 수 없다. 이것은 전통적인 존재론적 신존재증명의 한계이기도 하다. 이 증명에서 드러나는 신은 이상과 실재의 동시적 존재라기보다 오로지 이상적인 존재로서 그 자체로 존재하는 자이기 때문이다.

절대자의 구조가 이렇게 파악된다면 그 다음에는 절대자의 자기인식으로부터 파생되는 절대자의 타자, 즉 유한자의 구조와 그것이 절대자와 맺는 관계가 드러나야 한다. 우선 셸링은 절대자의 자기인식 자체가 절대자의 자기분할이 아니라고 생각한다. 이것은 절대성의 자기인식 내지 자기외출(Herausgehen aus sich selbst)을 절대성의 자기분할로 이해하는 철학과 구별된다. 절대성의 자기분할에서는 분할과 동시에 유한자의 유한성이 등장하는 반면, 절대자의 자기인식은 자기직관, 즉 또 다른 절대자인 상대물에서 자기를 직관하는 것이다. 절대자의 자기인식은 자기객관화이기 때문에 그 자체로 절대적이며 자립적이다. 절대자의 자기현시는 또 다른 절대자로 나타날 뿐 이 과정에서 절대성이 손상되는 일은 없다. 이러한 셸링의 사유는 유출설(流出說)의 주장과 다르다. 유출설에서는 절대성이 유출을 통해 절대성을 상실하고 물질과 결핍으로 이행하는 반면, 셸링에게는 절대자의 자기현시가 또 다른 절대자로의 이행인 것이다. 절대자가 다른 존재로 이행하는 것은 결코 모든 이상성의 결핍이 아니다. 감소를 통해서는 유한자가 무한자로부터 발생할 수 없는 것이다. 유출설에서는 악이 존재의 결핍으로 규정된다면, 여기서 악의 문제를 바라보는 셸링의 시각이 전혀 다른 차원에서 등장한다.

유출설은 창조설과 흡사하게 유한자가 절대자로부터 긍정적으로 산출되는 것으로 생각한다. 셸링은 이러한 주장과 다르게 절대자와 유한자 사이에는 근본적인 단절이 있다고 생각한다. 유한자나 감각 세계는 절대성의 완전한 단절로 규정될 뿐이며 그것이 절대자로부터 긍정적으로 산출될 수 없다. 절대자로부터 출발하는 어떠한 긍정적인 작용도 유한자에 이를 수는 없다. 오히려 절대자는 절대성의 이념만을 산출하거나 절대자만을 산출한다. 그러므로 실재하는 절대자

이외에 진정으로 실재하는 존재는 없다. 그럼에도 유한자와 감각세계가 존재한다면 그것은 절대자로부터 멀어지고 그로부터 떨어져 나와 스스로 절대성을 상실한 타락한 존재에게서 가능하다. 유한자의 세계는 절대자로부터 긍정적으로 산출되는 것이 아니라 부정적으로 산출되는 것이다. 절대자로부터 멀어짐으로써 가능한 유한성의 세계는 절대자에 대해 부정적으로 관계할 따름이며 이 둘 사이에 긍정적인 관계는 존재하지 않는다. 따라서 절대자로부터 가장 멀리 떨어져 나온 존재인 질료는 그 자체가 절대자에 대해 아무런 긍정적인 특성을 갖지 않는다는 점에서 '악의 원리'가 된다.

셸링에게서 질료는 신플라톤주의자들의 그것과 같이 '무'로 규정되며 '존재하지 않는 것'으로 이름붙여진다. 질료는 절대자로부터 떨어져 나온 존재에 의해 산출된 것이다. 이와 같이 오로지 부정적인 특성을 갖는 질료와 무가 악이나 악의 원리로 규정되는 것은 당연하다. 일자 내지 절대자를 영혼과 동일시하고 지적 직관을 통해 이를 파악할 수 있다고 생각하는 셸링에게 절대자로부터 가장 멀리 떨어져 나온 질료가 악으로 규정되는 것은 자연스러운 일이다. 셸링은 플라톤의 『파이돈』에 나타나 있는 것과 같이 영혼을 중시하며 영혼으로부터 멀어지는 것을 부정적으로 평가한다. 이런 맥락에서 셸링은 절대자로부터 멀어지는 타락의 원리가 '부정철학'을 형성한다고까지 단정한다.

태초에 자유가 있었다

흥미로운 것은 이러한 부정성이 자유의 개념과 연결된다는 사실이다. 셸링에게서 자유는 '절대자에 의해 최초로 직관되는 존재의 본래적이며 진정한 실재'로 규정되는 한편 절대자로부터 멀어지는 '타락의 가능 근거'이기도 하다. 자유는 양면성을 갖는 것이다. 절대자의 본질성이 나타나 있고 그 속에서 절대자의 형식이 작용하는 객체나 자아는 절대자와 단순히 대립된 존재가 아니라 자기-내적-존재이며 절대적 존재인데, 이 존재의 실재가 자유라면 이 존재의 근원 존재인 절대자도 자유임에 틀림없다. 왜냐하면 파생된 존재는 절대자로부터 떨어져 나온 절대자의 상대물이기 때문이다. 이런 맥락에서 자유는 절대자가 그로부터 떨어져 나온 세계를 직관하는 절대자 자신의 흔적이며 거울이다. 이를테면 태초에 자유가 있었던 것이다. 그러나 『철학과 종교』를 보충하고 구체화하기 위해 씌어진 셸링 후기 사상의 결정판인 『인간적 자유의 본질』에서 자유가 '선악의 가능성'으로 규정된다면, 강조점은 신의 자유에 있다기보다 인간의 자유에 있다. 인간의 자유가 태초의 신의 자유로부터 유래한 것이 틀림없지만, 인간의 자유가 관건인 한 이 자유는 긍정적 측면만을 지니는 것이 아니다. 인간의 자유는 양면의 삶으로 나타나는 것이다.

여기서 분명해지는 것은, 반성철학은 절대자를 규정할 수 없다고 생각하면서 반성의 자리를 지적 직관으로 대신한 셸링에게서 절대자와 관계하는 인간의 능력이 의지와 관련되어 있다는 사실이다. 『철학과 종교』에 나타나 있는 지적 직관은 그것이 자유의 문제와 연결되어 있는 한 이론적 능력이라기보다 실천적 능력이기 때문이다. 이것은 자아의 활동성을 강조하고 여기서 자유의 문제를 발견한 피히테의 철학과 밀접하게 관련되어 있다. 초기에 피히테주의자였던 셸링의 면모는 피히테로부터 전적으로 자유롭지 않은 것이다. 그러나 피히테의 지극히 형식적이고 자아에 국한된 자유 개념과 달리 셸링의 자유 개념은 주관성의 특성을 넘어서는 존재 일반의 형이상학적 특성을 규명하는 데까지 나아간다. 셸링의 자유 개념은 형이상학적 자유 개념인 것이다.

유한자의 자유는 절대자의 자기-객관화에서 가능하며 절대자가 유한자를 직관할 때 가능하다. 유한자의 자유는 그가 절대자 가운데 존재할 때만 가능한 것이다. 유한자와 절대자의 관계가 필연성의 관계인 것같이 진정한 자유는 절대적 필연성에서만 가능하다. 자유와 필연성은 상호 모순 개념으로 보이지만 절대자에게서는 이 둘이 통일되어 있다. 그러므로 인간의 영혼은 그 스스로 무한자 가운데 존재하고 무한자와 필연적으로 관계하지 않으면 진정으로 자유로울 수 없다. 따라서 인간의 자유는 신-안에서의-자유인 것이다. 그러나 인간이 자기성(自己性)에 빠져서 무한자와 멀어지거나 더 적극적으로 무한자를 자기에게 복종시키려 할 때 그는 무한자와 무관하게 될 뿐 아니라 역설적으로 자기부정에 이르게 된다. 절대자와 무관하게 된 인간의 자유는 자기성 가운데서 다시금 절대성을 산출할 수 없으며 기껏해야 상대적인 존재와 시간적 존재를 산출할 수 있을 뿐이다. 절대성의 가능성을 스스로 절대성의 불가능성으로 만든 것이다. 절대성에 이를 수 있는 가능성 대신 상대성을 향한 가능성으로서의 자유는 결국 타락의 가능성이며 유한한 세계의 경험적 필연성을 산출하는 자유 이상이 아니다.

인간의 자유에 대한 셸링의 사유는 여기서 분명해진다. 인간의 자유는 인간존재의 가능성이며 상승과 하강의 분기점이다. 인간의 자유가 어떤 방향을 향하며 절대자와 어떤 관계를 맺느냐에 따라 인간

존재의 가능성이 결정되는 것이다. 이 점은 『인간적 자유의 본질』의 논의와 정확하게 일치한다. 인간의 자유가 상대적인 존재의 산출을 향할 때 그는 자연 필연성과 동일한 반면, 그것이 무한자를 향하고 그와 일치될 때 자유에 대립하는 필연성 너머로 고양된다. 자연과의 동일성은 악으로 연결되는 반면 자연적 필연성 너머로의 고양은 선으로 연결된다. 선으로 귀결되는 자유는 궁극적으로 절대적 필연성과 조화를 이루는데, 이것은 신 안에서 그와 조화를 이루는 것과 같다. 신은 '필연과 자유의 동일한 즉자'이기 때문이다.

종교의 형식과 철학

셸링은 자유에 대한 논의로부터 자연스럽게 종교에 대한 논의로 넘어간다. 셸링에게서 자유는 무엇보다 형이상학적인 의미로 나타나지만 그것은 실천의 영역과 무관할 수 없다. 이것은 칸트에게서 자유와 도덕이 종교로 연결되는 것과 흡사하다. 그러나 셸링에게 신의 실재성은 도덕을 통해 비로소 이루어지는 것이 아니라, 이와 반대로 신이 존재하기 때문에 도덕적 세계가 존재한다. 다시 말하면 '절대-이상적-존재에 대한 인식'인 종교는 신 안에 있는 절대적 동일성에 대한 인식으로서 모든 행위에 선행하며 모든 행위로부터 독립해 있다. 그러므로 도덕적 세계가 존재하게 하기 위해서 신을 존재하게 하는 것이 아니라, 신이 최초의 도덕적 존재이기 때문에 도덕적 세계가 가능한 것이다. 태초에 자유가 있었기 때문에 도덕적 세계가 가능하며 도덕적인 행위가 가능하게 된다. 그러므로 절대적 존재에 대한 인식인 종교가 도덕에 선행하며 그 자체가 자유의 근거이다.

절대적 존재에 대한 인식이 곧바로 철학으로 규정되지 않고 종교로 규정되며 또한 절대자에 대한 이론적 앎이 문제되지 않고 자유와 도덕이 문제되는 것은 칸트 및 헤겔의 사유와 근본적으로 다른 셸링적 사유의 면모이다.

종교는 절대자에 대한 인식으로서 도덕과 이론적 앎보다 선행하지만 그 자체가 여전히 베일에 가려 있다. 이에 반해 철학은 이러한 종교의 대상을 빛으로 끌어내고 그 베일을 벗기려고 한다. 에셴마이어의 주장과 같이 철학의 영역이 제한되어 있으며 신앙은 이 영역을 넘어가므로 철학이 불가피하게 비철학으로 이행해야 하는 것이 아니라, 철학은 종교와 동일한 대상에 관계하며 그 명료화 작업을 수행하는 것이다. 종교와 신화가 상상력과 관계한다면 철학은 진리의 획득 및 확산에 관계한다.

여기서 종교의 외적 형식에 대한 셸링의 언급은 대단히 흥미롭다. 절대자에 대한 인식인 종교가 그 자체의 순수한 이상성을 유지하려 하는 한 그것은 비교적(秘敎的)으로만 존재하거나 신비적인 형태로 존재한다는 것이다. 공교화(公敎化)된 종교는 국가의 신화학이나 예술에서 발견된다. 그러나 종교가 이상성을 포기하지 않으려 하는 한 그것은 공공성을 포기하고 비교적인 차원으로 물러난다. 공적인 차원에서 종교의 진정한 내용이 손상당하며 그 순수성이 손상되기 때문이다. 이와 마찬가지로 신비는 공교적 종교와 늘 대립한다. 신비가 공적으로 변하면 그것은 더 이상 비밀스런 차원을 보여줄 수 없기 때문이다. 종교가 공적으로 변하고 신비가 그 비밀을 상실하는 것은 종교가 감각세계와 관계함으로써 그 영적, 정신적 본성을 상실하는 것과 같다.

공교적 종교보다 비교적 종교를 보다 낮게 평가하고 절대성에 대한 공적인 관계보다 신비를 더 의미있게 생각하는 셸링은 절대자가 보편적인 인식의 대상이 될 수 없다는 사실을 주장함에 틀림없다. 종교와 철학의 대상이 확연히 구별됨으로써 철학이 종교로 이행해야 한다는 사실과 그 대상이 동일하다 하더라도 이를 드러내는 틀이 다르다는 사실은 확실히 구별된다. 그러나 철학에 대립하는 종교나 비철학으로 규정되는 종교에서와 같이 가능한 한 자연과 감각세계를 배제하고 절대자에게 직접적으로 관계하는 가운데 유한자를 지양하려고 하는 종교는 그 자체가 절대적일 수 없으며 유한한 현상에 지나지 않는다. 철학과 종교를 함께 생각하는 셸링에게는 차라리 '진정한 신화학'이 유한한 현상으로서의 종교보다 우위에 놓여 있다. 공교적 종교인 신화학이 반쪽의 세계와 관계하는 종교보다 높이 평가된다. 진정한 신화학은 '오로지 자연의 형태를 통해서만 가능한 이념의 상징학'이며 '무한자의 완전한 유한화인 이념의 상징학'이기 때문이다. 현상을 포함하는 절대자가 현상에 맞서는 절대자보다 항상 우위에 있는 것이다.

머리말

1802년에 출간된 대화, 『브루노 혹은 사물의 신적 원리와 자연적 원리에 관하여』는 그 구상에서 일련의 대화의 시작이며, 그 대상에 대해서는 『브루노』에서 이미 특징지은 바 있다.[1] 이러한 순서에 들어 있는 두번째 대화에 유일하게 결여되어 있었던 것은 이미 오래 전부터 출간을 위해 요구된 최종 마무름인데, 그것은 이 대화에 주어져야 하는 것으로서 외적인 정황을 허용하지 않았던 내용이다. 이 대화가 처음부터 끝까지 담고 있는 상징적 형식을 뺀다면, 이 책은 이와 동일한 소재를 갖는다. 만약 세심한 독자가 몇몇 부분이 떨어져 나간 고도의 유기적 결합이 남긴 이러한 흔적에서 무엇인가를 인식한다면, 그는 이것을 이미 언급된 것으로부터 설명하게 될 것이다.

저자의 많은 공적인 발언에서뿐 아니라 특히 에셴마이어의 특징적인 저술(그는 여기서 철학을 신앙으로 새롭게 보충하려고 한다)에

---

1) 35쪽(4권, 234쪽).

들어 있었던 이러한 관계에 대한 설명의 요구는, 위에서 말한 형식 없이 이러한 이념을 전달하게 했다. 가장 좋은 것은 이러한 전달이 확실하게 대화 자체를 통해 일어나고 언급된 근거가 그(대화) 현상에 대립하지 않는 일일 것이다. 그러나 자립성에 이르기까지 형성된 철학이 자립적이고 자유로운 정신 가운데 수용할 수 있는 저 고상한 형식과 우리가 볼 때 유일한 형식은, 목적이 달성되어야 하는 곳에서는 결코 요구되지 않는다. 왜냐하면 이러한 형식은 결코 수단으로 봉사하지 않으며 그 가치를 자기 내적으로 소유하기 때문이다.

조형예술 작품이 바다의 심연으로 가라앉아서 누구의 눈에도 띄지 않는다 하더라도 예술작품이기를 중단하지 않는 것처럼, 모든 철학적 예술 작품도 시대에 의해 파악되지 않는 가운데서도 철학적 작품으로 남아 있다. 이 철학적 예술이 순수한 몰파악에 제약된다면, 우리는 그(철학적 예술) 생각을 알아야 할 것이다. 철학적 예술은 이러한 몰파악 대신에, 한 부분은 그 반대자로 나타나며 다른 부분은 신봉자로 나타나는 철학적 예술 자체의 상이한 기관을 통해서 이 몰파악을 정돈하려고 하고 이를 동화시키려 한다. 시대의 도구가 보여주는 곡해와 손상 유발은 쉽게 간과되며 일고의 가치도 없다. 또 다른 사정은 고상한 정신과 정신이 학문 전체에 대해 요구하는 것 사이에 놓여 있는 모순에 있다. 이 요구는 그것이 세계 해명에 기여하는 만큼의 주목을 끈다. 그것은 배제되고 충족될 수 있거나, 이 경우에 해당하지 않을 수 있다.

그 본성상 속된 것에 근접해서는 안되는 것을 형식을 통해서 이를 거부하여 외적으로 보이게 하는 장점을 포기한다면, 우리가 제시해보려고 했던 고대철학의 이러한 색조를 시대가 사악하게 인지하게 된다는 사실에 대해 우리는 결코 의심하지 않는다. 그럼에도 우리는 이러한 사물이 세속화될 수 없다는 것과 그것이 그 자체를 통해서 존속해야 한다는 것, 그리고 이 사물을 자기 자신을 통해 소유하지 않는 사람은 이를 도대체 소유해서는 안되며 소유할 수도 없다는 사실을 안다. 따라서 우리는 이러한 이론의 원칙과 결과를 기회에 따라 경험하려고 하는 반대자의 서투른 곡해에 대해 조용하게 침묵할 것이다. 우리는 우리를 맹목적으로 따르는 자와 해석자의 주제넘은 언행을 더욱 의미 있게 거부할 것이며, 이들이 몇몇 정신들을 목적으로 산출하지 않음으로써 이를 남작(濫作)하는 기회로 삼으며 더 나아가 고상한 사실을 조야하게 다루고 이를 몰정신적으로 풀어냄으로써 이 고상한 사실의 질을 떨어뜨리고 멸시한 데 대해 스스로 숙고해볼 것을 요구할 것이다. 시끄러운 반대자의 무리는 그들이 까닭 없이 지치게 되었다는 것을 알아차릴 때 결국 길을 잃게 된다.

독일에서는 아무런 소명도 없이 가르침의 달갑지 않은 추종자가 되며 아무런 감동도 없이 영리하고 순진한 사람의 똑같은 스캔들로 주신(酒神)의 지팡이를 가져오는 사람들의 무리가 나누어지는 일은 거의 기대할 수 없다. 이들은 학문의 신비를 파악할 수 없기 때문에, 학문의 외면에 머물며 이를 그들이 주입한 다량의 이질적인 사물과 함께 만화로 확장시키거나, 심연에 토대를 두고 있는 의미를 함유하는 진리를, 아무런 의미도 갖지 않으며 오로지 서민을 놀라게 하는 피상적인 개별 명제 가운데 각인한다. 혹은 이들은 언어를 남용하는 가운데 공허한 심정을, 선한 의지를 가지고서, 허약한 상상력을 생동적으로 감동시킨 바 있는 이러한 말로 나타낸다. 왜냐하면 독일 사람들은, 비록 그들과 무관하게 번성한 것과 독자적으로 생산된 것을 민첩하게 획득하고 변형하려는 점에서이기는 하지만 모든 것에 대해서 열광하며 아무런 성정 없는 근면한 사람이 되기 때문이다. 만약 독일 사람들이 스스로 책임질 수 있는 사상을 가지려는 수고를 한다면, 그리고 그들이 낯선 사상의 영원한 사용을 포기한다면—독일 사람들은 이 낯선 사상에 대해서 원저자에게 책임을 돌린다—그들은 자기 자신에 대해 합리적으로 고려하지 않으려 할 것이다. 그들은 이질적인 소유물로 채워져 있기 때문에 자신들이 고유한 사상을 갖게 될 때 이 사상으로부터 완전하게 나타나게 되기를 바란다. 우리는 이들에게 외면을 맡긴다. 그러나 내면적인 것에 관한 한, 양이여! 움직이지 말라. 그것은 불타고 있기 때문이다.

서론

　종교가 민족신앙 및 성스러운 불꽃과 구별된 채 신비에 휩싸여 있고 철학이 이러한 종교와 공동의 성물(聖物)을 소유하고 있던 시대가 있었다. 최초의 철학자들은 고대의 일반 신화를 신비의 시원으로 불렀는데, 이것은 그 이후의 철학자들 가운데 탁월한 사람들이, 특히 플라톤이 이러한 신화로부터 신론을 도출한 것과 같다. 당시 철학은 유일하게 원대한 대상에 대한 용기와 권리를 여전히 갖고 있었다. 이 대상을 위해 철학하고 이를 위해 통속적 지식을 넘어서는 것은 가치 있는 일이다.

　그 이후의 시대에는 신비가 공적(公的)인 것으로 변모되었으며 오로지 민족신앙에 귀속될 수 있는 이질적인 것으로 인해 더럽혀지게 되었다. 이런 일이 일어나고 난 뒤 철학은 순수성을 보존하려는 의도에서 종교로부터 물러나야 했으며 종교와는 대립적으로 공교화(公教化)되어야 했다. 원래의 본성에 맞서서 실재와 혼합되었을 뿐 아니라 외면성으로 변해버린 종교는 또한 외적인 권력으로 변해야 했다. 그리고 종교는 내적으로 진리의 원천을 향한 자유로운 비약을 상실하였으므로 이러한 비약을 종교 바깥에서 폭력적으로 저지하려고 했다.

그 결과 고대에 철학에 의해 다루어졌던 대상들이 종교를 통해 점차 철학으로부터 전부 빠져나가버렸으며, 종교는 이성에게 어떠한 가치도 지니지 못하는 대상에 제약되었다. 이것은 종교가 철학과의 공유물로부터 일방적으로 찬탈했던 숭고한 가르침이 그 원형과의 관계에서 그 자체의 의미를 상실한 것과 같으며 그것(가르침)이 생겨났던 토대와는 전혀 다른 토대에 옮겨지면서 그 본성을 완전히 변화시키게 된 것과 같다.

철학과 종교 간의 잘못된 일치는 이러한 대립으로부터, 즉 철학이 이성 및 이념의 출현을 오성 개념으로 취급하고 이를 오성 개념을 통해 다루는 점으로 전락함으로써 생겨날 수 있었다. 이러한 학문의 상태는 독단론을 통해 특징지어졌는데, 여기서 철학은 세계 가운데 폭넓고 당당한 실존을 획득하기는 했지만 그 특성을 전부 희생시켜버렸다.

독단론에서 지식의 방식이 정확하게 검증되고 비판된 것과 같은 관계에서 분명하게 드러나야 했던 것은, 이 관계가 단순히 경험대상과 유한적 사물에 적용될 수 있다는 것이며 이성 및 초감성적인 세계의 사물에 대해서는 이 관계가 이를 단순히 개관하거나 이에 대해 완전히 무지하게 된다는 사실이다. 그밖에도 이 관계는 유일하게 가능한 지식으로 인정되었으며 처음으로 완전하게 확증되었으므로, 이 관계가 아무것도 아니라는 더욱더 철저한 자기인식에는 사람들이 신앙으로 부르는, 이 관계의 대립자가 갖는 상승하는 가치가 병행해야 했다. 그 결과 철학에서 본래적으로 철학적인 모든 것은 마침내 전부 신앙에 내맡겨지게 되었다.

이에 대한 증거를 제시하는 것은 어려운 일이 아닐 것이다. 내가 여기서 기억하는 바는 이러한 시기가 전반적으로 **칸트**를 통해 충분하게 특징지어졌다는 것이다.

옛것이지만 진정한 철학의 마지막 소리는 스피노자를 통해 들렸다. 내가 생각하기에 그는 지배적인 철학에 맞서서 다른 독단론의 가상과 그 화려한 빛깔의 수용을 막지는 못했다 하더라도 철학을 그 유일한 대상으로 되돌려놓았다.

철학의 신비는 절대자론 이외에 사물의 영원한 생성 및 신에 대한 사물의 관계에 관한 이론을 가장 중요하고 유일한 내용으로 갖는다. 복된 삶에 대한 지침인 전 윤리학은 그것이 거룩한 가르침의 영역에서 나타나는 것과 같이 바로 이러한 이론에서 비로소 정초되며 이 이론의 결과가 되기 때문이다.

우리는 이러한 이론을 철학의 전체와 분리해서 자연-철학으로 부를 수 있을 텐데, 여기에는 이유가 없지 않다.

그 개념에 따라서 오로지 사변적이고자 하는 이러한 이론이 최고의 모순적 판단과 자기해소적 판단을 경험하게 된다는 사실은 기대할 수 있는 일이다. 모든 부분적인 견해에는 또 다른 부분적 견해가 대립하게 되는 것처럼 우주를 파악하는 포괄적인 견해에는 가능한 모든 일면성이 대립하기 때문이다. 그러나 자연-철학을 한편으로 철학으로 인정하고 심지어 완전한 철학으로 인정하는 동시에 다른 한편으로 그것에 신앙의 보충이 필요한 것으로 설명하는 것은 전적으로 불가능하다. 왜냐하면 철학의 본질은 비철학이 신앙으로 파악하고 있다고 믿는 것을 투명한 지식과 직관적 인식 가운데 소유하는

데 있기 때문에, 신앙은 철학의 개념과 모순되며 따라서 철학을 지양하기 때문이다.

따라서 에셴마이어의 『비철학으로 이행하는 철학』에 나타나 있는 바와 같은 의도는 전적으로 파악할 수 없는 것이 될 것이다. 또한 이러한 의도는, 이러한 철학을 창시한 예리한 사람이 스스로 신앙을 지시하는 이유로 삼는 대상에 대한 사변적 지식을 전반적으로나 개별적으로 자기화하지 못한다는 사실을 철학 자체로부터 규명하지 못할 것이며 이런 이유로 먼저 사변적 지식으로 도피처를 구한다는 사실도 규명하지 못할 것이다. 왜냐하면 이러한 대상에 대해 지식을 통해서나 지식 가운데서 보다 분명한 인식을 가질 수 없는 철학자에게는 단지 하나의 존재에 대해 언급하는 것도 틀림없이 어려움이 되기 때문이다.

에셴마이어에게서는 이러한 인식이 신앙이나 예감으로부터 나온다. 그가 몇몇 물음에 대해 철학을 통해 만족스럽게 대답할 수 없다는 영역 외부에서 신앙을 정초하기 위해 긍정적인 것으로 언급하는 것은 물론 증명될 수 없다. 신앙은 그가 이를 증명할 수 있게 될 때 신앙으로 있지 못한다. 그렇지만 이것은 그 자신에 의해 확증된 것과 모순된다. 그가 말하는 바처럼[1] 만약 인식이 절대자에게서 소멸한다면 이러한 점을 넘어서 있는 절대자에 대한 모든 관념적 관계는 오로지 차이에 대한 재각성을 통해서만 가능하기 때문이다. (여기에 두 가지의 경우가 있었다.—옮긴이) 이러한 소멸은 실제로 완전한 것이었으며 그렇기 때문에 인식은 주객의 대립으로부터 나오는 모

---

1) 위의 책, 33절.

든 동경이 그 가운데서 지양되는 절대자였든지, 아니면 이러한 사
실과 정반대의 일이 일어났다. 후자의 경우 전자 자체는 이성 인
식이 아니었다. 전자로부터는 충족되지 않은 진정한 절대자(das
Unbefriedigende des wahrhaft absoluten)가 추론될 수 없다. 그러
나 전자의 경우에는 신앙이나 예감을 넘어가는 그 어떠한 힘도 인식
에 들어 있었던 것보다 더 완전하고 더 좋은 것을 가져올 수 없다.
오히려 신앙 가운데서 이런저런 이름으로 대립하고 있는 것은 인식
에서 이성을 통해 가장 완전하게 존재하는 절대자에 대한 보편적 관
계를 바라보는 특수한 견해에 지나지 않거나 이로부터 멀리 벗어나
하나의 실제적인 고양과 높은 힘으로 존재하는 것이다. 오히려 이것
은 인식의 최고 통일성으로부터 새로운 차이를 매개로 하는 인식으
로 전락된 것이다.

　사실 예감이나 종교적 직관이 이성 인식에 앞서 전제해야 하는 특
수자는 대부분의 서술에 의하면 다름 아니라 차이의 여분인데, 이
여분은 전자의 경우에는 남아 있는 반면 후자의 경우에는 전적으로
사라진다. 여전히 유한성에 사로잡혀 있는 사람은 자연히 절대자를
찾고자 하는 충동을 갖게 되지만, 그가 절대자를 반성에 대해 고정
시키려 할 때 절대자는 그로부터 사라진다.

　절대자는 유한자 주변을 영원히 떠돈다. 그러나 피히테가 아주 특
징적으로 표현한 바와 같이 절대자는 사람들이 그를 소유하지 않는
한에서만 존재하며 그를 소유할 때 사라진다. 주체의 활동성이 객체
와 예기치 않은 조화를 이루게 되는 이러한 투쟁의 순간에서만 절대
자는 영혼 앞에 나타난다. 여기서 예기치 않은 조화는 그것이 예기
치 않은 것이기 때문에 이성의 자유롭고 몰동경적인 인식에 앞서 행

복과 영감 혹은 계시로 현상하는 절대자를 전제한다. 그러나 이러한 조화가 거의 실현되지 않으면 반성이 등장하게 되며 이때 신의 현상은 지나가버린다. 따라서 신이 여전히 반성과 이중화의 영역에서 현상하는 한 이러한 잠정적 형태를 띤 종교는 영혼에 나타나는 단순한 신의 현상에 지나지 않는다. 이에 반해 철학은 필경 정신의 보다 높은 완성인 동시에 보다 고요한 완성이다. 왜냐하면 철학은 항상 절대자 가운데 있기 때문이다. 철학은 그 자체가 반성 너머의 영역으로 도피해왔기 때문에 절대자가 철학으로 도주할 위험은 없다.

그러므로 나는 에센마이어가 서술한 신앙과 지복의 예감 등을 그 영역에 남겨두며 여기서 주어질 수 있는 그 전체의 가치에 머물러 있게 한다. 나는 다만 이 영역을 철학의 영역 너머에 정립하는 대신 이를 그 아래에서 생각해야 하며, 종교의 독단주의와 신앙의 비철학이 전유해온 대상들을 이성과 철학에 반환 청구하는 계획으로 되돌아가고자 한다.

이러한 대상이 어떠한 것인지에 대해서는 다음의 서술에서 언급될 것이다.

1 절대자의 이념

우리는 영혼이 신앙과 명상을 통해 채울 수 있는 빈 공간을 철학 외부에서 획득하고자 하는 의도에 전적으로 걸맞게, 신을 무한히 높은 신앙의 힘으로 절대자와 영원자 위에 정립할 수 있을 것이다. 절대자 위에 이보다 더 높은 것이 있을 수 없으며 절대자의 이념이 우연적인 방식으로가 아니라 그 본성상 모든 한계를 배제한다는 사실은 그 자체로 분명하다. 왜냐하면 신 또한 다시금 절대적이며 영원하기 때문이다. 그러나 절대자는 절대자와 다를 수 없으며 영원자는 영원자와 상이할 수 없다. 이 두 개념은 유(類) 개념이 아니기 때문이다. 따라서 이성의 절대자 위에 신과 다른 존재를 정립하는 절대자에게, 절대자는 실제로 절대자 자체로 현상하지 못하며, 신이 그 본성상 오로지 일자만을 특징지을 수 있는 이러한 표시를 절대자에게 허용하는 것은 기만에 지나지 않는다는 사실이 필연적으로 뒤따라 나온다.

절대자를 절대적으로 인정하지만 이를 동시에 신으로는 인정하지 않는 표상에서 절대자의 이념을 지지하는 것은 어떤 것인가?

철학자가 절대자에 부여하는 서술을 통해 절대자의 이념에 이르고
자 하는 사람은 그 자신이 항상 절대자에 관한 제약적 인식에만 도
달하기 때문에, 그리고 제약된 인식은 비제약자에 대해 가능하기 때
문에 거의 필연적으로 이러한 오류에 빠진다. 절대자의 이념에 관한
서술은 비절대자(das Nichtabsolute)에 대해 대립적인 방식으로만
발생할 수 있다. 다시 말해서 비절대자의 본성을 형성하는 모든 것
에 대한 완전한 대립이 절대자의 이념에 귀속되는 것이다. 요컨대
서술은 오로지 부정적이며 결코 절대자 자체의 진정한 본질을 영혼
앞에 드러내지 못한다.

그러므로 비절대자는 예컨대 다음과 같은 존재, 즉 이를 고려할
경우 개념이 존재에 부합하지 않는 그와 같은 존재로 인식된다. 왜
냐하면 여기서 존재와 실재는 사고로부터 귀결되지 않고 오히려 존
재를 처음으로 정립시키는 동일한 규정자의 매개 없이 개념에 어떤
것이 부가되기 때문에, 존재는 제약자이며 비절대자이다.

이로써 비절대성은, 특수자가 보편자를 통하지 않고 보편자 밖
에 존재하는 것을 통해 규정되는 존재에 의해 통찰되며 그렇기 때
문에 보편자에 대해 비합리적으로 관계하는 그러한 존재에 의해
통찰된다.

이와 동일한 대립이 모든 다른 반성개념을 통해 동일한 방식으로
이어질 수 있다. 만약 철학자가 절대자의 이념을 서술하면서 비절대
자에 들어 있는 모든 차이가 이로부터 부정되어야 하는 것으로 주장
한다면, 외부로부터 절대자의 이념에 이르고자 하는 사람들은 이를
다음과 같은 잘 알려진 방식으로 이해하게 된다. 즉 이들은 반성의
대립과 현상세계의 가능한 모든 차이를 철학의 출발점으로 간주하며

절대자를 대립의 통일을 가져다주는 생산물로 고찰한다. 이들에게 절대자는 결코 즉자존재 자체가 아니며 기껏해야 동일화나 무차별화를 통해 정립된 존재에 지나지 않는다. 다르게 표현하자면 이들은 철학자가 한 손에는 이상이나 주체를, 다른 한 손에는 실재나 객체를 가지고 이 둘을 맞부딪치게 하고 교호적으로 마찰하는데, 이러한 마찰의 산물이 절대자가 된다는 식으로 철학자의 처리방식을 보다 거칠게 생각한다. 우리는 이들에게 수없이 말할 수 있다. 우리에게는 주체도 없고 객체도 없으며, 절대자는 우리에게 오로지 저 대립의 부정으로서 주체와 객체의 절대적 동일성이라고 말할 수 있는 것이다. 그러나 이들은 이것을 이해하지 못하며 오로지 이들에게 이해되는 것에만, 즉 구성(Zusammensetzung)으로부터 유래하는 것에만 머물러 있다.

이들은 절대자를 모든 대립의 동일성으로 서술하는 일이 단순히 부정적 서술에 지나지 않는다는 사실을 알지 못한다. 따라서 이들은 철학자가 절대자 자체의 인식을 위해 어떤 다른 존재를 요구하며 이로써 위의 서술 자체가 이러한 인식에 전적으로 불충분하다고 설명하는 결과에 거의 이르지 못한다. 이들에게는 지적 직관도 그 심리적 개념에 따라서 자기 내적 감각을 통해 산출되는 단순한 동일성의 직관이며, 따라서 완전히 경험적이다. 왜냐하면 지적 직관은 영혼 자체의 즉자를 형성하는 인식이기 때문이다. 그것이 직관으로 불리는 것은, 그것이 절대자와 하나이며 절대자 자체인 영혼의 본질이기 때문이다. 우리는 이러한 절대자에 대해 직접적인 관계 이외의 다른 관계를 가질 수 없다.

이들은 그 가운데서 절대자가 진술될 수 있고 또 (실제로—옮긴이) 진술되는 총체적인 형식이 어떻게 반성 가운데 들어 있는지, 그것이 추론의 세 형태를 통해 표현되는 바[1] 세 가지의 유일하게 가능한 형식으로 어떻게 환원되는지, 그리고 오로지 직접적인 직관적 인식만이 개념을 통해 이루어지는 모든 규정을 무한히 능가한다는 것 등을 똑같이 알아차리지 못한다.

절대성을 정립하는 최초의 형식은 정언적 형식이다. 이것은 반성 가운데 단순히 부정적으로, 즉 이중 부정(Weder-Noch)으로 표현될 수 있다. 분명한 것은 여기에 그 어떤 긍정적 인식도 없다는 것이며 오로지 생기하는 생산적 직관만이 이러한 공허를 채우고 이중 부정 가운데 긍정적인 것을 부여한다는 것이다.

반성 가운데 나타나는 절대자 현상의 다른 형식은 가언적이다. 만약 하나의 주체와 하나의 객체가 있다면 절대자는 이 둘의 동일자이다. 우리가 오로지 이러한 양자의 동일자 내지 그 자체가 주관적인 것도 객관적인 것도 아닌 즉자를 고찰하고 심지어 이것이 결합하는 존재나 결합되는 존재가 아닌 한에서 이를 그 자체로 고찰할 때 (이러한 즉자에 대해—옮긴이) 동일성이라는 술어가 붙여진다. 왜냐하면 이 경우에 동일성은 단순한 관계개념일 것이기 때문이다. 그러나 이 관계개념은 위에서 언급한 동일성과 구별되어야 한다. 이것은 절대적 동일성으로, 다시 말해서 결합된 대립자와의 관계에서가 아니라 위에서 말한 저 즉자존재 자체에 해당하는 동일성으로 특징지어지는 것이다. 첫번째 형식에서 단순히 부정적이었으며 절대자를 다만 형식적으로 규정했던 동일성은, 이 두번째 가언적 형식에서 긍정

---

1) 『브루노 혹은 사물의 신적 원리와 자연적 원리에 관하여』, 166쪽 참조.

적으로 되며 절대자를 질적으로 규정한다. 만약 첫번째 형식이 단순히 절대자를 부정함으로써 대립을 지양한 것같이 절대자에 대한 이러한 질적 규정이 오로지 절대자의 반대급부를 긍정함으로써 대립을 지양하기 때문에 여전히 반성에 관계한다고 말해진다면, 이것은 전적으로 옳기는 하지만, 내가 묻는 것은 똑같은 것이 어떤 다른 가능성을 통해서 타당하게 되지 않느냐는 것이다.

스피노자의 실체 개념은 가끔씩 충분히 비판되었으며, 따라서 독단주의로 낙인이 찍혔다. 왜냐하면 사람들은 그가 말하는 절대자에 대한 유일 가능하고 직접적인 인식을 비켜갔으며 그의 정의와 서술을 매개로 하여 오로지 모든 대립에 의해서만 직접적으로 인식될 수 있는 것의 인식에 이르고자 했기 때문이다.

스피노자는 절대자에 대한 직접적 인식을 다음의 명제를 통해 명쾌하게 서술한다. "인간 오성은 그가 영원의 상하에서 파악되는 한, 필연적으로 신 인식을 갖는다. 왜냐하면 오성은 자신이 신 안에 있음을 알며 자신이 신을 통해 파악됨을 알기 때문이다."──모든 대상에 의해서 오로지 직접적으로만 인식될 수 있는 존재에 대한 정의 및 그것에 대한 인식의 서술에 이르고자 한 것이다. 대부분의 개념들은 개념의 합성을 통해서, 그것이 특징지어야 하는 것이 반성에 대해 단순히 부정적인 것에 지나지 않는다고 표현하기까지 하므로, 절대자는 실체 개념이나 우리에게 속하는 다른 모든 개념과 달리 무한성과 비분할성과 단순성의 개념들과 관계하는가?

반성이 절대자를 표현하는 형식, 그리고 무엇보다 스피노자에 의해 잘 알려진 세번째 형식은 선언적(disjunktiv) 형식이다. 절대자는 오로지 일자이지만 이 일자는 아주 동일한 방식으로 지금 전적으로 관념적으로 고찰될 수 있으며 또한 전적으로 실재적으로 고찰될 수 있다. 이 선언적 형식은 앞의 두 형식의 결합으로부터 나온다. 왜냐하면 여기서 거론되는 일자는 동시적으로가 아니라 동일한 방식으로 지금 한 존재로나 다른 존재로 고찰될 수 있는데, 바로 이러한 이유로 그 자체가 (첫째 형식에 따르는) 한 존재도 아니며 다른 존재도 아니기 때문이며, 그럼에도 이와 동시에 이 둘로부터 독립해 있는 일자는 동일한 방식으로 이 속성과 저 속성 하에서 고찰될 수 있다는 점에서 (둘째 형식을 따라) 이 둘의 공동 존재이며 이 둘의 동일성이기 때문이다.

절대자를 표현하는 이 형식은 대부분 철학의 지배적인 형식으로 존재해왔다. 왜냐하면 예컨대 소위 존재론적 신 존재 증명의 발견자들이 신은 일자라고 말하며 이에 따라 사고가 존재를 포함하며 이념이 실재를 포함한다고 말한다면, 이들은 신 가운데 이상과 실재가 결합되어 있으며 따라서 신은 이 둘의 동시적 존재라고 말하려는 것이 아니라, 오히려 신은 전적으로 이상적인 존재 자체이며 아무런 매개도 없이 전적으로 실재하는 존재라고 말하려는 것이다. 이들은 신을 이상과 실재의 혼합으로부터 발생하게 하지 않고 그를 그 자체로(für sich) 존재하는 자와 전적으로 존재하는 자로 있게 한다.

이상과 실재의 동일성, 즉 매개적이라기보다 전적으로 직접적이며 외적이라기보다 내적인 동일성은 예로부터 높은 학문성이 접근할 수 없는 모든 존재 가운데 반드시 감추어져 있어야 했다. 이러한 학문성에 이르는 첫 발걸음은 절대-이상이 실재와 통합되지 않으면서 즉자 자체인 동시에 절대-실재인 인식이다.

그럼에도 존재와 사고의 절대성을 표현하는 이 둘의 절대적 동일성에 대한 논쟁은 가장 특별한 것으로 받아들여진다. 존재와 사고의 절대적 동일성은 철학에서 반성 개념의 매개를 거치는 것 이상의 다른 조치를 취하지 않으며 이와 달리 표현될 수 없다. 그것이 절대자를 서술하려고 하는 경우에도 절대자는 자기 자신을 통해서 유일하게 존재하는 것이며 자기 존재의 전체 근거를 오로지 자기 자신에게서만 소유하는 존재라는 등 스피노자에서 보여진 서술 이상이 아니다. 여기서는 절대자의 정의에 대한 저 전체의 논쟁이, 사실 자체가 그것에 맞서서는 아무것도 할 수 없는 단순한 존재를 현혹하게 되는 공허한 반사투쟁이라는 사실만이 밝혀진다.

왜냐하면 절대자를 표현하는 모든 가능한 형식은 반성에 나타나는 절대자의 현상방식에 지나지 않기 때문이다. 반성에서는 모든 형식이 전적으로 동일하다. 그러나 이상적이면서도 실재적인 절대자의 본질은 설명을 통해서가 아니라 오로지 직관을 통해서만 인식될 수 있다. 오로지 구성된 존재(das Zusammengesetzte)만이 기술(記述)을 통해 인식될 수 있는 반면 단순한 존재는 직관되려고 하는 것이다. 빛이 자연에 관계할 때 그 자체의 존재가 실재적인 이상적 존재로 올바르게 기술될 수 있는 것처럼, 유한자와 대립하는 절대자는 오로지 이와 유사한 방식으로만 기술될 수 있으며 다른 방식으로는 기술될 수 없다.——전자의 경우에는 선천적 맹인이 이를 통해 이상의 인식에 이를 수 있다는 사실이 배제되며, 후자의 경우에는 정신적 맹인이 이를 통해 절대성의 진정한 본질을 직관할 수 있다는 사실의 정립 가능성이 배제된다.

이러한 직관은 그것이 임의의 지리학적인 형상에 보편타당한 방식으로 똑같이 주어질 수 없으며 오히려 빛에 대한 직관이 모든 눈에 나타나는 것처럼 특히 고유한 것인 한에서, 개별적이며 개성적이다. 그러나 이러한 개성에서도 직관은 경험적인 의미에서의 빛과 마찬가지로 보편타당한 계시이다. 이것은 에셴마이어의 암시를, 양방향으로 전개되어온 철학의 주장과 통합시킬 수 있는 점일 수 있다.

절대자와 같은 대상에 유일하게 어울리는 기관은 절대적인 인식방식이다. 이것은 안내나 수업 등을 통해 비로소 영혼에 부가되는 것이 아니라 오히려 영혼의 진정한 실체이며 영혼의 영원자이다. 왜냐하면 오로지 직접적으로만 인식될 수 있으며 그 자체가 절대적 실재성인 절대적 이상성 가운데 신의 본질이 있는 것처럼 영혼의 본질은 오로지 실재적 존재인 신과 통합된 인식 가운데 있기 때문이다. 그러므로 인간과 관계하는 철학은 인간에게 무엇인가를 부여하려고 하며 육체와 현상세계와 감각적 삶이 인간에게 부가해온 우연적인 것으로부터 인간을 가능한 한 순수하게 분리시키려 하고 그를 근원적 존재로 되돌리려고 한다.

따라서 절대인식에 선행하는 철학에 대한 모든 지침은, 또한 그것이 모든 유한적 대립의 무성(無性)을 지시하고 영혼을 간접적으로 무한자의 직관으로 안내함으로써 오로지 부정적일 수 있다. 철학의 지침은 무한자 직관에 이르고 난 뒤 절대성에 대한 단순히 부정적인 기술이라는 미봉책을 남기게 되며, 그것이 유한적 대립을 더 이상 요구하지 않게 됨과 동시에 이러한 대립으로부터 자유롭게 된다.

모든 독단론적 체계에서는 말할 것도 없고 비판주의와 지식론의 관념론에서도 이상성 바깥에 있으며 이로부터 독립해 있는 절대자의 실재성을 언급하고 있다. 따라서 이 모든 체계에서는 절대자에 대한 직접적 인식이 불가능하다. 왜냐하면 앞서 언급한 체계들을 통해서 요구의 모순이 극명하게 표명된 것처럼 즉자존재는 인식 자체를 통해 다시금 영혼의 산물이 되며 결국 단순한 생각의 산물(Noumen)이 되고 즉자존재이기를 그만두기 때문이다.

절대자에 대한 단순히 매개된 인식의 전제에는 (그것이 무엇을 통해 매개되든지 상관없이) 철학자의 절대자가 철학함을 위해 전제된 그 어떤 것으로만 현상할 수 있다. 여기서는 오히려 반대의 일이 생긴다. 모든 철학함은 생동적으로 된 절대자의 이념과 함께 비로소 시작하며 시작되어왔다. 참된 것은 오로지 진리에서만 인식될 수 있으며 명증적인 것은 명증성에서만 인식될 수 있다. 그러나 진리와 명증성은 그 자체로 분명하며, 따라서 절대적이어야 하고 신 자체의 본질이어야 한다. 우리가 신의 본질을 인식하기 전에는 철학에서 추구되는 높은 명증성의 이념을 파악할 수 없었다. 전통을 통해서 철학의 말과 이름이 철학에 이르는 내적 동인이 없는 철학에 이른 후, 철학의 말과 이름은 그 근원이 동시에 철학의 근원이었던 인식 없이 철학을 시도했던 것이다.

그러나 오로지 절대자의 이념 가운데 들어 있으며 인간의 모든 말이 이를 기술하기에 너무나도 부족한 저 명증성을 경험한 사람은 이(명증성)를 신앙과 예감과 감정을 통해, 혹은 우리가 이에 대해 그 어떤 이름을 고안해낸 그것을 통해 이 명증성을 개인의 개인성으로 환원하고 제약하려는 시도를 고찰하되, 전혀 부적절하게도 이러한 명증성에 도달하지 못하며 그 본질 자체를 지양하는 저 사람(에센마이어) 못지 않게 고찰해야 한다.

2 절대자로부터 파생되는 유한적 사물, 그리고 절대자에 대한 유한적 사물의 관계

　우리는 이것에다 플라톤이 시라쿠사이의 폭군에 대해 언급한 것을 적용하고자 한다. "디오니시우스와 도리스의 아들이여, 당신이 '모든 악의 근거가 무엇이냐'고 묻는 물음은 도대체 어떤 물음인가? 물론 이러한 물음의 가시는 영혼에 선천적으로 주어진 것이다. 그러므로 이 가시를 뽑아내지 않는 사람은 결코 진리에 진정으로 관여할 수 없다. 정원의 월계수 아래에서 말하는 당신은 이 사실을 이미 통찰했으며, 따라서 이것은 당신의 발견이다. 나는 당신에게 이러한 사실이 다음과 같은 관계에 놓여 있다고 말했다. '나에게서 당신은 많은 후속 연구의 해방자일 수 있다고.' 내가 이런 해방자를 만났다고 덧붙인 적은 결코 없지만 나 자신은 이러한 사실에 대해 많은 노력을 기울였다. 그러나 당신은 이에 관해 아마도 누군가로부터 들었거나 신의 섭리를 통해 여기에 이르게 되었다."[1]

　에셴마이어는 앞서 언급한 『비철학으로 이행하는 철학』에서 이러

---

1) Ep. II.

한 물음이 아주 규정적으로 제시되어 있는 『잡지』에서 많은 부분을
인용하고 있으며 『브루노』에서도 한 부분을 인용하고 있다. "내가
영원자로부터 출발하며 최고 이념 바깥에 어떤 다른 존재를 전제하
지 않으면서 실제적인 의식의 근원에 이르고 이 이념과 함께 정립된
분리와 구별에 이른다는 것이 당신의 생각인 것 같다."

에셴마이어는 너무나 자연스럽게도 위의 인용에 뒤따라 나오는 부
분에 나타나 있는 만족스러운 해결을 발견하지 못하고 있다. 그는
왜 서술과정에 실제로 등장하는 해결과 이를 다루고 있는 대목을 인
용하지 않는가. 여기에는 이 문제에 대한 해결이, 이를 아는 사람에
게 너무나 분명하고도 규정적으로 나타나 있다. 우리는 여기서 오로
지 이것에 관해 다루려고 한다. "우선 존재자(das Bleibende)를 붙
들고 있도록 하자. 그리고 우리가 운동자와 가변자를 정립함으로써
우리에 의해 무운동적으로 규정되어야 하는 저것을 붙들고 있자. 왜
냐하면 늘 탁월한 것에 대한 고찰로 되돌아가는 영혼은 지치지 않기
때문이다. 또한 저 통일성으로부터 생겨나거나 이로부터 분리되어 나오는
것으로 보이는 모든 것에서 어떻게 그 자체로 존재할 수 있는 가능성이 앞
서 이러한 통일성 가운데서 규정될 수 있는지, 그리고 분리된 현존재의 현
실성이 어떻게 현존재 자체 가운데만 놓여 있게 되는지, 더 나아가 이러한
현실성은 그 자체가 단지 이념적인(ideell) 것인지 우리 한 번 회상해보자.
여기서 사물은 그 자체의 방식을 통해 절대자 가운데 존재할 수 있도록 만
들어진 정도만큼만 이념적으로 발생하며 그 자체가 통일성으로 존재할 수
있도록 만들어진 정도만큼만 이념적으로 일어난다."[2]

---

2) *Bruno*, 131쪽(4권, 282쪽).

내가 여기서 시도하려고 하는 것은 이러한 물음으로부터 베일을 완전히 제거하는 일이다. 『잡지』에 나타나 있는 새로운 서술은 아직 문제가 완전히 풀릴 수 있는 영역(실천철학의 영역)에 이르기까지 진행되지 않았기 때문이다.

* * *

우리는 아직까지 이 물음에 대해 고유의 답변을 제공할 수 없다. 우리 앞에는 다른 의문이 놓여 있는데 이 문제를 해결하는 일이 위의 답변보다 선행되어야 한다.

무엇보다 먼저 우리는 일자를 전제하는데, 이것은 곧 지적 직관이다. 이것 없이는 모든 후속 존재가 파악되지 않은 것으로 남아 있을 수밖에 없다. 지적 직관 가운데는 그 어떠한 상이성과 다양성도 존재할 수 없다는 식으로 우리가 확실하게 전제하는 것은, 지적 직관 가운데서 인식되는 것을 말해야 하는 사람 모두가 이것을 오로지 순수 절대성으로 말할 수 있으며 더 이상의 아무런 규정도 없이 말할 수 있다는 것이다. 우리는 이 사람에게 이러한 순수 절대성을 그 어떠한 다른 규정 없이 늘 현재적으로 보존하라고 요구하며 나중에 이를 다시금 놓쳐서는 안 된다고 요구한다.

이러한 인식은 유일한 최초의 인식이며, 더 나아간 인식은 이미 이 최초의 인식으로부터 파생된 것이다. 이로써 파생된 인식은 최초의 인식으로부터 분리된다.

절대성이라는 표현 이외의 다른 표현이 우리에게 주어져 있지 않은 전적으로 단순한 지적 직관의 존재가 확실하듯이, 이 존재에는 그 자체의 개념에 의한 존재 이상의 다른 존재가 귀속될 수 없다는 것이 확실하다. (왜냐하면 만약 그 자체의 개념에 의한 존재가 없다면 그것은 자기 바깥에 있는 어떤 다른 존재를 통해 규정되어야 하는데, 이러한 존재는 불가능하기 때문이다.) 따라서 이 존재는 전혀 실재적이지 않으며 그 자체가 오로지 이상적이며 관념적이다. 그러나 전적으로-이상적인 존재와 똑같이 영원한 것은 영원한 형식이다. 그러나 전적으로-이상적인 존재는 이러한 형식 하에 존재하지 않는다. 왜냐하면 그것은 모든 형식 바깥에 있으며 절대적으로 확실하기 때문이다. 오히려 이러한 형식이 이 존재 아래에 있다. 왜냐하면 그것은 형식에 선행하기 때문이다. 그것은 심지어 시간적으로가 아니라 개념적으로 형식에 선행한다. 영원한 형식은 전적으로-이상적인 존재가 직접적으로 그러한 존재 자체일 수 있다는 것이며 따라서 그 이상성을 벗어나지 않으면서도 실재적인 존재일 수 있다는 것이다.

이러한 실재적 존재는, 마치 형식이 이상적 존재와 전적으로-단순한 존재의 조용한 결과이듯이 형식의 단순한 결과이다. 전적으로-단순한 존재는 실재적 존재와 혼합되지 않는다. 실재적 존재는 본질을 따를 경우 전자와 동일한 존재이지만 관념적 규정을 따를 경우 다른 존재이기 때문이다. 전적으로-단순한 존재는 그것이 곧 이상적 존재라는 것과 같은 의미에서 단순하지 않다. 이상적 존재와 실재적 존재가 그 가운데서 하나이고 그 어떠한 차이도 없지만 그것(전적으로-단순한 존재)은 실재적 존재 가운데서 서술된 이상적 존재이기 때문이다.

단순자나 본질은 작용자가 아니거나 형식의 실재근거가 아니다. 단순자로부터 형식으로의 이행은 없다. 이는 원의 이념으로부터 선의 모든 점이 한 중심점으로부터 등거리에 놓이는 것의 형식에 이르는 이행이 없는 것과 같다. 이러한 전 영역에서는 모든 존재가 연속적으로 발생하지 않는다. 여기서는 관념적인 순서에 따라 하나가 다른 하나로부터 생겨남에도 불구하고 모든 존재가 한 번에 생긴다. 근본진리는, 그 어떠한 실재 자체도 없으며 다만 이상에 의해 규정된 실재만이 존재하므로 이상이 전적으로 최초의 존재라는 것이다. 최초의 존재가 확실한 것처럼 이상을 통해 이루어지는 실재의 규정적 형식이 둘째 존재라는 것이 확실하며 이런 방식으로 실재 자체는 셋째 존재이다.

우리가 순수한 절대성과 그 전적으로-단순한 본질을 신이나 절대자로 부르고 이와 구별하여 형식을 절대성으로 명명한다면——왜냐하면 절대성은 그 근원적 의미를 따를 때 형식에 관계하며 그 자체가 형식이기 때문에——이에 대해서는 반박할 수 없을 것이다. 그리고 이것이 누구보다도 에셴마이어의 의미로 받아들여질 수 있는 한, 우리는 이에 대해서 쉽게 합의에 이르고자 한다. 그러나 이러한 의미에서는 신이 단지 예감과 감정 등을 통해 포착되는 존재로 기술될 수 없을 것이다. 왜냐하면 실재의 규정적 형식이 이상을 통해 지식으로 영혼 가운데 들어온다면 본질은 영혼 자체의 즉자로 들어오기 때문이며, 본질은 영혼의 즉자와 통일됨으로써 영혼이 영원성의 형식 하에서 자기를 직관하는 가운데 본질 자체를 직관하기 때문이다.

이제 우리는 지금까지의 논의에 따라 다음의 것을 구별해야 한다. 모든 실재성 너머에서 영원히 운행하며 결코 그 영원성을 벗어나지 않는 전적으로-이상적인 존재, 조금 전에 제안된 명칭에 따른다면 이 존재는 곧 신이다. 전적으로-실재적인 존재, 이것은 그 자체가 오로지 다른 형태의 다른 절대자이지 않고는 신의 진정한 실재일 수 없는 존재이다. 그리고 이 둘의 매개자인 절대성 내지 형식이 있다. 이형식의 도움으로 이상이 자립적 상대물인 실재 가운데 객관화되는 한 형식은 자기인식으로 기술될 수 있다. 이러한 자기인식은 절대-이상적 존재의 단순한 속성으로가 아니라 그 자체가 자립적 존재와 절대자로 고찰되어야 한다. 절대자는 그 자신에게 동시에 절대적이지 않은 어떤 존재자의 관념적-이상적 근거일 수 없기 때문이다. 따라서 이것은 이상적 존재의 자기인식을 가능하게 하는 존재가 실재적 존재와 절대자와 자립적 존재여야 하는 것과 같으며 그것이 순수성과 순수한 이상성에서 그 자체로 존재하는 이상적 존재와 혼동되지 않는 것과 같다.

절대성의 이러한 자기인식은 절대성의 자기외출(Herausgehen aus sich selbst)로서 절대성의 자기-분할과 분화로 이해되어왔다. 우리는 대답이 다시금 오해되지 않는다는 희망을 가지고 첫번째 물음에 답할 수 있기 전에 이러한 오해를 바로잡아야 한다.

에셴마이어는 말한다.[3] "확실히(?) 모든 유한자와 무한자는 영원자의 단순한 변형이다. 그러나 이러한 변형의 규정자는 무엇이며 이러한 구별의 수행자는 누구인가? 이 규정자가 절대 동일성 가운데 있다면 절대 동일성은 이를 통해 분명 불투명하게 되며, 만약 규정자가 절대 동일성 바깥에 있다면 대립이 절대적이다. ──절대 동일성에서는 자기인식과 자기외출과 자기분할이 동일하다."

우리는 여기에 나타나 있는 전적으로 상이한 두 물음, 즉 절대성

---

3) 『비철학으로 이행하는 철학』, 70쪽.

의 자기인식 가능성에 대한 물음과 이 가능성으로부터 생겨나는 현실적인 차이에 대한 물음(후자의 물음을 파악하는 데는 전적으로 다른 것이 요구된다)의 혼합에 머물러 있지 말고 다음의 물음에 집중하고자 한다. 자기인식은 어느 정도로 동일성의 자기외출이어야 하는가?──이러한 과정을 통해 인식의 주체와 객체 간의 차이가 정립됨으로써 절대자에 관해 진술되었던 동일성이 지양되었는가? 동일성은 오로지 전적으로-이상적인 존재에 관한 진술이다. 순수한 동일성을 소유하는 이 존재는 실재적인 대상물과 대립할 수 없는 것과 마찬가지로 실재적 대상물 가운데 객관화됨으로써 지양되지 않는다. 전적으로-이상적인 존재는 지금까지 설명된 것에 비추어볼 때 실재적 대상물과 혼동되지 않으며 동시에 주체와 객체가 아니기 때문이다.

자기외출은, 자기인식이 변화 없이는 생각될 수 없는 행위로 생각되는 데 있는가, 아니면 그것이 본질로부터 형식으로의 이행으로 생각되는 데 있는가? 후자는 틀린다. 왜냐하면 형식은 본질과 마찬가지로 영원하며 본질이 신의 이념과 분리될 수 없는 것과 같이 본질로부터 분리될 수 없기 때문이다. 마찬가지로 전자도 경우에 맞지 않는다. 왜냐하면 형식은 아무런 행위나 이행의 활동성이 없는 전적으로-이상적인 존재의 전혀 직접적인 표현이기 때문이다. (우리가 이 활동성을 하나의 행위로 특징짓는다면, 이것은 인간적인 방식으로 언급되는 것이다.) 오히려 햇빛이 태양의 운동 없이 비치는 것같이 형식은 본질로부터 나온다. 심원한 고요의 활동성에 대해 표현할 수 있는 사람만이 이 본질의 속성을 어느 정도 짜낼 수 있을 것이다.[4]

---

4) *Bruno*, 175쪽(4권, 305쪽).

오해의 근거는 결과의 출발점을 이룬 존재의 변화 개념과 결합되어 있는 실재적인 결과의 개념이 그 본성상 단순히 관념적 결과일 수 있는 이 관계로 전이된다는 데 있다.

자기인식이 어떻게 절대자의 자기분할로 간주되어야 하는가? 자기인식은 우리가 절대자를 꺾꽂이를 통해 이식된 식물로 표상했던 것이었는가? 그것은 절대자가 주관화되고 객관화된 절대자 자신의 한 부분이어야 하는가? 절대자를 이와 같이 이해하는 사람은 이 이론에 대한 전반부 서술에 나오는 첫 명제들을 읽지 않았거나 파악하지 못했음에 틀림없다. 그렇다면 분할은 어디에 놓여 있어야 하는가? 주체에 있는가? 그러나 주체는 그 전체 완전성에서 전적으로-이상적인 존재로 있다. 그렇다면 객체에 있는가? 그러나 객체도 전체의 절대자이다. 이러한 관계에 대해 수많이 사용된 형상을 반복하기 위해서 대상이 다음과 같이 분할되는가, 즉 대상은 형상이 비추임(Reflex)을 통해 대상 자체에 생겨남으로써 분할되는가? 대상의 부분은 대상 자체에 들어 있는 것, 즉 형상에 들어 있는 타자인가, 아니면 대상과 형상이 결코 혼합될 수 없음에도 이 둘 사이의 동일성보다 더 완전한 동일성[5]은 생각될 수 없는가?

절대적 동일성의 분화를 자기인식에서 입증하기 위하여 결국 다음의 사실이 추론될 수 있다. "주관적인 것으로 생각되는 절대적 동일성은 모든 차이가 배제된 순수한 단순성이며, 따라서 대립자인 객관적인 것이나 실재에서는 그것이 필연적으로 비동일성이나 차이성이 된다." 이 사실을 인정하면 즉자존재는 여기서 모든 차이로부터 자

---

5) *Bruno*, 44쪽(4권, 238쪽 이하).

유롭게 된다. 그것이 객관화되는 것만이 차이이며 그 자체는 차이가 아니기 때문이다. 그럼에도 차이 자체에 관한 한, 동일성이 특수한 형식을 띠고 객관화될 것이라는 사실에서만 차이가 있을 수 있다. 이 형식에서는 보편자와 절대성이 특수자와 통일되어 있는데, 특히 전자가 후자에 의해 지양되지 않고 후자 역시 전자에 의해 지양되지 않는 방식으로 통일되어 있기 때문에, 이러한 형식은 오로지 이념일 수 있다. 그러나 이념에는 차이의 단순한 가능성이 있을 뿐 실제적인 차이는 없다. 왜냐하면 각각의 이념은 우주 자체이며 모든 이념은 하나의 이념으로(als Eine Idee) 존재하기 때문이다. 그러므로 자기인식을 통한 절대자의 분화가 현실적인 것으로 이해된다면, 이 실제적인 것은 절대자의 상대물이나 모형에서는 생길 수 없을 것이며 절대자 자체에서는 더욱더 생길 수 없다. 왜냐하면 절대자가 분화한다면 그것은 자기 자신 안에서 분화하지 않고 그의 실재인 타자에서 분화하기 때문이다. 그리고 절대자의 실재도 절대자 자신을 통해서가 아니라, 절대자의 아무런 간섭 없이 그 절대성의 충만으로부터 자립적 존재로 유출되는 형식을 통해서 생긴다.

우리는 제일 먼저 제기된 물음에 대해 다음과 같은 설명을 따라 답하고자 한다. 즉 전적으로-이상적인 존재는 형식에서도 순수한 동일성 가운데 존재한다는 사실을, 절대적 관계를 파악할 수 있는 사람에게 확실하게 입증해 보이게 되는 설명을 따르려고 하는 것이다.

전적으로-이상적인 존재에 대한 자립적인 자기인식은 실재성을 향한 순수한 이상성의 영원한 변형이다. 우리는 계속해서 다른 의미가 아니라 바로 이러한 의미에서 절대자의 자기현시에 대해 다룰 것이다.

단순히 유한적인 모든 표상은 그 본성상 **오로지** 이상적, 관념적인 반면, 절대성의 현시는 그 본성상 실재적이다. 왜냐하면 절대성은 이상적 존재가 그것에 비추어볼 때 전적으로 실재적으로 되는 그러한 존재이기 때문이다. 그러므로 절대자는 그 자체에 대한 단순히 관념적 형상의 형식을 통해서가 아니라 그 자체인 동시에 진정으로 또 다른 절대자인 상대물의 형식을 통해서 객관화된다. 절대자는 그 전체의 본질성을 자신이 객관화되는 존재로 형식적으로 전이시킨다. 그의 자립적인 산출은 자기를 실재적 존재로 형상화하는 것이며 그 가운데서 자기를 직관하는 것이다. 이를 통해서 실재적 존재는 자립적으로 되며 자기 내적으로 최초의 절대자와 동등하게 된다. 이것은 절대자의 한 측면이며, 무한자를 유한자로 형상화하는 이념에서 우리가 특징지은 바 있는 통일성이다.

그러나 절대자는 절대자의 자기 객관화에서만 절대적이며 자립적이다. 따라서 절대자는 절대적 형식을 갖고 이를 통해 절대자 가운데 있는 한에서만 진정으로 자기 내적으로 존재한다.

그러므로 절대자는 그 자체가 전적으로 이상적인 한에서만 전적으로 실재적이며, 그 절대성에서 동일자이다. 즉 두 통일성의 형식 하에서 전적으로 동일한 방식으로 고찰될 수 있는 동일자인 것이다.

절대자는 그의 이상성을 실재성으로 변경시키고 이를 특수한 형식으로 객관화할 수 있는 힘을 실재적 존재에게 전달하지 않는 한, 절대자는 실재적 존재 가운데 진정으로 객관화될 수 없을 것이다. 이 두번째 산출은 이념의 산출이다. 혹은 이 두번째 산출, 그리고 절대적 형식을 통해 이루어지는 첫번째 산출은 하나의 산출(Ein Produciren)이다. 이념은 자기 내적인 근원 통일성(Ureinheit)에서 상대적이다. 왜냐하면 첫번째 산출의 절대성은 이념으로 이행되었지만 이념은 그것이 동시에 근원 통일성 가운데 있다는 한에서만, 즉 그것이 이념적인 한에서만 자기 내적이거나 실재적이기 때문이다. 따라서 이념은 그 자체가 절대적이기를 중단하지 않고는 특수성과 차이성에서 현상할 수 없을 것이기 때문에, 모든 이념은 마치 근원 통일성이 절대자와 일치하는 것처럼 근원 통일성과 일치한다.

또한 이념은 다시금 똑같은 방식으로 생산적일 수밖에 없다. 이념은 절대자와 이념만을 산출하며, 이 둘로부터 나오는 통일성은 이념 자체가 근원 통일성에 관계하는 것과 꼭같은 방식으로 이념에 관계한다. 이것은 진정한 선험적 제신계도(諸神系圖, Theogonie)이다. 이러한 영역에서는 다음과 같은 절대적 관계와 다른 관계는 존재하지 않는다. 즉 이 관계는 고대 세계를 그 감각적 방식에 따라, 피산출자가 산출자에게 의존적이며 결코 자립적이지 않다는 산출의 형상을 통해서만 표현할 줄 알았던 것이다.

절대성의 형식이 지닌 일자의 최초 법칙을 따라 무한자로 나아가는 이러한 전진적 주체-객관화의 전체 결과는 다음의 것이다. 절대적인 전체 세계는 존재의 모든 단계와 더불어 신의 절대적 통일성으로 환원되며, 따라서 절대적 세계에는 진정으로 특수한 존재자는 없으며 특수한 존재자에 이르기까지 절대적이지 않고 이상적이지 않으며 전적으로 영혼이 아니며 순수한 능산적 자연도 아닌 그 어떠한 존재도 없다.

지성세계의 최고 원리와 유한적 자연 사이에 지속성을 산출하고자 하는 무수히 많은 시도들은 허사가 되었다. 가장 오래된 시도와 가끔씩 반복되는 시도는 잘 알려진 바와 같이 유출설이다. 유출설에 따르면 신성의 유출은 점차적인 하강단계를 거치면서 근원으로부터 멀어지는 가운데 신적 완전성을 상실하며, 결국 빛이 마침내 어둠에 의해 제약되는 것처럼 대립자(물질, 결핍)로 이행한다. 그러나 절대적 세계에는 그 어디에도 제한이 없다. 신이 전적으로–실재적인 존재와 절대자만을 산출할 수 있는 것같이, 이어지는 모든 빛의 발산(Effulguration)[6]은 다시금 필연적으로 절대적이며 그 자체가 그와 유사한 것만을 산출할 수 있다. 그러나 대립물을 향한 지속적인 이행은 결코 모든 이상성의 절대적 결핍이 아니며 감소를 통해서는 유한자가 무한자로부터 생겨날 수 없다. 그럼에도 불구하고 적어도 매개만을 통해서, 그리고 긍정적 방식이 아니라 부정적 방식으로, 또한 점차적인 거리유지를 통해서 감각세계를 신으로부터 발생하게 하는 이러한 시도는, 신적 존재나 그 형식이 감각세계의 토대에 직접적으로 관계하는 것을 받아들이는 다른 모든 시도보다 항상 무한한 존경의 가치가 있다. 오로지 이러한 시도만이, 모든 현상존재가 소유하는 신적 완전성의 지속을 중단시킨 플라톤이 말한 바와 같이, 저 물음의 가시를 영혼으로부터 빼내게 된다. 왜냐하면 오로지 이러한 시도를 통해서만 이 존재(현상존재)에게 저 존재(신적 존재)가 그 진정한 비존재로 현상하게 되기 때문이다.

이와 같은 방식에 나타나 있는 너무나도 투박한 시도는 질료, 즉 신성으로부터 확장되는 작용을 통하여 사물의 근원형상으로 채워져 있고 이러한 사물을 산출할 뿐 아니라 합법칙적인 근본질서를 획득

---

6) 여기서 빛의 발산이라는 표현은 유출(Emanation)과 대비적인 의미로 쓰인다. 전자는 유한자의 산출에서도 절대자가 그 자체로 존재하는 것을 의미하는 반면, 후자는 유출된 존재 가운데서 절대자 자체가 점차 유한화되는 것을 뜻한다(옮긴이).

한 소재를, 그러나 몰규칙적이며 몰질서적인 소재를 신성 아래에 위치시킨다. 진정한 철학의 주인과 아버지는 이러한 이론의 창시자 중 한 사람으로 불린다. ――그러나 그의 이름은 이를 통해서 더럽혀진다. 왜냐하면 정확한 탐구는 위의 전 표상이 플라톤 철학에 관한 통상적 표상과 같이 오로지 『티마이오스』로부터만 나온 것임을 보여주기 때문이다. 『티마이오스』는 현대적 개념에 근접해 있기 때문에, 감각세계의 근원에 관한 실재적 표상에 대해 대립적인 『파이돈』과 『국가』 같은 플라톤의 진정한 철학에 나타나 있는 높은 도덕적 정신보다 더 손쉽게 친숙해질 수 있게 되었다. 사실 『티마이오스』는 다름 아니라 플라톤적인 지성주의와 플라톤에 앞서 유행했던 우주개벽설적인(kosmogonisch) 조야한 개념의 결혼이다. 철학은 소크라테스와 플라톤의 영원히 중요한 저작이 칭송받았을 때 이 개념으로부터 영원히 분리되었다.

이러한 조합에 대한 금지는 신플라톤주의자들의 작품에서 분명하게 나타난다. 이들은 플라톤이 말하는 질료를 자신들의 체계로부터 배제함으로써, 자신들이 조상의 정신을 이후의 모든 철학자보다 더 순수하고 심원하게 파악했다는 사실을 입증했다. 이들은 질료를 무로 설명했으며 이를 존재하지 않는 것으로 불렀다. 이들은 이 존재하지 않는 것과 신성 내지 신성으로부터 유출된 것 사이에, 예컨대 신적 존재의 빛이 무에서는 굴절되거나 반사된다든지, 이로부터 감각세계가 출현한다든지 하는 직접적인 관계나 실재적인 관계를 허용함이 없이 이를 이렇게 다룬 것이다. 왜냐하면 이와 같은 표상 방식이 갖는 거친-실재는 관념론의 빛으로 조명된 사상에게 이원론의 모든 방식과 마찬가지로 낯설기 때문이다. 조로아스터교의 체계가 무한적 원리와 유한적 원리의 혼합을 감각적 사물에서 설명하면서, 서로 논쟁하는 두 근원존재, 즉 모든 구체적 존재가 해소될 때만(세계의 종말에만) 다시금 분리될 수 있고 각각의 존재가 그 고유의 성질로 정위될 수 있는 두 근원존재를 상정한다면, 실재에 대립하는 근원존재는 단순히 존재의 결핍이나 단순한 무가 아니라 무와 어둠의 원리이며, 자연에서 무에 작용하며 빛을 굴절시키는 가운데 흐리게 하는 저 원리에 맞서는 힘이다. 그러나 공허한 무에서는 어떤 것도 스스로 반성할 수 없으며 이 무를 통해서 불투명하게 될 수 없다. 그 어떤 악한 원리나 무의 원리도, 전적으로 선한 존재 앞에서나 이 존재와 영원히 동일하게 함께하는 데서는 있을 수 없다. 왜냐하면 전반적으로 무의 원리는 첫번째 출생이 아니라 두번째 출생이기 때문이다.

이를 일반적으로 말하면 다음과 같다. 아무런 소명 없이 공허한 생각에 이끌리는 사람은 감히 고상한 질문을 해서는 안 되는가? 그도 똑같이 무지하다는 단순한 생각을 가르쳐서는 안 되는가?—이런 사람은 절대자를, 유한자를 긍정적으로 산출하는 존재로 삼고자 한다—혹은 그가 절대자를 우선 무한히 다양한 성질을 지닌 질료로 부르든 부르지 않든, 절대자에게 부정적 존재를 부가해서는 안 되는가? 혹은 절대자에게 다양성을 사라지게 한 다음 그를 단순하고 공허한 무규정자로 불러서는 안 되는가? 아니면 결국 절대자를 심지어 무로 만들어야 하는가? 이 마지막 경우와 첫번째 경우에서는 신이 악의 근원자가 된다. 질료와 무 그 자체는 아무런 긍정적인 특성을 갖지 않는다. 무는 먼저 이러한 긍정적 특성을 받아들이지만 그것이 선의 반사와 갈등을 일으킨 후에는 악의 원리가 된다. 이제 그는 이 논쟁이 신에 의해 운명적으로 정해진 것이 아니라고 말하게 된다. 그러나 그는 신의 최초의 작용이나 최초의 유출이 신으로부터 독립해 있는 원리에 의해 제한되며, 이로써 이 양자는 완전한 이원론으로 떨어지게 된다는 사실을 인정한다.

한마디로 말하자면, 절대자로부터 실제 존재에 이르는 지속적인 과정이 없으며, 감각세계의 근원은 오로지 절대성의 완전한 단절로만 생각될 수 있으며 비약을 통해서 생각될 수 있다. 철학이 실제 사물의 생성을 긍정적인 방식으로 절대자로부터 도출해낼 수 있어야 한다면, 사물의 긍정적 근거는 당연히 이 절대자 가운데 놓여 있어야 한다. 그러나 신 안에는 오로지 이념의 근거만이 있으며 이념은 또한 직접적으로 다시금 이념만을 산출한다. 이념이나 절대자로부터 출발하는 그 어떠한 긍정적 작용도 무한자로부터 유한자에 이르는 출구나 다리를 형성하지 못한다. 이밖에도 철학은 현상하는 사물에 대해 오로지 부정적인 관계를 가진다. 철학은 사물이 존재하는지, 존재하지 않는지에 대해 증명하지 못한다. 그렇다면 철학은 어떻게 사물에다 신에 대한 긍정적인 관계를 부여할 수 있는가? 절대자는 유일한 실재인 반면, 유한적 사물은 실재적이지 않다. 따라서 사물의 근거는 사물이나 그 기저에 실재성을 전달하는 데 있을 수 없다. 이러한 전달은 절대자로부터 출발해야 할 것이다. 사물의 근거는 오로지 절대자로부터 멀어짐에, 절대자로부터 떨어짐(타락, Abfall)에 있을 수 있다.

이와 같이 명쾌하고 단순하며 고상한 이론은 플라톤 정신의 각인을 담고 있는 작품 가운데 가장 순수하고 오인될 수 없는 형태로 시사되어 있는 것과 같은 진정으로 플라톤적인 이론이다. 플라톤은 오

로지 근원형상으로부터의 떨어짐을 통해 영혼을 그 최초의 지복으로
부터 침강시키며 영혼으로 하여금 그를 진정한 우주로부터 분리시키
는 시간적 우주로 태어나게 한다. 감각세계의 근원을 민족종교에서
와 같이 **창조**를 통한 절대성으로부터의 긍정적인 산출로 표상하지
않고 절대성으로부터 멀어짐으로 표상하는 것은, 플라톤도 분명하게
지시하고 있는 그리스 신비의 비밀스런 가르침의 대상이었다. 여기
에 근거하는 것이 다음의 실천 이론이다. 영혼, 즉 인간 가운데 주
어져 있는 신적인 것은 가능한 한 육체의 관계와 공동성으로부터 분
리되고 순화되어야 하며, 그것이 감각적 삶에 무감각하게 됨으로써
다시금 절대자를 획득하고 근원형상의 직관에 참여하게 되어야 한
다. 여러분은 이와 같은 이론이 『파이돈』의 모든 쪽에 나타나 있음
을 발견한다. 특히 엘레우시스 비밀에는 이러한 이론이 데메트리우
스와 페르체포네의 강도 이야기를 통해 상징적으로 예시되어 있는
것으로 보인다.[7]

우리는 처음에 떠났던 점으로 되돌아간다.──절대자의 본질성을
객체 가운데 나타내며 객체로 하여금 이를 생각하게 하는 형식의 조
용하고 영원한 작용을 통해서, 객체는 절대자와 마찬가지로 자기 내
적으로 절대적이다. "우주의 질서인 티마이오스는 상징적인 언어로
'좋았다'고 표현한다. 그러나 선에는 언제 어떤 것으로 인한 질투는
결코 생기지 않는다. 이러한 질투와 무관하게 그는 모든 것이 가능
한 한 그와 닮을 수 있다는 사실을 원한다."

---

7) *Kritisches Journal der Philosophie*, 1. Bd., 3. St. 24쪽, 25쪽(5권, 123
   쪽) 참조.

절대성의 배타적 고유성은 절대성 자체의 본질로써 그 상대물에도 자립성을 부여한다는 것이다. 이러한 자기-내적-존재, 그리고 최초로 직관되는 존재의 본래적이며 진정한 실재가 자유이다. 이러한 상대물의 첫 자립성으로부터 현상세계에서 다시금 자유로 나타나는 존재가 유출되는데, 이러한 자유는 타락한 세계를 향해 직관된 신성의 최후 흔적이며 그 거울이다. 상대물은 만약 그것이 진정으로 다른 절대자로 존재하기 위해서 그 자체의 자립성에서 파악될 수 없다면, 그 자체가 하나의 절대자로서 최초의 존재와 함께 모든 속성을 공유하고 있기는 하지만 진정으로 자기 내적으로 존재하지 않으며 절대적이지 않을 수 있다. 그러나 상대물은 이를 통해서 진정한 절대자와 분리되거나 그로부터 타락하지 않고는 다른 절대자일 수 없다. 왜냐하면 그것은 오로지 절대자의 자기-객관화에서만, 즉 그것이 동시에 절대자 가운데 존재하는 한에서만 진정으로 자기 내적으로 존재하며 절대적이기 때문이다. 절대자에 대한 이러한 관계는 필연성의 관계이다. 그것은 절대적 필연성에서만 절대적-자유이다. 따라서 그것이 그 고유의 성질에서, 스스로 자유로운 존재로서 필연성으로부터 분리될 때, 그것은 또한 자유로움을 중단하게 되며 절대성을 부정하는 순수 유한한 필연성으로 얽혀 들어간다.

이러한 상대물의 관계에 유효한 것은 그 가운데서 파악되는 모든 이념에도 필연적으로 해당한다. 필연성으로부터 놓여나는 자유는 진정한 무이며, 따라서 그 고유의 공허한 형상들을, 다시 말해서 감각적이고 현실적인 사물들을 산출할 수 있다. 타락의 근거 및 타락이 있는 한 이러한 산출은 이제 절대자 가운데 존재하지 않는다. 그것은 오로지 그 자체가 전적으로 자립적 존재와 자유자로 고찰될 수 있는 실재 및 피직관자 자체에 들어 있다. 타락의 가능 근거는 자유에 있으며, 이 자유가 절대-이상을 실재를 향해 생각함으로써 정립되는 한 당연히 형식에도 있고, 이를 통해서 절대자 가운데도 있다. 그러나 현실의 근거는 오로지 타락한 존재 자체에 있다. 타락한 존재는 이로써 자기 자신을 통해서, 그리고 그 스스로 감각적 사물의 무를 산출한다.

실재는 그것이 절대자 가운데 존재하는 것처럼 그 자체가 직접적으로 이상적이며 따라서 이념이므로, 절대자로부터 분리된 실재는 그 자체가 순수하게 내적으로 존재함으로써 필연적으로 더 이상 절대자가 아니며 오로지 절대성의 부정과 이념의 부정만을 산출할 수 있다. 이념은 직접적으로 실재성이면서 동시에 이상성이므로, 산출된 존재는 이상성으로부터 분리되면서도 직접적으로 이 이상성에 의해 규정되지 않는 실재성이 된다. 즉 그것은 자기 존재의 완전한 가능성을 동시에 자기 내적으로가 아니라 자기 외적으로 갖는 현실이며, 따라서 감각적 제약적 현실이다.

산출자는 항상 이념으로 남는데, 이념은 그것이 유한자를 산출하는 것으로 규정되며 그 가운데서 자기를 직관하는 것으로 규정되는 한에서 영혼이다. 그 가운데서 이념이 객관화되는 존재는 더 이상 실재가 아니라 단순한 가상이며 항상 필연적으로 산출되는 존재이다. 이것은 즉자적이지 않으며, 오로지 영혼과의 관계에서만, 그리고 영혼이 그 원형으로부터 타락한 한에서 바로 이 영혼과의 관계에서만 현실적이다.

산출자가 형식적으로 절대자의 자기 객관화이며 이를 통해서 상대물이 자기 내적으로 존재할 수 있고 근원형상으로부터 분리될 수 있

는 한, 현상세계는 절대자에 대한 하나의 관계를 갖되 오로지 개별
적인 관계만을 갖는다. 따라서 그 어떤 유한한 사물의 근원도 직접
적으로 무한자로 환원될 수 없으며, 그 자체가 끝이 없으며 따라서
그 법칙이 긍정적인 의미가 아니라 부정적인 의미를 지니는 원인과
결과의 계열을 통해서만 파악될 수 있다. 말하자면 그 어떤 유한자도
절대자로부터 직접적으로 생겨날 수 없으며 절대자로 환원될 수 없다. 따
라서 이러한 법칙에서는 유한적 사물 존재의 근거가 무한자의 절대
적 단절로 표현된다.

　이밖에도 이러한 타락은 절대성 자체나 이념세계와 같이 영원하
(며 모든 시간 바깥에 있)다. 왜냐하면 이상성인 절대성이 영원한
방식으로 실재인 다른 절대자로 태어나고 이 다른 절대자가 근원이
념으로서 필연적으로 양 측면을 갖는 것과 같이, 즉 실재를 자기 내
적으로 존재하게 하는 측면과 실재를 즉자-존재 가운데 있게 하는
측면을 갖는 것과 같이, 이로써 마찬가지의 영원한 방식으로 근원이
념에 이중의 삶이 부여되는 것과 같기 때문이다. 이는 근원이념 가
운데서 파악되는 이념들 각각에 이중의 삶이 부여되는 것과도 같다.
이 이중의 삶은 이념으로 하여금 유한성에 대해 의무를 지게 하는
자기 내적 삶과, 타자와 분리되는 한에서의 가상의 삶 내지 이념의
진정한 삶인 절대자 안에서의 타자인 삶이다. 그러나 타락과 그 결
과, 그리고 감각적 우주의 영원성에도 불구하고, 절대자 및 즉자적
이념 자체와 관련해서 볼 때 저것(타락)은 이것(감각적 우주)과 마
찬가지로 단순한 속성이다. 왜냐하면 속성의 근거는 절대자에도 이
념 자체에도 있지 않으며 오히려 자기성의 측면을 지닌 이념에서만
고찰되기 때문이다. 속성의 근거는 근원형상에서뿐 아니라 절대자에

게서도 비본질적이다. 왜냐하면 그것은 양자에게서 아무것도 변화시키지 못하기 때문이다. 타락한 존재는 이를 통해 곧바로 무로 이끌어지며 절대자 및 근원형상과 관련하여 볼 때 진정으로 무이며 오로지 대자적으로만 존재하기 때문이다.

타락은 또한 (일반적으로 일컬어지는 바와 같이) 설명될 수 없다. 타락의 결과와 그것이 이끌어내는 필연적 운명이 비-절대성이라 하더라도 그것은 절대적이며 절대성으로부터 나온다. 왜냐하면 최초 절대자의 자기직관 안에, 즉 형식 안에 있는 다른 절대자가 수용하는 자기성은 실재적인 자기-내적-존재의 가능성에까지만 도달하며 더 이상 나아가지는 못하기 때문이다. 유한자와 뒤얽혀 있는 형벌은 이러한 한계 너머에 있다.

피히테가 유한적 의식의 원리를 사-실(That-Sache)에서가 아니라 사-행(That-Handlung)에서 정립하려고 한다면, 모든 새로운 철학자 가운데 이러한 관계에 대해 피히테보다 더 분명하게 지적한 사람은 없다. 동시대 철학자들이 이러한 말을 설명의 도구로 거의 삼을 수 없었다는 사실도 마찬가지로 밝혀져 있다.

상대물의 대자-존재는 유한성을 통해 유도됨으로써 그 최고의 잠재력에서 자아성으로 표현된다. 그러나 천체 운행에서 중심으로부터 가장 멀어지는 것이 곧바로 다시금 중심을 향해 근접해 가는 것과 동일하듯이, 신으로부터 가장 멀어진 점인 자아성은 또한 다시금 절대자로 복귀하는 계기이며 이상적 존재로 수용되는 것이다. 자아성은 유한성의 보편적 원리이다. 영혼은 모든 사물 가운데서 이러한 원리의 각인을 본다. 비유기적 물체에서는 자기-내적-존재가 경직성으로 표현되며 동일성이 차이성에서 생각된 것으로 말해지고 영혼

의 활력이 자기(磁氣)로 표현된다. 천체와 이념의 직접적 가상에서
는 원심력이 그들의 자아성이다. 근원통일성과 최초의 상대물이 모
사된 세계로 빠져들어가는 곳에서는 자아성이 이성으로 나타난다.
형식은 지식의 본질로서 근원지식이며 근원이성 자체(logos)이기 때
문이다. 그러나 실재는 이러한 형식의 산물로서 산출자와 같으며 따
라서 실재적 이성이고, 타락한 이성으로서 오성(nous)이다. 근원통
일성이 그 가운데 내재하는 모든 이념을 그 자체로부터 산출하는 것
같이, 그것은 또한 오성으로서 다시금 이 이념에 일치하는 사물을
오로지 그 자체로부터 산출한다. 그 진정한 절대성에 내재하는 이성
과 자아성은 동일하다. 만약 자아성이 모사된 존재가 갖는 최고 대
자-존재의 점이라면, 그것은 동시에 타락한 세계에서 다시금 원형의
세계를 산출하는 점이며 초월적인 능력과 이념이 화해되는 점인가
하면 이것이 학문과 예술과 인간의 도덕적 행위에서 시간성으로 낮
추어지는 점이기도 하다. 우주와 그 역사가 갖는 큰 뜻은 다름 아니
라 완전한 화해이며 다시금 절대성으로 해소되는 것이다.

　가장 일반적으로 말해서 인간 타락의 원리를 비록 무의식적이라
하더라도 그 고유의 원리로 삼는 철학의 의미는, 독단론에서 보여진
이념과 유한성 개념 간의 선행적 혼동에 의거해서는 충분하게 평가
될 수 없다.[8] 타락의 원리가 전체 학문의 원리로서 오로지 부정 철
학을 결과로 가질 수 있다는 것은 참이다. 그러나 부정적 존재와 무
의 나라가 실재성의 나라 및 유일하게 긍정적인 존재와 예리한 경계
를 통해 구별된다는 것은 이미 달성된 내용이다. 왜냐하면 전자(부

---

8) *Einleitung in die Philosophie der Mythologie*, 465쪽, 각주 d. H. 참조.

정적 존재와 무의 나라)는 이러한 구별을 통해서 다시금 빛을 발할 수 있었기 때문이다. 선한 원리를 악한 원리 없이 인식한다고 생각하는 사람은 가장 큰 오류에 빠져 있다. 단테의 시에 나타나 있는 것처럼, 철학에서도 오로지 심연을 통해서만 천상에 이르는 길이 열린다.

피히테는 말한다. 자아성은 오로지 그 고유한 행위이며 그 고유한 행동이다. 이러한 행위를 도외시할 때 그것은 아무것도 아니다. 그것은 오로지 대자존재일 뿐 즉자존재가 아니다. 전체 유한성의 근거는, 절대자에 내재하지 않고 오로지 유한성 자체에 내재하는 근거로서는 규정적으로 표현될 수 없었다. 진정한 철학에 대한 태고의 가르침은 세계의 원리로 형성된 자아의 이러한 무에서 어떻게 순수하게 말해지는가! 그것은 이러한 무 앞에서 뒷걸음치면서 그(무) 실재성을, 무한한 사고가 작용하는 기저와 비정형적인 질료와 재료에 고정시키려 하는 비철학과 어떠한 대립을 형성하는가!

우리는 완전성이나 엄격한 질서를 요구하지 않는 가운데, 자연을 향해 뻗어나간 그 몇 가지 분지에서 이러한 원리를 추적하고자 한다.

현상하는 우주는 그것이 시간 가운데 시원을 갖는다는 사실을 통해서 비자립적이라기보다, 자연이나 개념에 따라서 비자립적이다. 그것은 진정으로 시작하지 않았을 뿐 아니라 아직까지도 시작하지 않았다. 현상하는 우주는 단순한 비존재이기 때문이다. 그것은 이러한 비존재로 형성될 수 없었던 것과 마찬가지로 거의 형성되지 않았다.

그럼에도 불구하고 자신의 타락을 인식하는 영혼은 이 현상하는 우주에서 또 다른 절대자가 되려고 하며, 따라서 절대자를 산출하려고 한다. 그러나 영혼의 운명은 그(영혼) 가운데 이념으로 존재했던 것이며 이상적이었던 것으로서 실재적이며, 그렇기 때문에 이상적인 것의 부정으로 산출되어야 한다. 따라서 영혼은 특수한 유한적 사물에 대해 생산적이다. 이제 영혼은 심지어 이 모든 가상에서 가능한 한 전체의 이념을 그 두 가지 통일성에 따라서 표현하려고 하며 그 자체의 완전한 형상 가운데서 심지어 이념의 모든 단계들을 표현하려고 한다. 이로써 영혼은 이것(이념의 모든 단계)에 의해 산출된 것의 규정과 저것(전체의 이념)의 규정을 받아들이면서 전체를 진정한 우주의 완전한 압형으로 만들려고 한다.

영혼은 단계적으로, 혹은 전체 이념을 실재 가운데 표현하고 혹은 전체 이념을 이상 가운데 표현하면서 근원통일성에 이르기까지 고양됨으로써, 사물의 상이한 잠재력이 이러한 방식으로 영혼에 생겨난다. 그러나 영혼의 자기성의 측면으로부터, 영혼이 소산적 자연과 유한적, 감각적 사물의 일반적인 출현 무대로 확산되는 필연성과 뒤얽혀 들어가는 것은 풀기 어려운 문제이다. 이제 영혼은 자기성을 수행하고 그 이상적 통일성으로 복귀함으로써 다시금 신적 존재를 직관하게 되며 절대자를 산출하게 된다.

이념의 두 가지 통일성, 즉 영혼을 내적으로 존재하게 하는 통일성과 영혼을 절대자 가운데 존재하게 하는 통일성은 그 이상성에서 하나의 통일성과 이념이며 따라서 절대 일자이다. 영혼은 타락할 때 둘이 되며 차이가 된다. 따라서 영혼에게 통일성은 필연적으로 셋의 산출에 있다. 말하자면 영혼은 실체의 두 가지 통일성을 단순한 속성으로 하위에 둠으로써 즉자-존재의 형상을 산출할 수 있다. 다른 통일성으로부터 분리된 자기-내적-존재는 직접적으로 존재를 가능성과 현실성의 차이(진정한 존재의 부정)와 함께 포함한다. 이러한 차이의 일반적인 형식은 시간이다. 왜냐하면 모든 사물은 시간적이기 때문이다. 즉 모든 사물은 자기 존재의 완전한 가능성을 자기 내적으로 갖지 않고 타자 가운데 갖는다. 따라서 시간은 모든 비-존재의 원리이며 필연적 형식이다. 자기성의 형식을 다른 형식을 통해서 통합하려는 산출자는 시간을 실체(산출된 실재)의 속성과 형식으로 삼는데, 여기서(이 실체에서) 시간은 자기성을 일차원을 통해 표현한다. 왜냐하면 선(線)은 다른 통일성에서 소멸된 시간이기 때문이다. 이 다른 통일성은 공간이다. 왜냐하면 첫번째 통일성이 동일성을 차이성으로 형성하는 것(Einbildung)인 것처럼, 다른 통일성은 필연적으로 차이를 동일성으로 역형성하는 것(Zurückbildung)이기 때문이다. 결국 차이성이 출발점인 것이다.

동일성과 대립하면서 순수한 부정으로 현상할 수 있는 차이성은 점에서 서술된다. 왜냐하면 점은 모든 실재성의 부정이기 때문이다. 동일성의 차이성으로의 해소, 즉 영혼에게서 타자와 하나가 되지 못하는 절대적 분리를 통해 표현되는 차이성으로 동일성이 해소되는 것은, 차이성이 순수한 부정으로 정립됨으로써만 지양될 수 있다. 여기서 부정의 부정은 이것과 유사하고 똑같아야 하기 때문에, 동일성은, 절대적 분리에서는 어떤 점도 다른 점과 본질적으로 상이하지 않으며 모든 것이 다른 것과 완전히 유사하거나 동일할 뿐 아니라 하나는 모든 것을 통해서, 모든 것은 각각의 하나를 통해 제약된다는 사실을 통해서 정립된다.——이 마지막 경우는 절대적 공간에서 일어난다.

공간은 시간을 수용하는데, 이것은 일차원에서 생긴다. 시간은 비록 지배적인 차원(일차원) 아래에 놓이면서 여타의 모든 것을 수용하기는 하지만 공간도 받아들인다. 공간의 지배적인 차원은 이차원이며 이상적 통일성의 형상이다. 공간의 차원은 과거로서의 시간에 있다. 과거는 영혼에게서 공간과 마찬가지로 완결된 형상이다. 여기서 영혼은 차이를 동일성으로 복귀한 것으로, 그리고 다시금 동일성에 수용된 것으로 직관한다. 영혼은 실재적 통일성 자체를 미래에 직관한다. 왜냐하면 사물은 실재적 통일성을 통해 영혼에 투사되고 그 자립성으로 진입하기 때문이다. 두 대립자는 무차별이나 셋째 통일성을 공유한다. 왜냐하면 시간의 현재는 결코 영혼을 위해 존재하지 않기 때문에 공간의 조용한 심연과 같이 영혼에게는 유한한 사물의 절대적 무가 갖는 동일한 형상이기 때문이다.

이미 언급한 바와 같이 산출자는 피산출자를 가능한 한 이념에 어울리게 하려고 한다. 진정한 우주는 모든 시간을 가능성으로서 자기 안에 소유하고 어떠한 시간도 자기 밖에 갖지 않는 것과 같이, 산출자는 시간을 제3의 것에 종속시키려 하고 이를 다른 통일성에 묶어 놓으려 한다. 그러나 영혼은 절대적 명제와 절대 일자로 되돌아갈 수 없기 때문에, 오로지 종합이나 제3의 것만을 산출한다. 여기서는 두 통일성이 절대자에게서와 같이 투명하지 않은 상태로 있으며, 증가되지 않는 동일한 하나의 존재로가 아니라 극복될 수 없는 둘의 존재로 있다. 따라서 피산출자는 통일성과 이중성, 선한 원리와 악한 원리의 본성에 동일한 방식으로 참여하는 중간존재이다. 여기서 두 통일성은 상호 교차적으로 불투명하게 되며 명증성으로 침투해 들어가지 못하는 가상이나 진정한 실재의 우상을 산출한다.

질료는 그것이 다름 아닌 명증성의 부정이며 이상성에서 이루어지는 실재성의 순수한 발생의 부정인 한, 전적으로 비존재의 유에 속한다. 질료는 영혼의 단순한 우상(simulachrum)으로서 이를 그 자체로 고찰할 때나 영혼에서 분리시켜 독자적으로 고찰할 때 완전한 무이다. 이렇게 영혼과 분리되는 질료는 명부(冥府)의 환영에 나타나 있는 그리스의 지혜를 모방한 것과 같다. 여기서 헤라클레스 자신은 영원한 신의 영역에 머물러 있는 반면, 그의 고상한 힘은 오로지 환상(eidolon)으로만 떠돌아다닌다.[9]

영혼이 그 자기성이나 유한성의 측면으로부터 마치 불투명한 거울을 통해서 인식되는 것과 마찬가지로 이러한 중간존재와 진정한 존재를 통해서 인식되는 한, 모든 유한한 인식은 필연적으로 대상 자체에 대해 오로지 간접적으로 관계하는, 그리고 그 어떠한 균일화를 통해서도 해소될 수 없는 관계를 맺는 비합리적인 인식이다.

질료의 근원에 대한 이론은 다른 이론과 더불어 철학의 최고 비밀에 속한다. 그 어떤 독단적 철학도, 이를 신에게 대립하는 다른 근거존재로, 혹은 이러한 존재의 작용으로 신으로부터 독립해 있게 하거나, 혹은 신에게 의존적이게 하며, 이를 통해서 신 자체를 결핍과 제약과 이로부터 유래하는 사악의 근원자로 삼는 선택지를 극복하지 못했다. 우리가 라이프니츠를 올바로 이해했다면, 그는 질료를 단순히 모나드의 표상으로부터 도출한다. ──모나드는 그것이 적당할(adäquat) 경우에는 오로지 신만을 대상으로 삼고 그것이 혼돈에 휘말릴 때는 세계와 감각적 사물을 대상으로 삼는다. ──라이프니츠는 이렇게 혼돈된 표상 및 이와 필연적으로 결부된 사악과 도덕적 악의

---

9) *Odyssee* XI, 602쪽.

결핍을 설명할 수 없었기 때문에, 신의 운명이나 용인으로 인해 신을 정당화하고 변호하는 과제로부터 빠져나올 수 없었다.

고대의 성스러운 가르침은 이성이 수백 년 이래로 힘을 기울여온 저 모든 의심의 곤경을 종결지었다. 영혼은 지성의 세계로부터 감각 세계로 전락했다. 여기서 영혼은 자기성의 형벌에 묶여 있음을 알 뿐 아니라 (시간에 따르지 않고 이념에 따르는) 이러한 삶에 선행하는 감옥과 같은 육체의 잘못에 구속되어 있음을 안다. 심지어 영혼은 진정한 우주의 일치와 조화를 기억해내지만, 그 앞에 어른거리는 세계가 만들어내는 감각의 소음으로 방해받는 가운데 부조화와 모순된 소리를 통해 이를 청취할 뿐이다. 이것은 영혼이, 존재하거나 존재하는 것으로 보이는 것에서가 아니라, 오로지 영혼을 위해 존재했던 것과 영혼이 되돌아가려고 노력해야 하는 지성적 삶에서만 진리를 인식할 수 있는 것과 같다.

그러나 오성과 실재적 견해가 불가피하게 얽혀들어가는 모든 모순은 이러한 가르침을 통해 마찬가지로 해소된다. 왜냐하면 예컨대 우주가 무한히 확장되거나 제한되는지에 대해 묻는다면, 대답은 양자 모두가 아니라는 것이기 때문이다. 비존재에 대해서는 아무런 술어가 없다는 이유에서 그것은 비제한적인 것과 마찬가지로 제한적이기 때문이다. 그러나 우주가 가상적인 실재를 갖는다는 전제 하에서 그것이 이런 우주인가, 아니면 저런 우주인가라고 묻는다면, 그것은 다음의 물음을 뜻한다. 이 두 가지 술어 가운데 이런 술어나 저런 술어가, 우주에 실재가 귀속되는 의미로 우주에 귀속되는가? 다시 말해서 단순히 사람들이 또다시 답변에 어려움을 느끼지 않을 수 있는 개념과 표상에서 이런저런 술어가 우주에 귀속되는가?

우리는 자연철학에 관한 이러한 이론으로부터 몇 가지 짧은 추론의 선(線)을 제공하고자 한다.

영혼은 그것이 유한성으로 가라앉은 다음, 더 이상 그 진정한 형태에서가 아니라 질료를 통해 불투명하게 된 형태에서만 근원형상을 바라볼 수 있다. 그럼에도 영혼은 또한 이 근원형상 가운데서 여전히 근원존재를 인식하며 이를 우주로 인식하되 심지어 분화되고 분리된 모습으로 인식하지만, 이를 서로 의존적인 것으로뿐 아니라 동시에 자립적인 것으로 인식한다. 유한한 영혼에는 이념이 오로지 직접적인 모사인 별 가운데서 현상하는 것과 같이, 이와 반대로 별에 앞서 있는 이념은 영혼으로서 유기적인 육체와 결합한다. 이를 통해서 육체와 영혼의 조화가 파악된다.

선한 원리를 보다 더 직접적으로 서술하는 가운데, 타락한 세계의 어둠에서뿐 아니라 고유의 빛을 지닌 이념 가운데서 비추며 빛만이 아니라 자연 가운데 있는 영원한 아름다움의 유출을 확산시키는 사람은, 영혼에 최초 이념의 모사로 나타나며 그렇기 때문에 이념으로부터 처음으로 떨어져 나온 존재로 현상한다. 왜냐하면 이런 사람은 근원형상으로부터 가장 덜 멀어지면서도 육체로부터는 최소한의 것을 받아들이기 때문이다. 이런 사람은 이념이 그들 자신에게 관계하는 것처럼 다시금 어두운 별에 관계한다. 즉 이런 사람은 이념이 내재하는 중심으로서, 그리고 스스로 자기 내적으로 존재함으로써 이렇게 관계하며, 이러한 중심의 조화로부터 그의 운동이 발생한다. 이에 대해서는 이미 다른 방식으로 충분히 다룬 바 있다.

신이 최초의 상대물에서 형식을 통해 전적으로 객관화될 뿐 아니라 신의 직관 자체가 다시금 이 상대물 가운데서 자신을 직관하며,

이로써 상대물이 신과 전적으로 동일하게 되는 것같이, 영혼도 다시금 자연으로 자신을 투영해서 바라보며 잔해와 같은 자연에서만 기거하는 정신인 빛 가운데서 자신을 바라본다. 왜냐하면 현상세계는 그것이 비록 이상적 원리와 완전히 분리되어 있다 하더라도, 영혼에게는 신적 세계나 절대적 세계의 폐허이기 때문이다. 다시 말해서 현상세계는 절대성이지만 오로지 직관된 형태에서 절대성일 뿐, 절대-이상존재는 아니다. 또한 그것은 절대성 자체가 아니라 그것이 차이와 유한성을 통해 불투명하게 된 한에서의 절대성이다. 이로부터 파악되는 것은, 어떻게 스피노자가 심지어 '신은 사물'이라는 강한 명제에까지 나아갈 수 있었는가 하는 점이다.

스피노자가 신이 동일한 존재이거나 사고와 연장의 즉자인 한에서만 신의 연장에 대해 말한다는 사실에 대해 우리가 반성하지 않으려 한다 해도——여기서는 연장된 존재 안에서 연장된 것 및 부정된 존재 안에서 부정된 것이 물론 신의 본질이다——위의 사실은 파악된다. 감각적 존재와 연장된 존재 가운데서 **부정된 존재**가 즉자존재이며 그렇기 때문에 신적 존재라는 사실에 대해 어떤 철학자가 맞서려 하는가?

유물론의 **자연철학**, 신과 감각세계를 동일시하는 **자연철학**, 범신론의 **자연철학**, 더 나아가 민족이 이에 대해 많이 생각하지 않은 채 무기로 사용한 자연철학이라는 이름이 계속해서 불리기를 원하기도 하고 비판받기도 했다는 사실은, 전적으로 무지한 사람이나 어리석은 사람만을 노릴 수 있었다.——이런 문제를 제기한 사람들 가운데 일부는 물론 여기서 언급된 이런저런 범주에 속하지 않았다.

첫째, 자연철학은 전체 현상의 절대적 비–실재성을 가장 명쾌하게 주장했으며 칸트 이후 그 가능성을 말하는 법칙에 대해서, "법칙은 모두 절대적 동일성 외부에서 그 자체가 무인 존재를 말함으로써"[10] 오히려 법칙 자체의 절대적 무성(無性)과 무본질성의 표현이라고 서술했기 때문이다. 둘째, 자연철학은 "현상하는 세계가 절대−실재적인 세계로부터 절대적으로 분리되어 있다는 것(완전한 분리)을 진정한 철학의 인식에 이르는 본질적인 것으로" 요구하기 때문이다. 왜냐하면 이를 통해서만 자연철학은 절대적 무−실재성으로 정립될 수 있으며 절대자에 대한 다른 관계가 자연철학 자체에 하나의 실재성을 부여할 수 있기 때문이다.[11] 셋째, 자아성은 항상 통일성으로부터 특수한 형태로 넘어가는 고유한 분리점과 이행점으로서 유한성의 진정한 원리로 설정되기 때문이며, 자아성과 함께 그리고 오로지 자아성을 위해서 전체로부터 분리되어 있는 유한자가 진정으로 무인 것과 마찬가지로,[12] 자아성이 오로지 그 고유의 행위이며 통일성의 행위로부터 독립해 있는 것으로 자아성이 그 자체에 대해 설명하기 때문이다. 그밖에도 이러한 무는 비록 다양한 형태로 주장되기는 했지만 모든 시대의 진정한 철학에서 일치하는 것이다.

---

10) *Neue Zeitschrift für speculative Physik*, Bd. 1, H. 2, 11쪽(4권, 397쪽).

11) 같은 책, 1부, 73쪽(4권, 388쪽).

12) Bruno, *Die Zeitschrift*, 1권, 2부, 13쪽(4권, 398쪽) 및 *Kritisches Journal der Philosophie*, 1권, 1부, 13쪽(5권, 26쪽) 참조.

3 자유, 도덕, 지복 : 역사의 궁극목적과 시원

에셴마이어[1]는 말한다. "절대자의 피안으로부터 출현하는 모든 흔적을 담고 있는 의지를 절대적 동일성으로부터 전개시키고 더 나아가 절대적 인식으로부터 전개시키는 것은 내게 늘 해소될 수 없는 물음으로 보였다." "인식 영역의 모든 대립이 절대적 동일성에서 지양되는 것이 참인 만큼 차안(此岸)과 피안의 중심대립을 넘어서는 일은 불가능하다."[2]

여기서 차안이 현상세계 및 유한적 인식 영역을 의미한다면, 에셴마이어는 우리가 현상세계와 절대세계의 절대적 구별에 관해 주장했던 것에서 자신의 주장과 대립되는 것을 철저하게 확인하게 된다. 그러나 동일한 인용문에 따라 절대자가 그의 피안을 가지며 차안은 "인식에서 유한자에 구속되는 의지의 인력적(引力的) 중량으로"[3] 기술된다면, 에셴마이어는 절대자에 관한 한 내가 생각하는 것과는 전

---

1) 『비철학으로 이행하는 철학』, 51쪽.
2) 같은 책, 54쪽.
3) 같은 곳.

혀 다른 것을 생각하고 있음이 분명하다. 나는 그가 생각하는 것을 알지 못한다. 앞서 지적한 바와 같이 절대자 일반의 외부나 그 너머에서 어떤 것을 추구하는 것은 직접적인 모순으로 보이기 때문이다.

풍부한 정신을 소유한 이 탐구자가 분명하게 했더라면 좋았을 것은 우리의 절대자가 무엇 때문에 몰락하며 무엇을 통해서 몰락하는지에 대한 설명이다. 그랬더라면 그는 자신이 절대자로 이름붙인 것의 피안에서 신앙을 통해 포착하려고 했던 높은 존재야말로, 우리가 청명한 지식과 이 지식의 청명한 의식 가운데 소유하고 있는 절대성과 동일한 절대성이라는 사실을 알게 될 것이다.

비가시적인 세계로부터 우리의 세계로 전달된 신적인 자유의 불꽃이 절대적 동일성을 깨뜨리고 난 뒤에야 비로소 그 분배의 비율에 따라 한편으로는 사고와 존재가 생겨나고 다른 한편으로는 의지와 행위가 생겨난다[4]고 말할 때, 그는 그 자신에게서 발산되려고 한 것으로 보이는 불빛을 바로 이 절대성에서 점화한 것이 아닌가?

우리의 표상에 의하면 지식은, 무한자가 영혼 가운데서 객체나 유한자로 상상되는 것이다. 이를 통해서 객체나 유한자는 자립적으로 되며, 마치 신적 직관의 제1대상이 그 자신에게 관계하는 것과 꼭 같은 방식으로 자기 자신에 관계한다. 영혼은 이성 가운데서 근원적 통일성으로 해소되며 이 통일성과 같아진다. 이를 통해서 영혼에게는 전적으로 절대자 가운데 존재할 수 있는 **가능성**이 주어지는 것과 마찬가지로 전적으로 자기 내적으로 존재할 수 있는 가능성이 주어진다.

---

4) 같은 책, 90쪽.

한 존재나 다른 존재의 현실성의 근거는 더 이상 근원적 통일성에 있지 않으며 오로지 영혼 자체에 있다. (이제는 영혼이 이러한 근원적 통일성에 관계하는데, 이는 이전에 영혼이 절대자와 관계했던 것과 같다.) 따라서 영혼은 자신을 절대성으로 산출할 수 있는 가능성을 새롭게 획득하거나, 스스로 비-절대성으로 떨어지고 근원형상으로부터 분리될 수 있는 가능성을 획득한다.

이러한 가능성과 현실성의 관계는 당연히 설명될 수 없는 자유의 현상 근거이다. 왜냐하면 오로지 자기 자신을 통해서 규정되는 것이 자유의 개념이기 때문이다. 그러나 자유가 처음으로 현상세계로 유출되는 최초의 출발점은 그럼에도 제시될 수 있으며 또 제시되어야 한다.

영혼의 존재가 근원통일성과 신 안에서 이 근원통일성을 위한 실재적 필연성이 아닌 것같이, 그리고 영혼이 이를 통해 진정으로 자기 내적으로 존재하는 동시에 절대적으로 존재하지 않고는 근원통일성 가운데 있을 수 없는 것과 같이, 영혼은 다시금 그 자체가 동시에 무한자 가운데 존재하고 필연적으로 존재하지 않고는 진정으로 자유로울 수 없다. 따라서 자기성에 사로잡혀 있으면서 무한자를 내적으로 유한성에 복종시키는 영혼은 근원형상으로부터 떨어진다. 그러나 운명으로서 영혼을 따라다니는 직접적인 형벌은, 자기-내적-존재의 긍정이 영혼에게 부정으로 변하는 것이며, 영혼이 더 이상 절대자와 영원자를 산출할 수 없으며 기껏해야 비-절대자와 시간적 존재를 산출할 수 있다는 것이다. 자유가 사물의 최초 절대성에 대한 증인이기는 하지만 이 때문에 타락의 반복된 가능성인 것같이, 경험적 필연성은 자유의 타락한 측면에 지나지 않으며 자유가 근원형상으로부터 멀어짐으로써 빠져들게 되는 강제이다.

이에 반해 영혼이 무한성과의 동일성을 통해 유한적 필연성으로부터 어떻게 벗어나는가 하는 문제는 영혼이 절대자와 형성하는 관계로부터 해명된다.

또한 영혼은 그 유한적 산출에서 영원한 필연성의 도구에 지나지 않으며, 이와 마찬가지로 산출된 사물도 이념의 도구에 불과하다. 그러나 절대자는 유한한 영혼에 대해서 오로지 간접적 관계와 비합리적인 관계를 갖는데, 여기서 이념에 내재하는 사물은 영원자로부터 직접적으로 발생하지 않고 오로지 분리적으로 생겨난다. 따라서 영혼은 피산출자와 동일한 존재로서 최고의 암흑화라는 자연과 전적으로 동일한 상태를 갖는다. 이에 반해 영혼은 무한자와의 동일성에서 자유에 맞서는 필연성 너머로 스스로를 고양시킨다. 여기서 자연의 진행 가운데 자유로부터 독립해 있는 것으로 나타나는 실재는, 그 자체가 절대적 자유인 필연성을 향해, 그리고 이러한 필연성 가운데서 자유와 조화를 이루게 된다.

절대-이상적-존재에 대한 인식인 종교는 이러한 개념으로 연결된다기보다 이들 개념에 선행한다. 종교는 이 개념의 근거이다. 왜냐하면 오로지 신 안에 있는 절대적 동일성을 인식하는 것, 즉 절대적 동일성이 모든 행위로부터 독립해 있다는 사실을 모든 행위의 본질이나 즉자로 인식하는 것은 도덕의 제일 근거이기 때문이다. 개념에서는 필연성과 자유의 절대적 동일성이 세계와 간접적으로 관계하는 동일성에 따르지만, 도덕의 근거에서는 그것이 세계와 간접적으로 관계하는 동일성 너머로 고양되어 나타난다. 절대적 동일성은 인식되어야 하며 그렇기 때문에 도덕을 향한 첫 발걸음인 운명으로 현상

한다. 절대적 동일성과의 의식적 화해 관계에서는 영혼이 절대적 동
일성을 신의 섭리(Vorsehung)로 인식하며, 현상의 관점에서처럼 더
이상 파악되지 않는 동일성과 파악할 수 없는 동일성으로 인식하는
것이 아니라 그 본질이 정신의 눈에 직접적으로 그 자체를 통해 보
여질 수 있고 계시될 수 있는 신으로 인식하며, 감각적인 눈에서는
감각적 빛으로 인식한다.

　신의 실재성은 도덕을 통해 비로소 이루어지는 요구가 아니다.
(신과 도덕의 관계를) 우리가 어떤 방식으로 설명하든 신은 인식하
는 존재이며 최초의 진정한 도덕적 존재다. 이것은 도덕적 계명이
입법자인 신에게 연관되어야 하며 그렇기 때문에 그것이 충족되어
야 한다거나, 오로지 유한자만을 생각할 수 있는 사람이 이러한 방
식이 보여주는 그 어떤 다른 관계를 생각할 수 있다는 것이 아니
다. 그것은 오히려 신의 본질과 도덕의 본질은 하나의 본질이기 때
문에, 그리고 이 하나의 본질을 표현하는 것은 신의 본질을 표현하
는 것과 같기 때문에 그러하다. 신이 존재하는 한, 비로소 도덕적
세계가 존재한다. 도덕적 세계가 존재하도록 하기 위해서 신을 존
재하게 하는 것은 진정한 필연적 관계의 완전한 전도(顚倒)를 통해
서만 가능하다.

　무한한 자유에 이르기 위해 유한한 자유를 희생하고 정신적 세계
에 익숙해지기 위해서 감각세계에 대해 죽는 것은 학문과 삶을 가르
치는 동일한 정신이다. 이념에 대한 직관 없이는 도덕론도 도덕도
없는 것처럼, 도덕의 본질을 배제하는 철학은 다시금 똑같이 무의미
한 것이다.

　에센마이어[5)]의 책에는 다음의 말이 나온다. "셸링은 그 어떤 저술

에서도 지성의 극(極)에 대해서나, 우리의 이성체계의 필연적 구성 부분을 이루는 이성적 존재의 공동성에 대해서 명쾌하고도 상세하게 다루지 않았으며 이로써 근본이념 중의 하나인 덕을 이성으로부터 배제했다." 이 이외에도 에센마이어는 이 문제를 다른 어법을 동원해서 반복적으로 표현하고 있다.

만약 천박한 비학문성이 그 무의미함을 위해서 철학의 비도덕성을 비통하게 표현함으로써 철학에 보복을 가하거나, 또한 다른 사람이 승려풍을 띠는 척하면서 악의를 가지고서 이런 경박한 판단을 통해 자신의 제약에 대해 털어놓는다면, 이는 문제가 없으며 이해할 만하다. 그러나 에센마이어가 불행하게도 이러한 어조로 말한다면, 그는 자기 자신과의 모순에 빠질 수밖에 없다. 체계는 피히테의 사고 이후 지금까지 철학에 그 어떤 것도 희망할 만한 것으로 남겨두지 않는다든지, 이 체계와 더불어 학문의 청명한 날[6]이 시작된다는 등, 어떻게 에센마이어는 그가 비판한 체계를 그 스스로 아무런 모순 없이 인정할 수 있는가? 혹은 그의 견해에 따라 덕의 이념도 비철학의 영역에 속하는가? 비록 체계가 덕의 이념을 이성으로부터 배제한다 하더라도 지금까지 철학 체계는 희망할 만한 것을 그 어떤 것도 남겨놓을 수 없는가?

여기에 처음으로 그 근거가 제시된다! 나는 나의 저술을 통해 이성적 존재의 도덕적 공동성을 상세하고 분명하게 다루지 않았기 때문에(즉 오로지 이와 같은 방식으로 다루지 않았기 때문에) 나는 덕

---

5) 같은 책, § 86.
6) 같은 책, 2쪽, 17쪽.

의 이념을 적극적으로 배제했다. (왜냐하면 이 부분은 달리 설명될 수 없기 때문이다.) 나는 모든 이념을 일자로 다루며 모든 것을 영원자의 힘 가운데서 표상하는[7] 것을 특징으로 하는 체계에서, 덕의 이념을 배제한 것이다. 에셴마이어에 의하면[8] 이러한 체계에서는 "오로지 덕만이 참되고 아름다우며, 진리 또한 덕에 부합하고 아름다우며, 미는 덕 및 진리와 밀접하게 관련되어 있다." 이러한 동일성에서는 이와 같은 이념의 배제가 어디에서 유래해야 하는가?

다른 사람들은 "모든 것이 훌륭하다"고 말할 것이다. (이들이 이렇게 말하는 것은 이 형식이 다른 많은 형식과 같이 자주 등장함으로써 이들에게 익숙한 것이 되었기 때문이다.) "우리 또한 대충 이같이 말하지만, 우리는 여기서 전혀 다른 것을 생각한다."

우리는 이것을 솔직하게 고백하고 분명하게 말하려고 한다. 우리는 여러분이 궁색하고도 힘없이 말하는 여러분의 덕과 도덕보다 더 고차적인 것이 있다고 생각한다. 또한 우리는 영혼이 단순히 그 본성의 내적 필연성에 따라 행위하기 때문에 그 가운데 덕의 보상과 같은 명령이 거의 존재하지 않는 영혼의 상태가 있다고 생각한다. 명령은 당위를 통해서 말하며 선의 개념과 나란히 악의 개념을 전제한다. 그럼에도 불구하고 여러분은 악을 얻기 위하여(왜냐하면 앞의 서술을 따를 경우 악은 여러분의 감각적 실존의 근거이기 때문이다), 덕을 절대적 자유로 파악하기보다는 이를 기꺼이 복종으로 파악하려고 한다. 그러나 여러분은 도덕이 여러분을 위해 수반해온 대

---

7) 같은 곳.
8) 같은 책, 92쪽.

립, 즉 지복(Glückseligkeit)의 대립으로부터 도덕이 이러한 의미에서 최고의 것이 아니라는 사실을 알 수 있다.

이성존재의 규정은 개개의 사물이 무게에 복종하는 것과 같이 도덕법칙에 복종할 수 없다. 이로써 영혼은 절대적 자유와 더불어 있을 때, 즉 도덕이 영혼에게 동시에 절대적인 지복일 때만 진정으로 도덕적이라는 차이관계가 있을 수 있기 때문이다. 불행하거나 불행하게 느끼는 것이 진정한 비도덕성인 것처럼, 지복은 덕의 우연적 속성이 아니라 덕 그 자체이다. 절대적 도덕은 의존적 삶을 사는 것이 아니라 합법칙성에서도 자유로운 삶을 영위하는 것이다. 이념과 이념의 모사와 같이, 그리고 천체가 중심과 동일성을 수용함으로써 또한 이 동일성 가운데 있으며 또 동일성이 천체 가운데 있는 것과 같이 영혼도 그러하다. 즉 영혼이 중심 및 신과 하나가 되려고 하는 경향은 도덕이다. 그러나 유한성이 무한성 가운데 재수용되는 것이 동시에 무한자의 유한자로의 이행, 즉 유한자의 완전한 자기-내적-존재가 아니라면, 차이는 단순한 부정으로 존재할 것이다. 그러므로 도덕과 지복은 서로 서로 동일한 통일성의 두 가지 상이한 견해로만 관계한다. 양자는 서로를 통한 보충을 필요로 하지 않는다. 각자는 그 자체로 절대적이며 상대를 파악한다. 진리의 모사인 동시에 미의 모사인 일자-존재의 근원형상은 신 안에 있다.

신은 전적으로 동일한 방식을 띠는 절대 지복이며 절대 도덕이다. 혹은 이 둘은 신의 동일하고도 무한한 속성이다. 왜냐하면 신에게는 그의 본성이 갖는 영원한 법칙으로부터 유출되는 필연성이 아닌 그 어떤 도덕도 생각될 수 없다. 다시 말하면 그 자체가 동시에 절대 지복이 아닌 그 어떤 도덕도 생각될 수 없는 것이다. 그러나 신과 관련해서 볼 때 지복은 다시금 절대적 필연성 가운데 있으며, 이런 한에서 그것은 절대 도덕에서 정초된다. 신 안에서는 주체 또한 전적으로 객체이며 보편자는 또한 특수자이다. 신은 필연성의 측면과 자유의 측면에서 고찰할 때 오로지 동일한 존재이다.

불완전한 형상이나 차이를 통해 방해받는 형상이기는 하지만, 신의 지복으로부터 자연이 있으며 그의 거룩함으로부터 이상세계가 있다.

신은 필연과 자유의 동일한 즉자이다. 신에게서는 자유로부터 독립해 있는 필연성을 자유에 맞서 유한적 영혼에 나타나게 하는 부정(Negation)이 사라지기 때문이다. 그러나 신은 도덕을 통해 신과의 재통합에 이를 뿐 아니라 도덕에서 동일한 조화를 표현하는 개별 영혼과 관련해서는 물론이고 유와 관련해서 자유와 필연의 동일 존재이며, 개별자 가운데 들어 있는 이성존재의 분리와 전체 가운데 들어 있는 모든 존재 통일의 동일 존재이다. 따라서 신은 역사의 직접적 즉자이다. 신은 영혼의 매개를 통해서만 자연의 즉자이기 때문이다. 왜냐하면 실재는 행위에서 나타나며 필연성은 영혼과 무관하게 현상하므로, 영혼이 자유와 일치하거나 일치하지 않는 것은 영혼 자체로부터 파악될 수 없으며, 그것은 항상 비가시적인 세계의 직접적 현현이나 답변으로 나타나기 때문이다. 그러나 신은 필연과 자유의 절대적 조화이며 자유는 오로지 전체의 역사에서 표현될 수 있을 뿐 개별자에게서는 표현될 수 없으므로, 역사는 전체 가운데 있을 뿐이다. ──또한 역사는 지속적으로 전개되는 신의 계시일 따름이다.

우주의 운명으로부터는 오로지 한 측면만이 나타나지만, 그럼에도 역사는 부분적이 아니다. 역사는, 자기를 전적으로 이 역사 가운데서 반복하며 또 분명하게 반영하는 사람들을 위해 상징적으로 파악되어야 한다.

역사는 신의 정신 가운데 씌어진 서사시이다. 이 서사시는 두 부분을 갖는데, 그 하나는 중심으로부터 그 최고 먼 지점에까지 이르는 인간성의 출발을 서술하는 부분이며, 다른 하나는 먼 지점으로부터 중심으로 돌아오는 인간성의 복귀를 서술하는 부분이다. 전자에서는 방향이 원심적이며, 후자에서는 구심적이다. 총체적인 세계현상의 원대한 계획은 역사 가운데 이러한 방식으로 표현된다. 이념과 정신은 그 중심으로부터 떨어져 나와서 자연과 일반적인 하강의 영역에서 특수성으로 진입해 들어가야 했으며, 이로써 그것은 특수한 이념과 정신으로서 나중에 무차별(Indifferenz)로 복귀하며, 특수성을 파괴하지 않고 특수성과 화해하며 그 가운데 존재할 수 있게 된다.

우리는 역사와 총체적인 세계현상이 갖는 이러한 최종목적을 보다 명쾌하게 전개시키기 전에 종교가 유일하게 가르쳐온 대상을 되돌아보아야 한다. 여기서 내가 의미하는 것은 인간성 교육의 시원 및 예술과 학문과 전 문화의 기원에 대한 흥미로운 물음이다. 지금까지는 신화와 종교가 상상력을 위해 어두운 공간을 시로 가득 채워왔다면, 철학은 아무런 경계도 없는 이 어두운 공간 가운데 진리의 빛을 확산시키려고 한다. 경험은 다음의 사실을 웅변하고 있다. 인간은 그 현재의 모습이 보여주는 바와 같이 이성으로 자각되기 위하여 이미 형성된 것을 통한 교육과 습관을 요구하며, 인간 가운데 내재되어 있는 이성을 향한 교육의 결여는 단순히 동물적 성향과 본능을 전개시킨다. 이것은 사유가 가능존재로 현상할 수 있다는 사실을 뜻한다. 즉 현재의 인간성은 그 스스로 동물성과 본능으로부터 이성과 자유로 고양된 것이다. 따라서 우연에 내맡겨진 교육의 시원은 다양한 방향으로 분리될 것이며, 이로써 사람들을 근원세계와 인간성의 출생지에 다가서게 하는 관계에서 보여지는 교육의 동일성이 전혀 파악될 수 없게 된다. 전체 역사는 모든 예술과 학문과 법제도의 공동 근원을 지시한다. 그럼에도 잘 알려진 역사의 희미한 한계는 이미 이전에 존재했던 최고점으로부터 전락한 문화를 드러내 보일 뿐 아니라 이미 오래 전에 의미를 상실한 것으로 보이는 이전 시대의 학문과 상징의 왜곡된 잔재를 드러낸다.

이러한 전제에 의하면 다음의 사실을 받아들이는 것 이상의 다른 문제가 존재하지 않는다. 현재의 인류는 고도의 본성 교육을 향유했으며, 그 결과 그 가운데 이성의 현실성이 아니라 단순히 이성의 가능성이 깃들여 있는 인류는 자신이 바로 이와 같은 방식으로 교육받지 않는 한 자신의 문화와 학문을 오로지 전승과 선행하는 인류의 가르침을 통해 소유한다. 인류는 이전 시대 인류의 심원한 힘이거나 그 잔재이다. 그는 이념과 예술과 학문의 신적 맹아를 땅에 뿌리고 땅으로부터 사라진 뒤 자기 자신을 통해 이성에 직접적으로 관여한다. 이념 세계의 등급에 따라 인간의 이념에 앞서 이를 산출한 보다 높은 질서가 있다 하더라도, 최초의 탄생에서 인간 정신의 산출자였던 근본존재가 그 두번째 탄생에서는 인간을 이성적 삶으로 이끄는 첫번째 교육자이자 인도자가 되었다는 것은 가시적인 세계와 비가시적 세계의 조화에 일치한다.──인간은 이러한 이성적 삶에 의해 완전한 삶을 회복하게 된다.

그러나 저 정신의 세대(Geistergeschlecht)가 어떻게 해서 세속적인 신체로 전락할 수 있는지에 대해 우리가 의심할 수밖에 없다면, 이전에 있었던 땅의 속성이 현재의 형태보다 더 고상한 형태 및 더 고차적으로 형성된 형태와 일치되어왔다는 사실이 설득력 있다. 이는 현재의 자연 가운데 그 상대물을 찾을 수 없으며 크기와 구조를 통해 현재 존재하는 것을 훨씬 능가하는 동물의 잔재가 증명하는 바와 같다. 즉 살아 있는 다른 유적 존재의 형태를 띤 동물은 그 힘의 덕목에서, 땅의 변화된 관계에 굴복하면서 소멸된 상위의 예증과 보다 완전하게 형성된 유를 산출해왔다는 것이다. 땅의 점차적인 타락과 훼손은 태곳적부터 내려오는 일반적인 이야기일 뿐 아니라 나중에 등장하는 그 추축의 경사와 같은 특정의 물리적 진리이다. 나쁜 원리가 갖는 힘은 마비상태의 증대와 함께 똑같은 상태로 만연되었으며, 땅의 아름다운 탄생을 총애한 태양과 하나였던 과거는 사라져버렸다.

우리가 인간을 출현시킨 동일성인 저 높은 세대에 대해 기꺼이 생각하는 것은, 그것이 두번째 세대가 오로지 개별적인 광선과 빛깔 가운데 뿌려놓은 것을 본성적으로뿐 아니라 무의식적인 영광 가운데서 통합하며 이를 의식과 결합시킨다는 것이다. 황금시대의 신화에 나타나 있는 모든 민족의 이야기는 저 무의식적 지복 상태뿐 아니라 온화한 땅의 처음 상태를 포함한다. 두번째 인류는 그를 본능으로부터 일으켜 세우는 어린 시절의 수호신과 은인을 삶의 첫 예술과 함께 부여받았으며 앞으로 다가올 자연의 냉혹함에 맞서 보호받았을 뿐 아니라 학문과 종교와 입법의 첫 맹아에 이르게 되었고 그의 역사를 전방위적으로 최초 최고(最古)의 민족 전승에 따라 출발시킨 영웅과 신들의 형상 가운데 이를 영원화했다. 이 모든 것은 너무나 자연스러웠다.

4 영혼불멸성

  우주의 역사는 정신의 나라의 역사이며, 그 최종목적은 오로지 정신의 나라 역사 가운데서만 인정될 수 있다.

  직접적으로 육체에 관계하거나 육체를 산출하는 영혼은 필연적으로 육체와 동일한 무성(無性)에 굴복할 수밖에 없다. 영혼이 오성의 원리인 한 그것은 이와 다르지 않다. 오성의 원리인 영혼은 육체에 관계하는 영혼을 통해 간접적으로 유한자에 관계하기 때문이다. 참된 즉자 혹은 단순히 현상하는 영혼의 본질은 이념이거나 이념에 대한 영원한 개념인데, 이는 신 안에 있을 뿐 아니라 이념에 통합되어 있는 것이며 영원한 인식의 원리이다. 영원한 인식의 원리가 영원하다는 것은 동일률에 지나지 않는다. 원형에서는 시간적 현존이 변하지 않는다. 시간적 현존이 그에게 일치하는 유한자가 존재한다는 사실을 통해 좀더 실재적으로 되지 않는 것과 같이, 그에게 일치하는 유한자를 파기함으로써도 조금 덜 실재적으로 될 수 없으며 실재적으로 존재하는 것을 중단할 수 없다.

  그러나 이러한 영혼의 영원은 시작의 없음이나 그 지속의 끝없음

때문에 영원한 것이 아니라 오히려 시간과 아무런 관계를 갖지 않는
다. 그러므로 개인적인 지속의 개념을 포함하고 있는 불멸의 의미에
서는 영혼의 영원이 불멸적으로 불릴 수 없다. 개인적인 지속은 유
한자와 육체와의 관계 없이는 생각될 수 없기 때문에, 이러한 의미
의 불멸성은 진정 지속적인 소멸성에 지나지 않을 것이며, 자유라기
보다 영혼의 지속적인 구속일 것이다. 따라서 불멸성을 이러한 의미
로 바라는 것은 유한성으로부터 유래하며, 적어도 영혼을 가능한 한
육체로부터 분리시키려는 사람에게서, 즉 소크라테스에 의하면 진정
으로 철학하는 사람[1]에게서 생길 수 있다.

　그러므로 영혼의 영원성에 관해 불멸성을 정립하고 그 존재를 이
념 가운데 정립하는 것은 진정한 철학 정신의 오인이다.[2] 이것은 우
리에게 그렇게 보이는 것처럼 분명한 오해이며 죽음 가운데서 영혼
의 감성을 벗겨내면서도 이를 개별적으로 지속시키는 일이다.[3]

　(본래 개인성을 뜻하는) 육체와 영혼의 결합이 영혼에 나타나는
부정의 결과와 형벌이라면, 영혼은 그것이 이러한 부정으로부터 자
유롭게 되는 관계 가운데서 영원하다. 다시 말해서 영혼은 진정으로
불멸적인 것이다. 이에 맞서서 단순히 시간적 사물과 유한적 사물에
의해 채워지고 부풀려진 영혼이 무와 유사한 상태로 이행하며 대부
분 진정한 의미에서 죽음을 피할 수 없다는 것은 필연적이다. 따라
서 이러한 영혼은 그 소멸에 대한 필연적이고 비의도적인 공포를 갖
는 반면, 영원자에 의해 충족되었으며 악마로부터 대부분 자유롭게

---

1) 『파이돈』, 153쪽.
2) 에센마이어, 앞의 책, 67절, 59쪽.
3) 같은 책, 68절, 60쪽.

된 사람들에게서 영원의 확실성과 죽음에 대한 경멸과 사랑이 생겨
난다.

그러나 유한성이 진정한 긍정적 존재로 정립되고 유한성의 실현이
진정한 실재와 실존으로 정립된다면, 무엇보다도 병으로 규정되는
유한성으로부터의 자유를 추구했던 사람들은 (이러한 의미에서) 최
소한 필연적으로 불멸적 존재가 되는 반면, 여기서 후각, 미각, 시
각, 촉각 및 이와 비슷한 것에 제약된 사람들은 그들이 바라는 현실
을 완전히 향유하게 되며 질료에 취함으로써 이 현실을 대부분 그들
이 갖는 감각의 범위 안에서 지속시키게 된다.

영혼의 첫번째 유한성이 자유에 대한 관계이며 자기성의 결과라
하더라도, 모든 미래의 영혼 상태는 현재의 상태와 오로지 이런 방
식으로만 관계할 수 있다. 현재를 미래와 연결시키는 필연적 개념은
죄책의 개념이거나 죄책을 벗어난 순수성의 개념이다.

유한성은 그 자체가 형벌이다. 이것은 자유로운 숙명이 아니라 필
연적인 숙명을 통해 타락을 따르는 형벌이다. (바로 여기에 피히테
에게서 파악될 수 없었던 제약의 근거가 놓여 있다.) 원형(Urbild)으
로부터 점차 멀어져가는 삶을 사는 사람들은 필연적으로 가장 저급
한 상태를 기다린다. 이와 반대로 삶을 원형을 향한 복귀로 고찰하
는 사람들은 몇 안 되는 중간단계를 거쳐 그들이 다시금 이념과 통
합하는 점에 이르며 그들의 유한성을 멈추게 되는 점에 이른다. 이
것은 플라톤이 『파이돈』에서 다음과 같이 형상적으로 기술하고 있는
바와 같다. 물질의 수렁에 빠져 있는 사람들은 하계(下界)에 은폐되
지만 경건한 삶을 산 다른 사람들은 이러한 땅의 장소로부터 자유롭
게 되며 마치 감옥에서 풀려난 사람처럼 고양되어 순수한 영역에 이

를 뿐 아니라 땅 위에 거하게 된다. 더 나아가 사랑을 통해 지혜에 이르기까지 정화된 사람은 전적으로 육체 없이 전체의 미래를 살게 되며 위의 사람들이 살았던 곳보다 더 아름다운 처소에 이르게 된다.

우리는 이러한 단계들을 다음의 고찰을 통해 확증하고자 한다.

유한자는 긍정적 존재가 아니다. 그것은 원형으로부터 분리됨으로써 부정에 이르게 되는 이념의 자기성이 보여주는 측면에 지나지 않는다. 모든 정신의 최고 목표는 그것이 자기 내적으로 존재하기를 절대적으로 중단하는 것이 아니라, 이러한 자기-내적-존재가 정신에 대한 부정으로 존재하는 것과 스스로 대립자로 변형되는 것을 중단하는 것이며, 따라서 정신이 육체 및 물질에 관한 모든 관계로부터 전적으로 자유롭게 되는 것이다. 그렇다면 모든 유한성의 단계를 거쳐 이념을 통해 탄생한 존재──이 과정에서 자기성은 모든 차이를 벗어나 무한자와의 동일성에 이르기까지 정화되고 스스로 모든 실재성을 최고의 이상성으로 진입시키는데──이러한 존재와 다른 타락한 정신의 혼돈된 가상이라는 자연은 무엇인가?

자기성 자체는 육체의 산출자이기 때문에, 모든 영혼은 자기성에 붙들려 현재의 상태를 포기하는 만큼 영혼 자신을 가상 가운데서 새롭게 직관한다. 또한 영혼은 보다 높은 영역과 보다 좋은 별에서 물질에 덜 종속되는 두번째 삶을 시작하거나 더 심원한 곳으로 추방됨으로써 스스로 재생의 장(場)을 규정한다. 이것은 영혼이 이전의 상태에서 우상으로부터 놓여나고 단순히 육체와 관계하는 모든 것을 자신으로부터 분리시켰을 때 직접적으로 이념의 특징으로 되돌아간 것과 같으며, 아무런 다른 측면 없이 그 자체로 순수하게 지성의 세계에 영원히 사는 것과 같다.

감각세계가 오로지 정신의 직관 가운데 있다면, 영혼이 근원으로 복귀하고 구체적 존재로부터 분리되는 것은 동시에 정신세계에서 결국 소멸되고 마는 감각세계 자체의 해소이다. 정신세계가 그 중심에 가까이 다가가는 것과 같은 방식으로 감각세계는 그 목표를 향해 나아간다. 왜냐하면 감각세계가 변화하고 그것이 낮은 단계로부터 높은 단계를 향해 점진적으로 해소되는 것은 별에서 일어나기 때문이다.

역사의 최종목적이 타락의 화해에 있는 것처럼, 타락은 보다 긍정적 측면의 관계에서 보여질 수 있다. 왜냐하면 이념의 첫번째 자기성은 신의 직접적 작용으로부터 생겨난 것이기 때문이다. 자기성, 그리고 자기성이 화해를 통해 진입하게 되는 절대성은 자기소여적인 것(eine selbstgegebene)이다. 따라서 이 둘은 진정으로 자립적인 것으로서 절대성을 손상시키지 않으며 절대성 가운데 있다. 이로써 타락은 완전한 신의 계시가 갖는 수단이다. 신은 자기 본성의 영원한 필연성을 따라 직관되는 존재에게 자기성을 부여함으로써, 이 존재를 유한성으로 희생시킨다. 이로써 이 존재 가운데서 자기소여적으로 생동적이지 못했던 이념이 생명으로 불러내어지고, 이를 통해 이념은 자립적 존재로서 다시금 절대성 가운데 존재할 수 있게 된다. 이 모든 것은 완전한 도덕이나 인륜성을 통해 이루어진다.

스피노자가 '신은 지성적인 사랑으로 자기 자신을 영원히 사랑한다'는 명제를 통해 훌륭하게 표현한 바 있는 무차별의 형상이나 상대물에 대한 절대자의 공평무사함은 이러한 견해와 더불어 비로소 완성된다. (주체-객관화의 가장 멋진 표상인) 자신을 사랑하는 신의 형상 하에서 신으로부터 나오는 우주의 근원 및 우주에 대한 신의 관계가 종교형태로 서술되었는데, 이러한 종교의 정신은 인륜성의 본질에 기초하고 있다.

우리의 총체적인 견해에 의하면 영원성은 여기에서 시작하거나 이미 시작되었다. 에셴마이어가 말하는 것처럼[4] 여기서 오로지 신앙을 통해 계시되는 것이 인식의 대상으로 변하는 미래적인 상태가 존재한다면, '왜 이 상태는 그 자체가 영혼이 가능한 한 감성의 구속을 벗어나야 한다는 사실 저편에서 시작해야 한다는 조건 하에서 등장할 수 없는가' 하는 문제가 통찰될 수 없다. 저 영원성의 시작을 부정하는 것은 영혼을 전적으로 육체에 구속하는 것을 의미할 것이다.

---

4) 같은 책, 60쪽.

국가가 우주의 모범에 따라 존재의 두 영역이나 등급으로 나누어진
다면, 즉 이념을 반영하는 자유의 영역과 구체적, 감각적 사물을 반
영하는 부자유의 영역으로 나누어진다면, 최고 최상의 질서는 이 양
자를 통해서도 아직 충족되지 않은 것으로 남아 있다. 이념은 사물이
그 도구나 기관이라는 사실을 통해 스스로 현상과 관계하며 그 자체
가 영혼으로서 현상에 개입한다. 그러나 신과 최상의 질서의 통일성
은 모든 실재성을 초월하며, 자연에 대해서 영원히 간접적으로만 관
계한다. 만약 국가가 높은 도덕적 질서에서 제2의 자연을 대변한다
면, 신적 존재는 국가에 대해 늘 관념적으로, 간접적으로 관계할 뿐
결코 실재적으로 관계하지 않는다. 따라서 종교는 그 자체가 동시에
손상되지 않은 순수한 이상성의 형태로 유지되려 하는 한, 오로지 비
교적(秘敎的)으로만 존재하거나 신비적인 형태로 존재한다.

종교는 이와 동시에 공교적(公敎的), 공공적(公共的) 측면을 가진
다는 사실을 여러분이 원한다면, 여러분은 이러한 측면을 국가의 신
화학과 시와 예술에 부여한다. 이상적인 특징을 잊지 않고 있는 고

유한 종교는 공공성을 포기하며 비밀스런 어둠으로 물러난다. 이 종
교가 공교적 종교에 대해 형성하는 대립은 이 종교 자체에나 공교
적 종교에 손해를 입히지 않으며, 오히려 이 양자로 하여금 순수성
과 독자성을 유지하게 한다. 우리가 그리스 신비에 대해 거의 모름
에도 불구하고, 그리스 신비의 가르침이 공공 종교와 아주 두드러
지게 대립해왔다는 사실을 확실한 것으로 알고 있다. 그리스인이
갖는 순수한 의미는 그들이 본성상 공적이거나 실재적일 수 없었던
것을 그 이상성과 완결성 가운데 보존해왔다는 사실 가운데도 잘
나타나 있다.

사람들은 신비와 공공 종교의 대립이 오로지 신비가 지극히 소수
의 사람에게만 전달되어왔기 때문에 존속해올 수 있다는 사실에 맞
서지 않는다. 왜냐하면 신비가 그리스의 경계를 넘어가는 사람들[1]의
제약된 참여 때문에 비밀스러웠던 것이 아니라, 그 세속화, 다시 말
해서 공공의 삶으로의 전달이 범죄로 간주되고 처벌되었기 때문에,
그리고 국가가 신비를 모든 공적인 것과 분리시켜 이를 보존하는 것
보다 더 질투하는 것이 없었기 때문에 비밀스러웠다. 자신의 시를
전적으로 신화학에 정초하는 시인들은 신비를 모든 조직 가운데 가
장 유익하고 고마운 조직으로 언급한다. 일반적으로 신비는 공적인
인륜성(öffentliche Sittlichkeit)의 중심점으로 나타난다. 그리스 비
극이 보여주는 고상한 인륜적 아름다움은 신비를 역지시한다. 소포
클레스가 저 인륜적 아름다움을 통해 이르게 된 색조를 그의 시에서

---

1) Cicero de Nat. *Deor.* 1, 42. Mitto Eleusinem sanctam illam et augustam,
   ubi initiantur gentes orarum ultimae.

일정하게 청취하는 일은 어려운 것일 수 없다. 우리가 이교의 개념을 항상 공적 종교로부터 추상하지 않는다면, 우리는 벌써 오래 전에 이교와 기독교가 예로부터 어떻게 함께해왔는지, 그리고 기독교가 신비를 공공화함으로써 그 자체가 이교로부터 발생했다는 사실을 통찰했을 것이다. (신비의 공공화가 보여주는 것은) 역사적으로 대부분의 기독교 의식과 그 상징적 행위 및 등급, 그리고 신비에 지배적이었던 것을 모방한 봉헌을 통해 수행될 수 있었던 교리이다.

실재 및 감각과 관계하는 것이 정신적 종교의 본성에 맞서는 것이며 이를 속되게 하는 것처럼, 정신적 종교가 그 자체에 진정한 공공성과 신비적 객관성을 부여하려는 노력을 기울이는 것도 비생산적이다.

진정한 신화학은 오로지 자연의 형태를 통해서만 가능한 이념의 상징학이며 무한자의 완전한 유한화인 이념의 상징학이다. 이러한 신화학은 무한자에게 직접적으로 관계하는 종교와, 마치 경이의 개념에서 나타나는 바와 같이 신적 존재와 자연적 존재의 통합을 후자의 지양으로만 생각할 수 있는 종교에서는 생길 수 없다. 경이는 이러한 종교가 갖는 공교적인 재료이다. 이 종교의 형태는 오로지 역사적일 뿐 자연존재가 아니며, 단순히 개별자일 뿐 유(類)가 아니고, 유한한 현상일 뿐 영원히 지속하는 불멸적 속성이 아니다. 그러므로 여러분이 보편적인 신화학을 추구한다면, 여러분은 자연의 상징적 모습을 여러분의 것으로 삼아야 하며, 신들로 하여금 다시금 자연의 소유를 파악하게 하고 자연을 충만하게 해야 한다. 이에 반해 종교의 정신 세계는 자유로우며 감각현상으로부터 완전히 물러나 있다. 혹은 적어도 이 정신 세계는 성스럽고 열광적인 노래 및 고대의 비밀스럽고 종교적인 시와 같이[2] 구별된 종류의 시를 통해 숭상된다. 현대시 가운데 오로지 공교적인 시만이 다시금 감각현상으로부터 물러나지만, 이러한 사실을 통해서 볼 때 공교적 시는 거의 순수 현상이 아니다.

우리는 신비의 가르침과 제도에 관해 언급하고자 하는데, 이는 고대의 합이성적인 것이 신비에 대해 전달해준 것에서 추상될 수 있는 것이다.

비교적 종교는 공교적 종교가 임의의 어떤 형식에서 필연적으로 다신론으로 떨어지는 것과 마찬가지로 필연적으로 일신론이다. 모든 다른 이념은 절대 일자 및 절대적-이상적-존재의 이념과 함께 비로소 정립된다. 비록 직접적이기는 하지만, 절대 일자로부터 비로소 이념 가운데 있는 영혼의 절대적 상태에 관한 가르침이 나오며 신과의 최초 통일성에 관한 가르침이 나온다. 바로 여기서 영혼은 진리 자체와 미 자체, 그리고 선 자체의 직관에 참여한다. 이 가르침은 시간에 따라 상징적으로 그 자체가 영혼의 선재(先在)로 서술될 수 있는 것이다. 이러한 상태의 상실에 대한 인식, 즉 이념의 타락 및 이로부터 귀결되는 영혼의 육체 및 감각세계로의 추방에 대한 인식은 직접적으로 이러한 인식으로 연결된다. 이에 관한 이성 자체의 상이한 견해에 의하면, 이러한 가르침은 또한 상이한 표상을 경험할 수 있다. 이는 감각적 삶을 이전의 잘못으로부터 설명하는 것이 대부분의 그리스 신비를 지배하고 있는 것같이 보이지만, 동일한 가르침이 상이한 신비들 가운데서, 예컨대 유한화된 신과 고통당하는 신

---

2) Fr. Schlegel, *Geschichte der Poesie der Griechen und Römer*, 6쪽 이하.

의 형상과 같은 상이한 형상으로 표상되어온 것과 같다.

절대자로부터의 타락을 화해시키고 절대자에 대한 유한자의 부정적 관계를 긍정적 관계로 변화시키는 것이 종교적 가르침의 다른 목적이다. 종교의 실천적 가르침은 필연적으로 첫번째 가르침에 근거한다. 왜냐하면 그것은 영혼의 부정적 측면인 육체로부터 영혼 자체의 해방을 향하기 때문이다. 이것은 옛날의 신비로 들어가는 것이 삶의 희생과 봉헌으로, 육체적 죽음과 영혼의 부활로 기술되었던 것과 같으며, 일자의 말씀(Ein Wort)이 죽음과 희생에 대한 표시였던 것과 같다. 영혼의 단순화 및 육체로부터 물러남이라는 첫번째 의도는 유일한 진리와 영원을 바라보는 지적 직관을 회복함으로써, 영혼이 가졌던 최초의 깊은 병인 오류로부터 회복되는 데 있었다. 종교적 가르침의 도덕적 목적은 영혼이 육체에 연루되어 있는 것과 같이 오랫동안 욕망의 지배를 받았던 상태로부터 해방되고, 비도덕성의 근거와 충동인 감각적 삶의 사랑으로부터 놓여나는 데 있었다.

영혼의 영원성에 대한 가르침과 현재의 상태와 미래의 상태 간의 도덕적 관계에 관한 가르침은 이러한 가르침과 필연적, 궁극적으로 결부되어 있다.

그러나 모든 정신적, 영적 종교와 비교적 종교는 이러한 가르침으로 되돌려져야 하며 덕과 고상한 진리의 영원한 주석(柱石)으로 되돌려져야 할 것이다.

신비의 외적 형식과 상태에 관한 한, 그것은 심정과 국가 자체의 정신으로부터 나오는 공적인 기관(öffentliches Institut)으로 간주되어야 한다. 이 기관은 국가가 세우고 성스럽게 보존한 것이다. 그것은 많은 시간적 목적의 비밀스런 결합방식에 따라서 한 부분을 허용하고 다른 부분을 배제하지 않고 국가에 속하는 모든 것의 내적, 인륜적 결합에 영향을 끼치는데, 이것은 국가 자체가 외적 통일성과 법적인 통일성에 영향을 끼치는 것과 같다.

그럼에도 신비에는 필연적으로 등급이 존재한다. 모든 신비가 동일한 방식으로 즉자적-진리의 직관에 이를 수 없기 때문이다. 이러한 진리를 위해서는 유리피데스의 비유를 따라, 잠이 죽음에 관계하는 것같이 완전한 신성화에 이르는 앞뜰이 준비되어 있어야 한다. 잠은 부정적일 따름이지만, 죽음은 긍정적이다. 죽음은 최후의 구제자이며 절대적인 해방자이다. 최고의 인식에 대한 최초의 준비는 오로지 부정적일 수 있다. 이러한 준비는 감각적 욕망은 물론이고 영혼의 조용하고 도덕적인 조직을 방해하는 모든 것의 약화에 있으며 이를 가능한 한 멸절시키는 데 있다.

대부분의 사람들은 이 정도의 자유에 이르는 것으로 충분하다. 전반적으로 비자유인은 신비에 참여하는 것을 이 단계에서 제한하고자 한다. 모든 시간적인 것의 허무함을 영혼에 제시하고 그를 감동시켜 유일한 참된 존재를 예감하게 하는 무서운 형상들은 이러한 영역에 속한다. 영혼은 최소한 육체와의 관계가 일정한 점에 이르기까지 없어진 후 **꿈꾸기** 시작한다. 즉 비실제적이고 이상적인 세계의 형상을 받아들이기 시작하는 것이다.

따라서 두번째 단계는 우주의 역사와 운명이 형상적으로, 특히 행위를 통해 서술되는 단계이고자 한다. 왜냐하면 서사시에서는 유한자만이 반영되며 무한자는 그 모든 현상에서 유한자에게 낯선 반면 공교적(公敎的) 비극은 공적 인륜성의 본래적 압형인 것처럼, 극적인 형식도 대부분의 종교적 가르침에 대한 비교적(秘敎的) 서술에 적합하기 때문이다. 이러한 덮개를 관통하여 상징의 의미에 이르고 중용과 지혜와 극기를 통해, 그리고 비감각적인 것을 향하는 마음을 통해 참된 존재로 확증된 사람은 완전히 각성된 새로운 삶으로 이행해야 할 것이며 진리를 스스로 보는 자(Autopten)로서 진리에 대한 아무런 형상 없이 순수한 모습의 진리를 보아야 할 것이다.

그러나 다른 사람에 앞서 이 단계에 도달했던 사람들은 국가의 최고 실력자였을 것이며, 최후의 영력(靈力)을 접수하지 않은 그 누구도 이와 같은 상태에 들어설 수 없을 것이다. 왜냐하면 이들에게는 전체 인간성에 대한 규정이 또한 이러한 최후의 드러냄을 통해 분명해졌을 것이기 때문이다. 이것은 대부분의 통치자에게 특유한 것임에 틀림없는 것인 왕이 갖는 입법과 고상한 사고방식의 기술이 동일한 단체에서 전달되고 장려된 것과 같다.

종교가 이러한 행사를 통해 전적으로 도덕적인 영향을 끼칠 수 있고, 실재와 도덕을 혼합한다거나 종교의 속성에 맞서는 외적인 지배와 강제를 요구하는 위험으로부터 빠져나올 수 있는 것처럼, 이에 반해 철학은──철학을 애호하는 사람은 자연적-지식인이지만──이러한 행사를 통해 종교와 영원히 결속될 수 있다.

옮긴이의 말

이 책은 셸링의 대표작 가운데 하나인 『인간적 자유의 본질』과 이 저술의 최초 구상이 나타나 있는 『철학과 종교』의 완역본이다. 『인간적 자유의 본질』은 셸링 전집 제4권에 수록된 것(Ausgewählte Werke, Bd. Ⅳ : Schriften von 1806~1813, 275~360쪽)과 푸어만스(H. Fuhrmans)가 편집한 레클람(Reclam)판을 대본으로 삼았으며, 『철학과 종교』는 같은 전집 제3권에 수록된 것(Ausgewählte Werke, Bd. Ⅲ : Schriften von 1801~1804, 597~656쪽)을 대본으로 했다.

독일관념론의 중심부에 있을 뿐 아니라 낭만주의철학의 전개에 많은 영향을 끼친 셸링의 사상은 늘 생성 가운데 있는 철학이다. 피히테 선험철학의 영향으로부터 출발해서 '자연철학'과 '동일성철학'을 거쳐 '자유의 철학'에 이르고 '세계 나이의 철학'을 거쳐 후기의 '긍정철학'에 도달한 셸링의 사상은 한 철학자의 산물이라는 사실이 믿기지 않을 만큼 다양한 모습을 띠고 있다. 그러나 『인간적 자유의 본질』과 『철학과 종교』는 폭넓고 다양한 셸링의 사상적 편력 가운데 중요한 전환점을 형성한 작품으로 평가된다. 이 책에서 독일관념론 전개의 기조를 이루는 이성에 대한 논의가 약화되는 대신 의지와 자유가 다루어지며 종교의 고유성과 신비가 이전보다 의미있게 받아들여지기 때문이다.

자유는 이상을 지향하는 인간의 실천적 요청의 대상이며 이를 성취하려고 하는 인간의 활동성 자체이기도 하다. 인간이 소유하는 자유의 능력과 그가 지향하는 자유의 목표가 조화를 이루면 자유는 인간의 구체적인 삶과 역사 속에서 실현된다. 인간의 역사가 자유를 향한 활동성으로부터 나오는 필연적 귀결이라면, 인간은 자유의 조건을 회피할 수 없다. 자유의 조건 하에 있는 인간은 한편으로 강제와 결핍으로부터 놓여나려고 하며 다른 한편으로 이상적인 목적을 향해 자발적으로 노력한다. 전자가 소극적이고 부정적인 자유라면 후자는 적극적이며 긍정적인 자유이다. 이러한 자유의 양 측면은 인간의 본질을 형성하며 이러한 본질은 실증적인 역사에서 입증된다.

이러한 자유의 양 측면은 칸트와 독일관념론 철학에서 본격적으로 다루어진 것이지만, 『인간적 자유의 본질』은 여기서 한 걸음 더 나아가 적극적인 자유의 개념을 다룬다. 자유의 개념이 적극적으로 다루어지는 데는 그것에 대한 긍정적인 가치 부여까지 포함되어 있다. 셸링의 자유 개념은 사회나 정치와 같은 실천 영역이나 역사에만 국한된 것이 아니라 철학 일반이 대상으로 삼는 전체존재와 관련되며 이를 학문적으로 논구하는 학적 체계 일반과 관련된다. 더 나아가 존재 전체를 자유와 관련짓는 데는 자유의 어두운 측면도 포함되어 있다. 이를테면 셸링의 '자유론'은 악의 문제와 악과 관련해서 손상될 수 있는 신을 정당화하는 변신론(Theodizee)도 함께 다루는 것이다. 인간의 자유를 넘어 신의 자유까지 언급하는 자유론은 더 이상 철학의 한 분과가 아니라 그 자체가 새로운 철학이다. 『철학과 종교』에는 이러한 사유가 최초로 구체화되어 있으며 '철학과 종교'라는 책 이름에 걸맞게 자유가 전체존재 내지 절대자와 관련해서 원대하게 다루어진다.

자유가 사회적, 정치적 영역을 넘어서서 인간존재 일반에 적용되고 더 나아가 신 존재에까지 적용되는 것은 결코 단순한 문제가 아니다. 한마디로 말해서 이 책은 대단히 난해하다. 그렇기 때문에 그 어떤 종류의 분석이든 분석적 사유는 이 책을 이해하는 데 불충분하다. 분석적 사유에 토대를 두고 논리적 명증성을 추구하는 분과학문의 방법은 세계를 명료화한 부분이 없지 않지만 그것이 만들어낸 통일될 수 없는 세계상은 또 다른 불명료성을 산출한다. 그러므로 분석적, 명증적 사고가 만들어낸 현대문명 앞에 점차 자리를 잃어가는 종교와 신비는 이와 동일한 대상을 갖는 철학과 더불어 부활되어야 한다. 그렇지 않을 경우 인간에 의한 혼돈과 왜곡은 악순환을 벗어날 수 없을지 모르기 때문이다. 분석적 틀을 넘어가는 시각을 요구하는 이 책은 새로운 철학과 새로운 인간을 위한 해석의 대상이 되기에 부족하지 않다.

'철학과 종교'는 역자의 본래적인 관심 대상이라는 점에서 『철학과 종교』의 번역에 대해서는 덧붙일 말이 필요없겠지만, 『인간적 자유의 본질』은 여러 가지 계기가 어우러져 세상에 나오게 되었다. 우선 한국 철학계에서 아직까지 황무지와 같은 영역으로 남아 있는 셸링 철학에 대한 소개의 필요성이 이러한 작업의 출발점이 되었지만,

특히 생태학적 위기의 상황에서 요구된 셸링의 자연철학과 자유철학의 관계에 대한 해석의 시도가 촉진제가 되었고, 실제적으로는 독일 관념론 철학에 관심이 있는 한남대학교 철학과 학생들의 과외 독일어 강독모임이 번역 작업의 중요한 계기가 되었다. 비록 분량이 많지 않은 텍스트이지만 난해한 원전을 완독하고 그에 관해 진지하게 토론할 수 있었던 시간이 번역 작업의 밑거름이 되었기에 그 시간과 함께한 정신들을 여기에 새겨두고자 한다.

아울러 이 책을 그레이트북스 시리즈에 포함시키고 좋은 책으로 결실을 맺게 한 한길사 기획실과 편집부에 감사의 마음을 전한다.

2000년 3월 11일
최신한

셸링 연보

1775년 1월 27일 뷔르템베르크의 레온베르크에서 출생.

1790년 튀빙겐대학 신학부(슈티프트)에 입학. 횔덜린 및 헤겔과 친구가 됨. 튀빙겐대학에서 철학 공부.

1792년 9월 철학 석사 논문 제출. 신학 공부 시작.

1793년 『신화, 구전, 고대 세계의 철학 문제』. 6월에 피히테와 처음으로 만난 것으로 추정됨.

1794년 『철학 일반의 가능한 형식에 관하여』. 가을에 횔덜린과 헤겔은 슈티프트를 떠남.

1795년 신학부 졸업. 『철학의 원리로서의 자아에 관하여, 혹은 인간적 지식에 용해되어 있는 무제약자에 관하여』. 『독단론과 비판주의에 관한 철학적 편지』.

1796년 가정교사로서 바로네 폰 리데젤을 가르침. 수학, 자연과학, 의학을 집중 연구. 『신 자연법 연역』.

1797년 『신간 철학문헌 개관』. 『자연철학 이념』.

1798년 『세계영혼에 관하여, 일반 유기체 설명을 위한 고등 물리학의 전제』. 여름 드레스덴에서 슐레겔 그룹에 6주간 머묾. 10월 괴테의 추천으로 예나대학 원외교수가 됨. 예나에서 피히테, 괴테, 실러, 리터, G.H. 슈베르트, 슈테펜스 등과 교류함. 자연철학에 관해 강의함.

1799년 『자연철학 체계 기획』. '무신론 논쟁'으로 피히테가 예나를 떠남. 카롤리네 슐레겔과 사랑에 빠짐. 프리드리히 슐레겔, 바이트, 티크가 예나로 옴.

1800년 『선험적 관념론의 체계』. 『사변 물리학지』 창간. 예나 그룹 해체. 5월 카롤리네와 셸링이 예나를 떠남. 밤베르크에서 의학 연구. 7월 카롤리네의 딸 아우구스테 뵈머 죽음. 10월 예나로 돌아옴.

1801년 1월 헤겔이 예나로 옴. 헤겔과 셸링의 친밀한 공동작업이 이루어짐. 피히테와 멀어짐. 『나의 철학체계 서술』.

1802년 『브루노 혹은 사물의 신적 원리와 자연적 원리에 관하여. 대화』. 『예술철학』 『철학체계 확대 서술』. 헤겔과 공동 편집한 『철학 비판지』 출간. 프란츠 베르크 등의 자연철학을 신랄하게 비판함.

1803년 6월 26일 카롤리네 슐레겔과 결혼. 뷔르츠부르크대학 정교수로 초빙됨. 『대학의 연구 방법에 관한 강의』——셸링에 대한 비판이 많아짐.

1804년 『철학과 종교』. 『전체 철학 체계와 자연철학 체계』. 비판가들과 첨예한 논쟁을 벌임.

1805년 마르쿠스와 공동으로 『학문으로서의 의학 연보』 편집.

1806년 뮌헨으로 옮김. 학술원 회원. 1820년까지 교수활동을 하지 않음. ——『자연철학에 관한 경구』. 『개선된 피히테 이론에 대한 자연철학의 진정한 관계 서술』. 이를 통해 피히테와의 관계가 공적으로 단절됨.

1807년 헤겔이 『정신현상학』 서문에서 셸링을 논박함. 두 친구의 결별. 『자연에 대한 조형미술의 관계』(학술원 강연).

1808년 뮌헨 조형미술원 총재.

1809년 『인간적 자유의 본질』. 9월 9일 카롤리네 죽음. 생의 위기에 빠짐.

1810년 1월에서 10월까지 슈투트가르트에서 개인 강의를 함. 『세계의 나이』 작업 시작.

1812년 『셸링의 신적 사물에 관한 저술』을 쓴 야코비와 논쟁. 6월 11일

파울리네 고터와 결혼.

1813년   12월 17일 맏아들 태어남.

1820년   늦가을 명예교수로 에르랑겐으로 옮김.

1821년   1월 4일 강의 시작. 철학 입문. 여름학기에 『신화학의 철학』 강의.

1822년   『철학사』(첫 구상을 뮌헨에서 개작함).

1827년   뮌헨대학으로 초빙 받음. 철학사 강의와 병행해서 '신화학의 철
학'과 '계시 철학' 강의함.——1840년까지 학술원 원장으로서
매년 두 차례 공식 회의 개막 강연을 함.

1832년   3월 28일 학술원 강연 '패러디의 전자기 유도의 발견에 관하여.'

1835년   1840년까지 (막시밀리안 2세의) 황태자 (철학) 교사.

1841년   헤겔주의자들의 영향을 억제하기 위해 베를린대학으로 초빙됨.
11월 15일 '신화학의 철학'과 '계시 철학'으로 교수취임 강연
을 함. 셸링-헤겔의 관계에 대한 활발한 논의가 이루어짐.

1842년   프로이센 학술원 회원.

1843년   1841/42년 겨울학기 강의록을 파울루스가 출판함. 셸링은 고소
했지만 재판에서 짐.

1846년   베를린대학 강의 중지. 1852년까지 프로이센 학술원에서 강연함.

1854년   8월 20일 스위스의 바트 라가츠에서 서거.

참고문헌

• 『인간적 자유의 본질』에 대하여

최신한, 「자연의 자유와 자기의 자유」, 『철학』 제51집, 한국철학회, 1997,
    149~176쪽 ; 최신한, 『헤겔철학과 종교적 이념』, 한들, 1997,
    304~329쪽.
J.A. Bracken, *Freiheit und Kausalität bei Schelling*, Freiburg/
    München, 1972.
G. Bruneder, "Das Wesen der menschlichen Freiheit bei Schelling und
    sein ideengeschichtlicher Zusammenhang mit Jakob Böhmes
    Lehre vom Ungrund," in : *Archiv für Philosophie* 8(1958),
    101~115.
S. Doyé, *Die menschliche Freiheit und das Problem des absoluten
    Vernunftsystems. Zur Entwicklung von Schellings System*, Diss.
    Köln, 1972.
W.E. Ehrhardt, "Die Wirklichkeit der Freiheit," in : *Grundprobleme
    der großen Philosophen*, hg. v. J. Speck, Göttingen, 1976,
    109~144.
G. Figal, "Schellings und Kierkegaards Freiheitsbegriff," in :
    Kierkegaard und die deutsche Philosophie seiner Zeit, hg. v. H.

Anz u. a., Kopenhagen/München, 1980, 119ff.

H. Fuhrmans, "Einleitung in F.W.J. Schelling, Das Wesen der menschlichen Freiheit," Düsseldorf, 1950 ; dass. Stuttgart, 1964.

V. Gerhardt, "Selbständigkeit und Selbstbestimmung. Zur Konzeption der Freiheit bei Kant und Schelling," in : *Die praktische Philosophie Schellings und die gegenwärtige Rechtsphilosophie*, hg. v. H.-M. Pawlowski/S. Smid/R. Specht, Stuttgart/Bad Cannstatt, 1989, 98ff.

M. Heidegger, *Schellings Abhandlung über das Wesen der menschlichen Freiheit(1809)*, hg. v. H. Feick, Tübingen, 1971(dass. : Gesamtausgabe, II. Abt. : Vorlesungen 1919~1944, Bd. 42 : *Schelling : Vom Wesen der menschlichen Freiheit(1809)*, hg. v. I. Schüßler, Frankfurt a. M., 1988).

H.H. Holz, "Über das spekulative Verhältnis von Natur und Freiheit," in : *Philosophie der Subjektivität? Zur Bestimmung des neuzeitlichen Philosophierens*, hg. v. H. M. Baumgartner und W. G. Jacobs, Stuttgart/Bad Cannstatt, 1993, Bd. 1, 92~110.

H. Holz, *Spekulation und Faktizität : Zum Freiheitsbegriff des mittleren und späten Schelling*, Bonn, 1970.

F.O. Kile jr., *Die theologischen Grundlagen von Schellings Philosophie der Freiheit*, Leiden, 1965.

L. Knatz, "Schellings 'Freiheitsschrift' und ihre Quellen," in : *Philosophie der Subjektivität? Zur Bestimmung des neuzeitlichen Philosophierens*, hg. v. H. M. Baumgartner und W.G. Jacobs, Stuttgart/Bad Cannstatt, 1993, Bd. 2, 469~479.

D. Korsch, *Der Grund der Freiheit. Eine Untersuchung zur Problemgeschichte der positiven Philosophie und zur Systemfunktion des Christentums im Spätwerk F.W.J. Schellings*, München, 1980.

J.-F. Marquet, *Liberté et existence. Etudes sur la formation de la philosophie de Schelling*, Paris, 1973.

W. Marx, *Schelling-Geschichte, System, Freiheit*, Freiburg/München, 1977.

W. Marx, "Das Wesen des Bösen und seine Rolle in der Geschichte in Schellings Freiheitsabhandlung," in : *Schelling. Seine Bedeutung für eine Philosophie der Natur*, hg. v. I. Hasler, Stuttgart, 1981, 49~69.

W. Marx, "Das Wesen des Bösen. Zur Aktualität der Freiheitsschrift Schellings," in : *Philosophisches Jahrbuch* 89(1982), 1~9.

H. Mine, *Ungrund und Mitwissenschaft : das Problem der Freiheit in der spätphilosophie Schellings*, Frankfurt a. M., 1983.

A. Pieper, "Der Ursprung des Bösen. Schellings Rekonstruktion des transzendentalen Anfangs der Geschichte," in : *Philosophische Tradition im Dialog mit der Gegenwart*, hg. v. A. Cesana und O. Rubitschon, Basel, 1985, 199~216.

St. Portmann, *Das Böse-die Ohnmacht der Vernunft. Das Böse und die Erlösung als Grundprobleme in Schellings philosophischer Entwicklung*, Meisenheim am Glan, 1966.

G. Riconda, "Geschichte der Philosophie und Philosophie der Freiheit in Schellings 'Untersuchungen über das Wesen der menschlichen Freiheit,'" in : *Philosophie der Subjektivität? Zur Bestimmung des neuzeitlichen Philosophierens*, hg. v. H.M. Baumgartner und W.G. Jacobs, Stuttgart/Bad Cannstatt, 1993, Bd. 1, 206~224.

H. J. Sandkühler, *Freiheit und Wirklichkeit : Zur Dialektik von Politik und Philosophie bei Schelling*, Frankfurt a. M., 1968.

F.W. J. Schelling, *Über das Wesen der menschlichen Freiheit*, hg. v. O. Höffe und A. Pieper, Klassiker Auslegen Bd. 3, Berlin, 1995.

W. Schulz, "Freiheit und Geschichte in Schellings Philosophie," in : F.W.J. Schelling, *Über das Wesen der menschlichen Freiheit*, Frankfurt a. M., 1975.

D. Sturma, *Zur Wiedererwägung eines Begriffs positiver Freiheit. Das Schelling-Symposium in Kampen*, in : Zeitschrift für philosophische Forschung 48(1994), 284~291.

X. Tilliette, "Die Freiheitsschrift," in : H.M. Baumgartner(Hg.), *Schelling*, Freiburg/München, 1975, 95~107.

G. Vergauwen, *Absolute und endliche Freiheit. Schellings Lehre von Schöpfung und Fall*, Freiburg i. Ue., 1975.

A. White, *Schelling. An Introduction to the System of Freedom*, New Haven/London, 1983.

• 『셸링 철학 일반』에 대하여

B. Barth, *Schellings Philosophie der Kunst. Göttliche Imagination und ästhetische Einbildungskraft*, Freiburg/München, 1991.

W. Beierwaltes, *Identität und Differenz*, Frankfurt a. M., 1980.

M. Boenke, *Transformation des Realitätsbegriffs. Untersuchungen zur frühen Philosophie Schellings im Ausgang von Kant*, Stuttgart/Bad Cannstatt, 1990.

Th. Buchheim, *Eins von Allem. Die Selbstbescheidung des Idealismus in Schellings Spätphilosophie*, Hamburg, 1992.

M. Durner, *Wissen und Geschichte bei Schelling*, München, 1979.

M. Frank, *Eine Einführung in Schellings Philosophie*, Frankfurt a. M., 1985.

M. Frank, *Der unendliche Mangel an Sein* : Schellings Hegelkritik und die Anfänge der Marxen Dialektik, München, 1992.

H. Furhmans, *Schellings Philosophie der Weltalter. Schellings Philosophie in den Jahren 1806~1821*. Zum Problem des

Schellingschen Theismus, Düsseldorf, 1954.

J. Habermas, *Das Absolute und die Geschichte.* Von der *Zwiespältigkeit in Schellings Denken*, Diss. Bonn, 1954.

J. Habermas, "Dialektischer Idealismus im Übergang zum Materialismus–geschichtsphilosophische Folgerungen aus Schellings Idee einer Contraction Gottes," in : ders : *Theorie und Praxis.* Sozialphilosophische Studien, Neuwied/Berlin, 1969, 108~161.

D. Henrich, "Andersheit und Absolutheit des Geistes : Sieben Schritte auf dem Wege von Schelling zu Hegel," in : *Selbstverhältnisse*, Stuttgart, 1982, 142~172.

M.-L. Heuser-Keßler, *Die Produktivität der Natur. Schellings Naturphilosophie und das neue Paradigma der Selbstorganisation in den Naturwissenschaften*, Berlin, 1986.

W. Hogrebe, *Prädikation und Genesis* : Metaphysik als Fundamentalheuristik im Ausgang von Schellings "Die Weltalter," Frankfurt a. M., 1989.

W.G. Jacobs, *Zwischen Revolution und Orthodoxie? Schelling und seine Freunde im Stift und an der Universität Tübingen. Texte und Untersuchungen*, Stuttgart/Bad Cannstatt, 1993.

K. Jaspers, *Schelling. Größe und Verhängnis*, München/Zürich, 1955, 1986.

W. Kasper, *Das Absolute in der Geschichte. Philosophie und Theologie der Geschichte in der Spätphilosophie Schellings*, Mainz, 1965.

H. Krings, "Das Prinzip der Existenz in Schellings 'Weltaltern,'" in : *Symposion* 4(1955), 337~347.

H. Krings, "Natur als Subjekt. Ein Grundzug der spekulativen Physik Schellings," in : *Natur und Subjektivität*, 111~127.

B.-O. Küppers, *Natur als Organismus. Schellings Naturphilosophie und ihre Bedeutung für die moderne Biologie*, Frankfurt a. M.,

1992.

H. Kuhlmann, *Schellings früher Idealismus. Ein kritischer Versuch*, Stuttgart, 1993.

A. Lanfranconi, *Krisis. Eine Lektüre der "Weltalter"-Texte F. W. Schellings*, Stuttgart/Bad Cannstatt, 1992.

J. Lawrence, *Der ewige Anfang. Zum Verhältnis von Natur und Geschichte bei Schelling*, Diss. Tübingen, 1984.

B. Loer, *Das Absolute und die Wirklichkeit in Schellings Philosophie. Mit einer Erstedition einer Handschrift aus dem Berliner Schelling-Nachlaß*, Berlin/New York, 1974.

O. Marquard, *Transzendentaler Idealismus. Romantische Naturphilosophie. Psychoanalyse*, Köln, 1987.

Natur und Subjektivität. Zur Auseinandersetzung mit der Naturphilosophie des jungen Schelling. Referate, Voten und Protokolle der II. Internationalen Schelling-Tagung Zürich 1983, hg. v. R. Heckmann/H. Krings/R.W. Meyer, Stuttgart/Bad Cannstatt, 1985.

R. Ohashi, *Ekstase und Gelassenheit. Zu Schelling und Heidegger*, München, 1975.

Philosophie der Subjektivität? Zur Bestimmung des neuzeitlichen Philosophierens. Akten des ersten Kongresses der Internationalen Schelling-Gesellschaft 1989, hg. v. H.M. Baumgartner und W.G. Jacobs, 2 Bde., Stuttgart/Bad Cannstatt, 1993.

B. Sandkaulen-Bock, *Ausgang vom Unbedingten. Über den Anfang in der Philosophie Schellings*, Göttingen, 1990.

Schelling. Einführung in seine Philosophie, hg. v. H.M. Baumgartner, Freiburg/München, 1975.

Schelling. Seine Bedeutung für eine Philosophie der Natur und der Geschichte. Referate und Kolloquien der I. Internationalen Schelling-Tagung Zürich 1979, hg. v. L. Hasler, Stuttgart, 1981.

278

W. Schulz, *Die Vollendung des Deutschen Idealismus in der Spätphilosophie Schellings*, Pfullingen, 1975.

D. Sollberger, *Metaphysik und Invention. Die Wirklichkeit in den Sachbewegungen negativen und positiven Denkens in F. W. J. Schellings Spätphilosophie*, Diss. Basel, 1994.

M. Theunissen, "Die Aufhebung des Idealismus in der Spätphilosophie Schellings," in : *Philosophisches Jahrbuch* 83(1976), 1~29.

M. Theunissen, "Die Idealismuskritik in Schellings negativer Philosophie," in : *Hegel-Studien* 17(1977), 173~191.

X. Tilliette, *Schelling : Une philosophie en devenir*, 2 Bde., Paris, 1970.

B. Wanning, *Konstruktion und Geschichte. Das Identitätssystem als Grundlage der Kunstphilosophie bei F. W. J. Schelling*, Frankfurt a. M., 1988.

W. Wieland, *Schellings Lehre von der Zeit. Grundlagen und Voraussetzungen der Weltalterphilosophie*, Heidelberg, 1956.

Ch. Wild, *Reflexion und Erfahrung. Eine Interpretation der Früh- und Spätphilosophie Schellings*, Freiburg/München, 1968.

J.E. Wilson, *Schellings Mythologie. Zur Auslegung der Philosophie der Mythologie und der Offenbarung*, Stuttgart, 1993.

Wissenschaftshistorischer Bericht zu Schellings naturphilosophischen Schriften 1797~1800. M. Durner, "Theorien der Chemie"; F. Moiso, "Magnetismus, Elektrizität, Galvanismus"; J. Jantzen, "Physiologische Theorien," Stuttgart, 1994.

사항 찾아보기

인명 찾아보기

한길 그레이트북스 046

인간적 자유의 본질 외

지은이 셸링
옮긴이 최신한
펴낸이 김언호
펴낸곳 (주)도서출판 한길사

등록 • 1976년 12월 24일 제74호
주소 • (413-756) 경기도 파주시 교하읍 문발리 520-11
www.hangilsa.co.kr
E-mail: hangilsa@hangilsa.co.kr
전화 • 031-955-2000~3 팩스 • 031-955-2005

제1판 제1쇄 2000년 5월 30일
제1판 제3쇄 2011년 12월 10일

Über das Wesen der menschlichen Freiheit
Philosophie und Religion
by F. W. J. Schelling
Translated by Choi, Shin-Hann
Published by Hangilsa Publishing Co., Ltd., Korea

값 22,000원
ISBN 978-89-356-5240-2 94160

한길그레이트북스 인류의 위대한 지적 유산을 집대성한다